John Gray

So bekommst du, was du willst,
und willst, was du hast

# JOHN GRAY

# So bekommst du, was du willst, und willst, was du hast

## Der praktische Wegweiser zu persönlichem Erfolg

Aus dem Amerikanischen
von Clemens Wilhelm

GOLDMANN VERLAG

Die amerikanische Originalausgabe
erschien 1999 unter dem Titel
»How to Get What You Want
and Want What You Have«
bei HarperCollins, New York.

*Umwelthinweis:*
Dieses Buch und der Schutzumschlag
wurden auf chlorfrei gebleichtem Papier gedruckt.
Die Einschrumpffolie (zum Schutz vor Verschmutzung)
ist aus umweltfreundlicher und recyclingfähiger PE-Folie.

4. Auflage
© 1999 Mars Productions, Inc.
© 2000 der deutschsprachigen Ausgabe
Wilhelm Goldmann Verlag, München,
in der Verlagsgruppe Bertelsmann GmbH
Satz: Uhl + Massopust, Aalen
Printed in Germany · GGP Media, Pößneck
ISBN 3-442-30879-8
www.goldmann-verlag.de

*Dieses Buch widme ich
mit all meiner Liebe und Zuneigung
meiner Frau Bonnie Gray.
Ihre Liebe, Fröhlichkeit und Weisheit
haben nicht nur mein Leben unendlich bereichert,
sondern leuchten auch aus jeder Zeile
dieses Buches.*

# Inhaltsverzeichnis

# Einleitung

Die eigentliche Herausforderung im Leben besteht nicht einfach darin, sich zu beschaffen, was man haben möchte, sondern darin, auch das zu schätzen, was man schon hat. Viele Menschen wissen genau, wie sie bekommen, was sie haben möchten, aber dann genießen sie es nicht mehr. Was sie haben, genügt ihnen nicht; sie haben immer das Gefühl, als ob ihnen noch etwas fehlen würde. Sie sind mit sich selbst, ihren Beziehungen, ihrer Gesundheit oder ihrer Arbeit nicht zufrieden. Es gibt immer etwas, das ihren Seelenfrieden stört.

Es gibt aber auch Menschen, die ganz zufrieden sind mit dem, was sie sind, was sie tun und wieviel sie haben, aber sie wissen nicht, wie sie mehr von dem bekommen können, was sie haben wollen. Ihr Herz ist offen und dem Leben zugewandt, aber ihre Träume sind noch nicht in Erfüllung gegangen. Sie tun ihr Bestes, aber sie fragen sich doch, warum andere mehr haben. Die meisten Menschen liegen irgendwie dazwischen.

Der persönliche Erfolg mißt sich nicht daran, wer man ist, wieviel man hat oder was man erreicht hat. Entscheidend ist die Zufriedenheit mit dem, wer man ist, was man geleistet hat und was man hat. Jeder kann persönlichen Erfolg haben, aber man muß wissen, worin er besteht, und zielstrebig darauf zusteuern.

———◄○►———

*Persönlicher Erfolg bedeutet zu bekommen, was man möchte, und zugleich weiterhin das zu begehren, was man hat.*

———◄○►———

Aber persönlicher Erfolg erschöpft sich nicht darin, daß man mit seinem Leben zufrieden ist. Es gehört auch das Vertrauen dazu, daß man bekommen kann, was man möchte, und die Motivation, dafür das Nötige zu tun. Persönlicher Erfolg erfordert eine klare Vorstellung davon, wie man sein Leben gestalten möchte. Für den einen kann persönlicher Erfolg in dem Wissen bestehen, wie man mehr bekommt, für den anderen im Wissen, wie man glücklicher ist, und für viele bedeutet es sowohl das eine als auch das andere.

Seinen persönlichen Erfolg braucht man nicht dem Glück oder dem Zufall zu überlassen. Es gibt zwar geborene Glückspilze, aber die meisten Menschen müssen die Fähigkeit zum persönlichen Erfolg erst erlernen und dann bewußt anwenden. Zum Glück kann man dies lernen, und wahrscheinlich ist jeder dieser Fähigkeit schon viel näher, als er glaubt. Bei den meisten Menschen geht es wirklich nur darum, im Denken, Fühlen und Handeln geringfügige, aber sehr wichtige Veränderungen vorzunehmen, um die gewünschte Erfüllung im Leben zu erreichen.

———◄○►———

*Einige geringfügige, aber wichtige Veränderungen im Denken können den Weg zu persönlichem Erfolg ebnen.*

———◄○►———

Die Anwendung einer oder zweier neuer Erkenntnisse im eigenen Leben kann buchstäblich über Nacht alles verändern.

14

Auch wenn die äußeren Umstände zunächst noch gleich bleiben, kann man schlagartig eine ganz neue Haltung gegenüber dem eigenen Leben bekommen. Wer das Leben als zu »grell« empfindet, der setzt eine dunklere Brille auf, und im Nu kann er sich entspannen und wieder klar sehen. Ebenso erreicht man es mit einigen kleinen Änderungen, daß man wieder zufriedener mit dem ist, was man hat, und das Vertrauen gewinnt, daß man bald bekommen wird, was man möchte.

## Vier Schritte zum persönlichen Erfolg

Vier Schritte führen zu mehr Erfolg im eigenen Leben. Sie werden in diesem Buch ausführlich dargestellt.

**Schritt 1**
Seine Absichten klären (siehe »Wie man meditiert«). Es ist wichtig zu erkennen, wo man jetzt steht, und sich Klarheit darüber zu verschaffen, was man tun muß, um das richtige Gleichgewicht von innerem und äußerem Erfolg zu erlangen. Wenn man in die falsche Richtung geht, begegnet einem überall im Leben Widerstand, wie sehr man sich auch bemüht, und man kommt niemals dorthin, wo man gerne sein möchte. Harmonie mit den eigenen inneren Seelenbedürfnissen, nicht nur den Wünschen von Geist, Verstand und Sinnen, ist die beste Voraussetzung für inneren und äußeren Erfolg.

**Schritt 2**
Sich beschaffen, was man braucht (siehe »Wie man bekommt, was man braucht«). Man muß lernen, sich zu beschaffen, was man braucht, um sich selbst treu sein zu können. Es genügt nicht zu sagen: »Ich möchte ich selbst sein.« Um sich selbst zu erkennen und sich selbst treu sein zu können, muß man die zehn veschiedenen Arten von Liebe und Unterstützung kennen, die jeder Mensch braucht. Wenn man einmal herausge-

funden hat, was einem fehlt und wie man es bekommen kann, dann stellt sich automatisch der innere Erfolg ein. Ein Auto kann sehr gute Fahreigenschaften haben, aber wenn man nicht tankt, dann fährt es nicht. Ebenso kann man sein wahres Selbst nicht entdecken, wenn bestimmte Liebesbedürfnisse nicht erfüllt werden.

## Schritt 3

Sich beschaffen, was man haben möchte (siehe »Wie man bekommt, was man möchte«). Wenn man gelernt hat, wie man äußeren Erfolg herbeiführt, ohne sich selbst untreu zu werden, dann bekommt man allmählich alles, was man in der äußeren Welt haben möchte. Man muß erkennen, wie wichtig intensives Begehren, positive Überzeugungen und leidenschaftliche Gefühle sind, wenn es darum geht, Dinge anzuziehen, die man gerne haben möchte. Man muß lernen, die Intensität seiner Wünsche zu stärken, indem man negative Gefühle und Emotionen anerkennt und verwandelt.

## Schritt 4

Blockierungen gegenüber dem persönlichen Erfolg beseitigen (siehe »Die zwölf Blockierungen aufheben«). Man muß die zwölf häufigsten Blockierungen erkennen, die die Erfüllung der Wünsche behindern können. So kann man sich den Weg zum inneren und äußeren Erfolg freimachen. Die zwölf Blokkierungen sind: Vorwürfe, Niedergeschlagenheit, Ängstlichkeit, Gleichgültigkeit, Kritik, Entschlußlosigkeit, Zaudern, Perfektionismus, Groll, Selbstmitleid, Verwirrung und Schuldgefühle. Hat man die Blockierungen beseitigt, wird man die Erfahrung machen, daß es außerhalb von einem selbst nichts gibt, was einen aufhalten könnte.

## DEBORAH FINDET EINEN MANN

Als Deborah begann, persönlichen Erfolg zu lernen, konzentrierte sie sich besonders auf äußeren Erfolg; vor allem wollte sie unbedingt einen Mann. Doch erst als sie ihre Zielsetzungen neu definierte und primär nach innerem Frieden und innerem Glück strebte, konnte sie aufhören, so heftig nach einem Mann zu suchen. Am wichtigsten war die Erkenntnis, daß sie keine Unterstützung bekam. Sie versagte sich selbst die Unterstützung, indem sie sich nicht entspannte und nicht tat, was sie wollte. Als sie mit sich selbst und ihrem Leben zufriedener war, zog sie das, was sie brauchte, von selbst an.

Sie fand nicht nur eine großartige Stelle, sondern begegnete schließlich auch dem Mann ihrer Träume und heiratete ihn. Um zu diesem neuen Leben zu gelangen, mußte sie drei der oben genannten Blockierungen beseitigen. Bisher hatten sie immer Verwirrung, Kritik und Entschlußlosigkeit daran gehindert, eine feste Bindung einzugehen. Indem sie diese Blockierungen auflöste, konnte sie den Mann, den sie liebte, auch weiter begehren. Die vier Schritte zum persönlichen Erfolg halfen Deborah, ihre Träume zu verwirklichen.

## TOM ERÖFFNET EINE BÄCKEREI

Tom wollte schon immer eine eigene Bäckerei besitzen, aber er hatte sich damit abgefunden, daß er bei einem Fernsehsender arbeitete. Die Arbeit machte ihm keinen Spaß, und oft ärgerte er sich über seine Kollegen. Toms erster Schritt zum persönlichen Erfolg bestand in seinem Entschluß, trotz der Umstände glücklich zu sein. Er begann zu meditieren, und dies schenkte ihm mehr innere Erfüllung und Glück.

Er war nicht mehr so unzufrieden mit seiner Arbeit wie früher. Weil ihm die Meditation die Unterstützung gab, die er brauchte, bekam er eine immer klarere Vorstellung davon, was er wollte. Dies führte unmittelbar dazu, daß ihm kleine Dinge zufielen. Er hatte das Gefühl, als ob sein Leben von kleinen Wundern erfüllt war. Er wollte etwa den Auftrag zu einer Dienstreise bekommen, und er bekam ihn. Oder er wünschte sich Lob und Anerkennung, und er bekam beides. So wuchs sein Vertrauen, daß er die Dinge anziehen konnte, die er wollte.

Dieses Vertrauen gab ihm den Mut, sich seine Träume zu erfüllen. Er gab seine Stelle auf und eröffnete eine Bäckerei. Für diese Veränderung mußte er zunächst seine Blockierungen aufgeben. In seiner Arbeit empfand er oft Groll und Kritik. Als diese Blockierungen wegfielen, befreite er sich von Zögern und Entschlußlosigkeit und wagte den Schritt zu einem eigenen Betrieb, der inzwischen sehr erfolgreich ist.

### ROBERT BEKOMMT WIEDER KONTAKT
### ZU SEINEN KINDERN

Robert war schon Multimillionär, als er begann, die Grundsätze und Praktiken für den inneren Erfolg anzuwenden. Er war äußerlich erfolgreich, aber er fühlte sich sehr unglücklich. Er hatte drei gescheiterte Ehen hinter sich und keinen Kontakt mehr zu seinen Kindern. Anscheinend hatte er alles erreicht, und kaum jemand wußte, wie unglücklich er war.

Um glücklich zu werden, lernte Robert, in sein Inneres zu schauen. Er wollte jemanden anziehen, mit dem er seinen großen Reichtum teilen könnte, aber zuerst mußte er selbst lernen, ihn zu genießen. Er hatte immer eine schöne Frau an seiner Seite gebraucht, um mit sich zufrieden zu sein. Daher versuchte er, ein Jahr ohne eine Partnerin glücklich zu sein. Er nahm sich Urlaub und ging auf Weltreise.

Als er dabei die Erfahrung machte, daß er auch alleine glücklich sein konnte, nahm er sich Zeit dafür, seine Beziehung zu seinen Kindern zu heilen. Je mehr er die Liebe gab und empfing, die er brauchte, desto unabhängiger wurde er vom äußeren Erfolg. Er genoß ihn, aber er erkannte jetzt auch, daß ihn dieser daran gehindert hatte, echte Zufriedenheit und wirkliches Glück zu finden.

Um die Probleme mit seinen Kindern auszuräumen und eine Partnerin fürs Leben zu finden, mußte er viele Blockierungen beseitigen. Er mußte sich von Vorwürfen, Kritik und Gleichgültigkeit gegenüber seinen früheren Frauen befreien und Klarheit darüber gewinnen, was seine Kinder an ihm störte. Indem er diese Blockierungen auflöste, konnte er wieder eine Beziehung zu seinen Kindern entwickeln und in seinem neuen Leben Frieden und Freude finden.

## Sich den Herausforderungen des Lebens stellen

Wenn man persönlichen Erfolg hat, ist das Leben plötzlich kein Kampf mehr; was schwierig war, ist jetzt einfach. Natürlich werden immer noch Probleme auftauchen, aber man wird besser mit ihnen fertig. Türen, die immer verschlossen schienen, öffnen sich plötzlich. Man fühlt sich erleichtert und frei, man selbst zu sein und tun zu können, was man in dieser Welt tun soll. Man fühlt sich besser für das Leben gerüstet. Die unvermeidlichen Herausforderungen des Lebens werden jetzt zu Gelegenheiten, stärker zu werden.

Wie auch immer man seine neuen inneren Qualitäten erfährt: Das Licht des eigenen wahren Selbst erleuchtet den Weg, die Reise durch die Dunkelheit hat ein Ende. Man nimmt nicht nur klarer wahr, was die eigene Aufgabe in dieser Welt ist, man erkennt auch, daß man nicht allein ist. Die Wahrheit, daß man in dieser Welt geliebt und unterstützt wird, wird zu einer lebendigen, greifbaren Erfahrung.

———◄○►———

*Mit dem Aufflammen des inneren Lichts der Selbstliebe*
*hat die Reise durch die Dunkelheit ein Ende.*

———◄○►———

Persönlicher Erfolg ist kein imaginärer Zustand der Gnade ohne Konflikte, Enttäuschungen und Frustrationen. Persönlicher Erfolg hängt weitgehend davon ab, daß man lernt, negative Gefühle in positive und schlechte Erfahrungen in bereichernde zu verwandeln. Sich selbst treu zu sein ist ein Wachstumsprozeß, der mit vielen Veränderungen verbunden ist, und auch die Höhen und Tiefen des Lebens gehören dazu. Persönlicher Erfolg heißt, genau zu wissen, wie man nach einem Fall wieder auf die Beine kommt.

Wer das Risiko eingeht, er selbst zu sein und seinem Herzen zu folgen, wird gelegentlich fallen. Fehler, Rückschläge und Korrekturen sind nun einmal ein Teil des Lebens, und zwar ein wichtiger Teil, durch den man lernt und wächst.

———◄○►———

*Persönlicher Erfolg heißt, genau zu wissen, wie man*
*nach einem Fall wieder auf die Beine kommt.*

———◄○►———

Persönlicher Erfolg ist für jeden etwas anderes. Für manche ist es eine Achterbahn, und sie genießen das aufregende Auf und Ab. Für andere ist es eine gemütliche Fahrt auf einem Riesenrad: Auch wenn es immer wieder anhält, genießen sie die Aussicht und ein gutes Gespräch und lassen sich gelassen im Kreise drehen. Die Fahrt durchs Leben verläuft bei jedem Menschen anders, aber Höhen und Tiefen gibt es immer.

Auch wenn der persönliche Erfolg wächst, wird es immer noch negative Empfindungen geben, die aber stets zu noch mehr Freude, Liebe, Vertrauen und Frieden hinführen. Wenn

20

man einmal gelernt hat, negative Emotionen zu bewältigen, wird man auch erkennen, wie wichtig sie sind, und man möchte sie in seinem Leben nicht mehr missen. Wer sich nach einem Leben ohne all die negativen und positiven Empfindungen sehnt – der möge sich auf einen Friedhof begeben und in Frieden ruhen.

Lebendig zu sein heißt, in Bewegung zu sein. Das Geheimnis des persönlichen Erfolgs besteht darin, daß man den Kontakt zu seinem inneren Frieden, seiner Freude, seiner Liebe und seinem Vertrauen nicht abreißen läßt. Wenn man das Vertrauen hat, daß man immer bekommen kann, was man will, dann ist man gelassener; man akzeptiert, daß das Leben ein Prozeß ist, und man versteht, daß es manchmal auch ein wenig dauern kann, bevor man etwas bekommt. Wenn das Herz offen ist und man sich selbst treu bleibt, dann kann man auch jeden einzelnen Schritt seiner einzigartigen Reise genießen und schätzen. Die Erwartung, daß das Leben vollkommen sein müsse, wird in dem Maße abgebaut, wie man entdeckt, daß alles, was man in seinem Leben anzieht und schafft, für einen selbst genau richtig ist.

Jeder besitzt den Schlüssel zu seiner eigenen Zukunft, man kann es schaffen, und jeder muß es selbst schaffen. Mit diesen Erkenntnissen können Sie Antworten auf alle Fragen finden, die Sie bezüglich des Weges zum Erfolg vielleicht hatten. Sie werden eine neue Perspektive gewinnen, die dabei hilft, Ihre Erfahrungen im Leben richtig einzuordnen. Sie werden nicht mehr im Zweifel darüber sein, wie Sie dorthin gelangen, wo Sie sein möchten. Die vier Schritte liefern eine praktische und spirituelle Anleitung, mit deren Hilfe Sie Ihr Leben so gestalten können, wie es Ihnen in die Wiege gelegt ist.

# Glück kann man nicht kaufen

Viele Menschen haben viel in ihrem Leben erreicht, aber sie sind nicht zufrieden. Es gibt genug unglückliche reiche Menschen, die unfähig sind, eine liebevolle Beziehung durchzuhalten. Und trotzdem glauben sie immer noch, daß mehr Geld oder mehr von irgend etwas ihnen schließlich zu Zufriedenheit mit sich selbst und ihrem Leben verhelfen könnte.

Wie jeder weiß, kann man Glück und Liebe nicht kaufen, dennoch man gibt sich immer wieder der Illusion hin, daß äußerer Erfolg doch glücklich machen könnte. Um so mehr man aber glaubt, daß Geld glücklich macht, desto mehr büßt man seine Fähigkeit ein, ohne es glücklich zu sein. Sie denken jetzt vielleicht:»Ja, ich weiß, daß mich Geld nicht glücklich machen kann, aber auf alle Fälle kann es dazu beitragen.« Das ist ein weitverbreiteter Irrtum, durch den man sich selbst schwächt. Um sicherzustellen, daß man den Weg des persönlichen Erfolgs beschreitet, muß man einsehen, daß Geld und Glück nichts miteinander zu tun haben.

## Das Wesen der Täuschung

Was ist das Wesen der Täuschung? Man sieht, daß die Sonne täglich über den Himmel zieht, doch andererseits weiß man, daß sie sich in Wirklichkeit nicht bewegt. Man nimmt zwar mit den Sinnen eine Bewegung wahr, aber der Verstand weiß, daß es keine gibt. Ebenso glaubt man, selbst unbewegt zu sein, aber wir wissen, daß sich die Erde um ihre Achse dreht.

Um diese Täuschung einsehen zu können, braucht man die Fähigkeit zum abstrakten Denken. Kinder haben diese Fähigkeit noch nicht. Sie erwerben sie ihm Laufe ihrer Entwicklung, der Übergang vom konkreten zum abstrakten Denken geschieht meist ganz plötzlich. Oft können Schüler eine algebraische Gleichung einfach nicht begreifen, und plötzlich macht es »klick«, und es gelingt ihnen. Wenn das Gehirn diesen Zeitpunkt noch nicht erreicht hat, werden sie es auch mit noch soviel Mühe nicht begreifen.

———◁◦▷———

*Um eine Täuschung erkennen zu können, muß das Gehirn eine gewisse Entwicklungsstufe erreicht haben.*

———◁◦▷———

Dieser Übergang vom konkreten Denken (über die Welt, die man sieht) zum abstrakten Denken (auch Begriffe sind wirklich) geschieht meist in der Pubertät. Bei einem zwölf- oder dreizehnjährigen Kind ist das Gehirn so weit entwickelt, daß es Dinge verstehen kann, die für Erwachsene selbstverständlich sind. Auf die gleiche Weise entwickelt sich auch die Menschheit weiter. Ideen, mit denen sich die größten Denker der Geschichte abgemüht haben, werden uns heute schon in der Schule vermittelt.

## Die Menschheit entwickelt sich

Noch vor fünfhundert Jahren glaubte jeder, daß die Erde eine Scheibe sei und die Sonne über den Himmel zöge. Die Menschen konnten diese Beobachtung noch nicht als Täuschung entlarven. Sie befanden sich noch nicht auf jener Stufe des abstrakten Denkens, die sie hätte erkennen lassen, daß sich die Erde bewegt und die Sonne stillsteht. Als Kopernikus im Jahre 1543 genau dies behauptete, konnten viele dies nicht akzeptieren. Die Kirche sah seine Lehren als Bedrohung an.

Später entdeckte man, daß seine Theorien richtig waren. Die Menschheit hatte einen Sprung gemacht. Was für die meisten unbegreiflich gewesen war, wurde zu einer Tatsache. Ebenso steht die Menschheit heute wieder vor einem Sprung, wenn sie das Geheimnis des persönlichen Erfolgs begreifen will. Alle großen Lehren und Religionen haben die Menschheit auf diesen Punkt hingeführt, und sie werden weiterhin die Grundlage bilden.

## Die Zeit ist reif

Zum gegenwärtigen Zeitpunkt der Geschichte werden viele Irrtümer als solche entlarvt – z. B. die Irrtümer hinsichtlich der Beziehungen zwischen Männern und Frauen. Ich werde immer wieder gefragt: »Warum hat nicht schon längst jemand ›Männer sind anders. Frauen auch.‹ geschrieben? Es ist doch so offensichtlich. Es ist doch einfach eine Sache des gesunden Menschenverstands.«

Die Antwort auf diese Frage lautet einfach, daß erst jetzt die Zeit dafür reif ist. Vor fünfzig Jahren oder auch noch vor zwanzig Jahren hätte sich diese Idee nicht durchsetzen können. Als ich Anfang der achtziger Jahre zu lehren begann, daß »Männer vom Mars und Frauen von der Venus stammen«, bekam ich es teilweise noch mit heftiger Kritik zu tun, weil Menschen meine Lehren falsch verstanden oder falsch interpretierten. Sie konnten einfach nicht begreifen, daß Männer und Frauen unterschiedlich und trotzdem gleichwertig sind. Sie meinten, die Unterschiede bedeuteten automatisch, daß entweder die Männer den Frauen überlegen seien oder umgekehrt. Weil ich ein Mann bin, glaubte man natürlich, daß ich die Männer über die Frauen stellen wollte. Im Laufe der letzten fünfzehn Jahre hat sich aber die Auffassung, daß Männer und Frauen grundsätzlich unterschiedlich sind, nicht nur in Amerika, sondern in der ganzen Welt schlicht als vernünftig durchgesetzt. Wir haben es hier mit einer weltweit gewandelten Überzeugung zu tun.

Aber vieles, was einer Generation als selbstverständlich erscheint, war für frühere Generationen noch revolutionär. Und jede Neuentdeckung bedeutet Entwicklung. Noch vor fünfzig Jahren lautete das Credo der Frauenbewegung, daß alle Menschen gleichberechtigt sein müssen, weil sie gleich seien; Frauen seien nicht anders als Männer. Um Gleichberechtigung zu erreichen, mußten Frauen beweisen, daß sie Männern ebenbürtig sind. Immerhin gab die Gesellschaft damals die Vorstellung auf, daß ein Geschlecht besser sei als das andere. Heute ist es eine Selbstverständlichkeit, daß Männer und Frauen unterschiedlich sind, aber wir wissen auch, daß »unterschiedlich« nicht »besser« oder »schlechter« bedeutet.

———◄◦►———

*Was einer Generation als selbstverständlich erscheint, war für frühere Generationen immer eine Neuentdeckung.*

———◄◦►———

Diese Einsicht schafft auch die Voraussetzungen dafür, mit der Rassendiskriminierung aufzuhören, ebenso erkennen immer mehr Menschen den Wert *aller* religiösen Lehren. Es wird heute akzeptiert, daß Gott nicht die Menschen einer bestimmten Religion bevorzugt. Gott schenkt seine Gnade allen Menschen, ob sie Agnostiker, Atheisten, Christen, Juden, Hindus, Muslime oder was auch immer sind. Gott liebt die Menschen unabhängig von ihrem Glauben. Je kleiner die Welt wird, desto mehr haben wir die Möglichkeit, Menschen unterschiedlicher Glaubensrichtungen kennenzulernen und uns von ihrer Rechtschaffenheit zu überzeugen. Diese Erkenntnis hat vielen Menschen geholfen, ihre beschränkten Auffassungen aus der Vergangenheit abzulegen.

An der Schwelle zum neuen Jahrtausend wird es immer

mehr zu einer Selbstverständlichkeit, daß es viele Wege gibt, die aber alle zum selben Ziel führen. Wir haben uns heute von dem Wahn befreit, daß es nur einen Weg, ein bevorzugtes Volk oder eine überlegene Lehre oder Religion gäbe. Wer die Weisheit in allen Religionen erkennt, wird die Wahrheit seines persönlichen Weges deutlicher sehen.

## Eine Tür öffnet sich

Diese Entwicklung setzt sich fort. Wir haben jetzt die Möglichkeit, uns auch von anderen Irrtümern zu befreien: Dem Irrtum, daß die äußere Welt für unser Befinden verantwortlich sei, oder dem Irrtum, daß man durch äußeren Erfolg glücklich werden könne.

Jeder ist selbst für sein Wohlbefinden verantwortlich. Wenn man von der äußeren Welt bekommt, was man möchte, und sie einen »glücklich macht«, dann ist dieses Glück flüchtig, denn man glaubt ständig, noch mehr zu brauchen, um glücklich zu sein. Die Abhängigkeit von der äußeren Welt schwächt die Verbindung zu dem eigenen Inneren. Man ist nie wirklich zufrieden, wenn man immer mehr braucht, um glücklich zu sein, und umgekehrt wird das Glück dauerhaft, wenn man weiß und erlebt, daß das Glück nicht von äußeren Umständen abhängt. Erkunden wir dies einmal am Beispiel des Geldes.

———◄◊►———

*Das Glück wird dauerhaft, wenn man die Erfahrung macht, daß es nicht von äußeren Umständen abhängt.*

———◄◊►———

Nicht das Geld an sich macht glücklich, sondern die inneren Überzeugungen und Empfindungen, die es auslöst. Wenn jemand viel Geld hat, ist er glücklich, denn er glaubt, jetzt er selbst sein zu können und tun zu können, was er will. Aber was letztlich glücklich macht, ist die Möglichkeit, man selbst zu sein, nicht das Geld. Sie können jederzeit Ihre Blicke nach innen richten und Ihre inneren Werte und Ihre innere Großartigkeit entdecken.

Geld macht also deshalb glücklich, weil man glaubt, daß man dadurch sein, tun, besitzen oder erfahren kann, was immer man möchte. Wir haben es noch nicht gelernt, in unserem Innersten prinzipiell glücklich, liebevoll, friedlich und vertrauensvoll zu sein. Aber diese Erfahrung kann jeder machen.

Jim kam mit Depressionen zur Beratung. Er war etwa zweiundvierzig und mit seinem Leben unzufrieden. Wenn er andere mit einem teuren Wagen vorbeifahren sah, kam er sich irgendwie als Versager vor. Er konnte nicht mithalten, er war nicht gut genug.

Es ärgerte ihn, daß andere mehr besaßen als er. Er hatte doch alles richtig gemacht. Er hatte eine Schule besucht, hart gearbeitet und war in die Kirche gegangen. Warum hatte er nicht so schönes Spielzeug? Warum blieb ihm so vieles vorenthalten? Jim ärgerte sich über die Reichen und bemitleidete sich selbst.

Nach einem Workshop für persönlichen Erfolg hatte sich seine Einstellung zum Geld geändert. Er erkannte, daß ihm Geld im Grunde nie so wichtig gewesen war und daß er einfach deshalb nicht viel hatte. Er wollte zwar mehr, aber es wurde ihm klar, daß er im Leben viel erreicht hatte. Er begann auch zu sehen, wie er sich selbst hemmte, indem er eine ablehnende Haltung gegenüber Geld einnahm.

Seine Herausforderung bestand jetzt darin, mit weniger glücklich zu sein und trotzdem mehr zu wollen. Wenn er jetzt ein teures Auto sah, dachte er sich: »Das wäre doch etwas für mich.« Indem er begann, seine Ressentiments gegenüber Geld aufzugeben, gestattete er es sich auch, mehr zu wollen. Er verzieh sich seine Rückschläge und Irrtümer im Leben und war sogar dankbar für das, was er dadurch gelernt hatte.

Er erkannte, daß er die Wahl hatte: Er konnte mehr bekommen, er konnte aber auch mit dem, was er hatte, vollkommen glücklich sein. Er machte die Erfahrung, daß er gar nicht mehr brauchte, um glücklich zu sein. Indem er sich von seiner Fixierung auf Geld löste, bekam er plötzlich mehr. Er kam hinter das Geheimnis, wie man bekommt, was man möchte. Jetzt war er dazu fähig, mehr zu wollen und gleichzeitig zu schätzen, was er hatte.

Als ich vor über fünfundzwanzig Jahren die Grundsätze des persönlichen Erfolgs zu lehren begann, hatte ich gute Erfolge, die aber bei weitem nicht mit den heutigen vergleichbar sind. Diese Grundsätze hatten sich bei mir selbst bewährt, aber ich mußte einen großen Teil meines Lebens dafür aufwenden, um mein Ziel zu erreichen. Was Menschen heute in einem Wochenend-Workshop vermittelt wird, dafür brauchte ich über zwanzig Jahre.

Natürlich hält sich ein Lehrer gern etwas darauf zugute, wenn seine Methode Erfolg hat, aber es ist mir sehr wohl bewußt, daß jetzt einfach die Zeit hierfür reif ist. Die Menschheit macht einen großen Schritt vorwärts. Wir wurden in dieser wunderbaren Zeit geboren, um gemeinsam diesen Schritt zu machen, um zu diesen Erkenntnissen zu gelangen.

Ich bin seit über fünfundzwanzig Jahren Lehrer, und ich bin Zeuge dieser Veränderung. Jedem ist heute die Einsicht möglich, daß man ganz allein für sein Befinden verantwortlich ist. Mit dieser ebenso schlichten wie wichtigen Erkenntnis kann das Geheimnis, wie man persönlichen Erfolg hat, jetzt von allen verstanden und angewandt werden, nicht nur von einigen wenigen Glücklichen.

# Äußerer Erfolg
## verstärkt die inneren Empfindungen

Geld, Anerkennung, Ehe, Kinder, ein guter Beruf, schicke Kleider, ein Lotteriegewinn oder sonstiger äußerer Erfolg wirken als Verstärker des inneren Befindens. Wenn man schon gelassen ist, wird man noch gelassener. Wenn man schon glücklich und liebevoll ist, wird man noch glücklicher und liebevoller. Wenn man schon selbstbewußt ist, wird man noch selbstbewußter.

Ist man andererseits nicht glücklich, nehmen innere Freude, Liebe, Selbstvertrauen und Gelassenheit durch äußeren Erfolg ab. Wenn man nicht schon inneren Erfolg erreicht hat, wird das Leben durch äußeren Erfolg nur schwieriger. Nur wer glücklich ist und weiß, daß er nicht auf mehr Geld angewiesen ist, um glücklich zu bleiben, kann durch größeren Reichtum glücklicher werden. Es ist gewiß in Ordnung, mehr Geld haben zu wollen: Aber das Streben nach Geld wird zu einem Hindernis, wenn man vergißt, daß die eigentliche Quelle des Glücks im Inneren liegt.

———◄○►———

*Das Geheimnis, wie man bekommt, was man will, und will, was man hat, liegt darin, daß man zuerst lernen muß, unabhängig von den äußeren Umständen glücklich, liebevoll, selbstbewußt und zufrieden zu sein.*

———◄○►———

Das Geheimnis, wie man bekommt, was man will, und will, was man hat, liegt darin, daß man zuerst lernen muß, unabhängig von den äußeren Umständen glücklich, liebevoll, selbstbewußt und zufrieden zu sein. Wer mit dem glücklich ist, was er hat, wird materiellen Erfolg haben in Übereinstimmung mit dem, was er im Leben wirklich möchte.

## Die Illusion des äußeren Erfolgs

Die Verheißungen des äußeren Erfolgs sind eine Illusion. Wenn man unglücklich ist, glaubt man, durch ein neues Auto, eine bessere Stelle oder einen liebevolleren Partner glücklicher zu werden. Aber mit allem, was man neu erwirbt, erreicht man nur die gegenteilige Wirkung. Man bekommt niemals genug. Wer unglücklich ist, weil er zu wenig hat, verstärkt dadurch nur den trügerischen Reiz des äußeren Erfolgs. Nachfolgend einige Beispiele.

▷ »Ich kann erst glücklich sein, wenn ich eine Million habe.«
▷ »Ich kann erst glücklich sein, wenn meine Rechnungen bezahlt sind.«
▷ »Ich kann erst glücklich sein, wenn sich meine Frau ändert.«
▷ »Ich kann erst glücklich sein, wenn mein Mann aufmerksamer ist.«
▷ »Ich kann erst glücklich sein, wenn ich eine bessere Stelle habe.«
▷ »Ich kann erst glücklich sein, wenn ich abgenommen habe.«
▷ »Ich kann erst glücklich sein, wenn ich im Lotto gewonnen habe.«
▷ »Ich kann erst glücklich sein, wenn ich geachtet werde.«
▷ »Ich kann nicht glücklich sein, wenn ich in meinem Leben soviel Streß habe.«
▷ »Ich kann nicht glücklich sein, wenn ich soviel Arbeit habe.«
▷ »Ich kann erst glücklich sein, wenn ich genug Arbeit habe.«

Für eine Weile scheint man tatsächlich glücklicher zu sein, wenn man bekommt, was man möchte, aber nach kurzer Zeit ist man schon wieder unglücklich. Wie zuvor glaubt man, daß man froh und glücklich sein wird, wenn man mehr hat. Aber leider wird die innere Leere um so größer, je stärker man die Erfüllung im äußeren Erfolg sucht. Statt mehr Freude und Frieden in seinem Leben zu haben, nimmt die Unruhe und Unzufriedenheit zu.

Ohne inneren Erfolg wird man immer unglücklicher, je mehr man hat. Warum sind die Illustrierten so voll von Geschichten über das Unglück der Reichen und Berühmten? Für viele dieser Menschen bringen Ruhm und Geld nichts als Elend, Drogensucht, Trennung, Gewalt, Untreue und Depression.

———◄○►———

*Wenn man nicht lernt, inneren Erfolg zu erzeugen,*
*fühlt man sich immer unzufriedener und unruhiger, je*
*mehr man in seinem Leben bekommt.*

———◄○►———

Das Leben dieser Menschen ist das beste Beispiel dafür, daß äußerer Erfolg nur dann Erfüllung bringen kann, wenn man schon Kontakt zu seinen inneren positiven Gefühlen gefunden hat. Äußerer Erfolg kann der Himmel oder die Hölle sein – dies hängt davon ab, welches Maß an innerem Erfolg man schon erreicht hat.

## Innerer Erfolg hat oberste Priorität

Innerer Erfolg stellt sich nur ein, wenn man man selbst sein und sich selbst lieben kann. Das bedeutet, daß man tut, was man tun möchte, und sich dabei selbstbewußt, glücklich und stark fühlt. Innerer Erfolg heißt nicht einfach, Ziele zu erreichen, sondern auch, für das Erreichte dankbar und damit zufrieden zu sein. Ohne Harmonie im Inneren wird man niemals glücklich sein, gleichgültig, wer man ist oder wieviel man besitzt.

———◄◦►———

*Innerer Erfolg heißt, mit sich selbst und seiner Vergangenheit, Gegenwart und Zukunft vollkommen zufrieden zu sein.*

———◄◦►———

Um inneren Erfolg zu erlangen, muß man zunächst einsehen, wie unsinnig es ist, dem materiellen Erfolg die höchste Priorität zu geben. Was nützt es, ein Ziel zu erreichen, das einen letztlich doch nicht befriedigt? Was nützt es, wenn man endlich etwas hat, was man schon immer haben wollte, und es dann nicht mehr begehrt? Was nützt eine Million, wenn man in den Spiegel blickt und das Gefühl hat, nicht liebenswert zu sein? Was nützt es, sich großartig zu finden und andere zu zwingen, einen ebenfalls großartig zu finden, wenn man in seinem Innersten weiß, daß es nicht so ist? Um wahres und dauerhaftes Glück zu finden, muß man in seinem Denken eine kleine, aber sehr wichtige Veränderung vornehmen: Man muß den inneren Erfolg, nicht den materiellen Erfolg zur obersten Priorität machen.

## Glück erfahren

Dauerhaftes Glück kommt von innen. Etwas Ersehntes zu bekommen kann nur insoweit glücklich machen, als man schon glücklich ist. Etwas Besonderes zu tun und etwas Neues zu lernen macht nur insofern stärker, als man schon selbstbewußt ist. Andere zu lieben kann man nur insofern durchhalten, als man sich selbst liebt. Frieden, Harmonie und Ruhe kann man im eigenen Leben nur insoweit finden, als man schon Ruhe und Frieden hat. Die äußere Welt kann nur dann Wogen von Liebe,

Freude, Kraft und Frieden bringen, wenn man all dies schon in seinem Inneren verspürt.

—◦—

*Materieller Erfolg kann nur glücklich machen, wenn man schon glücklich ist.*

—◦—

Wie aber fühlt sich dieses Glück an? Es ist so, wie wenn man behaglich in der Badewanne liegt und das warme Wasser genießt. Nach einer Weile spürt man die Wärme nicht mehr, bewegt man sich aber ein wenig, wird man wieder von den Wellen der Wärme umspült. Zwei Voraussetzungen müssen also erfüllt sein, um die Wärme zu spüren: Man muß im warmen Wasser sein, und man muß sich ein wenig bewegen.

Ebenso kann man Wogen des Glücks nur erleben, wenn man schon glücklich ist und außerdem immer wieder Wellen erzeugt werden, indem man bekommt, was man möchte. Wer schon glücklich ist, ist nicht auf großen materiellen Erfolg angewiesen, um köstliche Wogen der Freude zu spüren.

Liegt man in Verbundenheit mit seiner inneren Kraft und seinem inneren Selbstvertrauen im Bad, erfährt man einfach durch Bewegung Wogen des Selbstvertrauens. Liegt man in einem Bad der Liebe und des Friedens, erzeugt das eigene Handeln Wogen der Liebe und des Friedens.

Fühlt man sich dagegen unglücklich, nicht liebevoll, unsicher und unter Anspannung, dann bringt das alltägliche Handeln Wogen des Mißbefindens und der Enttäuschung. Egal wie viele Wünsche man sich erfüllt, das Mißbehagen und die Anspannung werden immer nur größer.

## Die wahre Ursache des Unglücklichseins

Wenn man trotz äußeren Erfolgs unglücklich bleibt, glaubt man, dies liege daran, daß es noch irgend etwas gibt, das man nicht hat. Dieser Irrtum ist nur allzu verständlich: Meist braucht man ja irgend etwas, wenn man unglücklich ist. Daraus zieht man automatisch den Schluß, daß man unglücklich ist, weil man nicht hat, was man haben möchte. Aber dieser Schluß ist falsch.

———◄○►———

*Die Ursache des Unglücklichseins liegt nicht darin, daß man nicht bekommt oder hat, was man haben möchte.*

———◄○►———

Mit zunehmendem inneren Erfolg entdeckt man, daß man durchaus nicht unglücklich zu sein braucht, wenn man mehr haben möchte und es nicht bekommt. Es ist vielmehr so, daß in diesem Fall der Wunsch nach mehr positive und glückliche Empfindungen erzeugt, wie z. B. Begeisterung, Selbstvertrauen, Entschlossenheit, Mut, Enthusiasmus, Treue, Wertschätzung, Dankbarkeit, Liebe. Wenn man im Inneren schon glücklich und voller Selbstvertrauen ist, dann erzeugen der Wunsch und das aktive Streben nach mehr Wellen der Freude, der Liebe, des Selbstvertrauens und der Gelassenheit.

Begehren oder der Wunsch nach mehr liegen in der Natur der Seele, des Geistes, des Herzens und der Sinne. Die Seele hat immer den Wunsch, mehr zu sein; der Geist strebt immer danach, mehr zu tun und mehr zu wissen; das Herz sehnt sich immer danach, mehr zu lieben und mehr zu haben; und die Sinne haben immer den Drang, mehr zu genießen. Wenn man sich selbst gegenüber ehrlich ist, dann will man immer mehr.

———◄○►———

*Mehr zu wollen liegt in der Natur der Seele, des*
*Geistes, des Herzens und der Sinne.*

———◄○►———

Es ist nur natürlich, daß man in seinen Beziehungen mehr
Liebe möchte. Es ist gut, wenn man in seiner Arbeit mehr Erfolg haben will. Es ist normal, die Freuden der Sinne zu genießen und mehr zu wollen. Mehr zu wollen ist unsere natürliche Wesensart. Wünsche sind nichts Schlimmes. Überfluß,
Wachstum, Liebe, Genuß und das Streben nach mehr entsprechen der Natur des Lebens.

Mehr zu wollen und weniger zu haben ist nicht die Ursache
des Unglücklichseins. Unglücklich zu sein ist einfach der Mangel an innerer Freude und hat nichts mit den äußeren Umständen zu tun. Unglücklichsein ähnelt der Dunkelheit; Dunkelheit
ist die Abwesenheit von Licht, und man vertreibt sie einfach
dadurch, daß man ein Licht entzündet. Ebenso wird das Unglücklichsein weniger, wenn man lernt, das innere Licht zu ent-
zünden.

———◄○►———

*Dunkelheit kann man nicht als solche beseitigen, aber*
*sie verschwindet von selbst, wenn man ein Licht entzündet.*

———◄○►———

Wenn man Verbindung zu seiner wahren Natur hat, ist man automatisch glücklich, denn unsere wahre Natur ist liebevoll,
froh, voller Vertrauen und zufrieden. Um glücklich zu werden,
müssen wir uns auf eine innere Reise machen und entdecken,
wer wir wirklich sind. Wenn wir in uns hineinblicken, entdecken wir, daß die Freude, die Liebe, die Kraft und der Frieden, die man sucht, schon da sind. Dies sind die Eigenschaften,
die unser wahres Wesen ausmachen.

# Sich dem äußeren Erfolg
# verkaufen

Ein beliebtes Thema in der Literatur sind die Geschichten von Menschen, die es zu Ruhm und Ansehen bringen, indem sie ihre Seele dem Teufel oder einer anderen finsteren Macht verkaufen. Natürlich sind diese Geschichten Fiktion, aber es steckt viel Wahrheit in ihnen. Es ist in der Tat viel leichter, äußeren Erfolg zu haben, wenn man sich selbst untreu wird. Sich zu verkaufen bedeutet einfach, den äußeren Erfolg über das Bedürfnis der Seele nach Freude, Liebe und Frieden zu stellen.

Liebe, Freude, Vertrauen, Mitgefühl, Geduld, Weisheit, Mut, Bescheidenheit, Dankbarkeit, Großzügigkeit, Selbstvertrauen, Güte usw. sind Eigenschaften, die in jedem Menschen angelegt sind. Wer den natürlichen Antrieb verleugnet, diese Eigenschaften weiterzuentwickeln und auszudrücken, verkauft sich. Er kann dann zwar äußeren Erfolg erlangen, dieser wird ihn aber nicht wirklich befriedigen.

Wenn man alles dem äußeren Erfolg unterordnet, erreicht man ihn schneller, verliert aber die Fähigkeit zu begehren, was man hat, und damit sich selbst. Das Glück scheint immer zum Greifen nah, aber man erreicht es doch nie.

◄◦►

*Wenn man alles dem äußeren Erfolg unterordnet,*
*erreicht man ihn schneller, aber man verliert dabei sich*
*selbst.*

◄◦►

Es gibt viele Beispiele von Menschen, die sehr erfolgreich wurden, indem sie nicht liebevoll waren. Sie verleugneten ihr inneres liebevolles Selbst, um mehr Macht zu bekommen. Es ist leicht, Entscheidungen zu fällen und zu tun, was dem äußeren Erfolg dient, wenn man sich nicht um die Belange anderer Menschen kümmert. Dies ist eine dunkle Seite des materiellen Erfolgs. Natürlich gilt dies nicht für alle erfolgreichen Menschen, aber es ist die Erklärung dafür, warum manchmal böse Menschen sehr viel Macht haben. Wenn einem die Bedürfnisse und Gefühle anderer Menschen gleichgültig sind, hat die Selbstsucht freie Bahn.

## Sei glücklich, und du wirst Erfolg haben – aber nicht immer

Andererseits gibt es Menschen, die ihrem inneren Wesen treu sind, aber dennoch keinen äußeren Erfolg haben. Sie glauben, daß man nur seinem Herzen, seiner Eingebung folgen oder sich einfach dem »Strom« hingeben müsse. Ihr Motto lautet: »Mach dir keine Sorgen, sei glücklich« oder: »Laß los und laß Gott es tun.« Sie sind überzeugt, daß der Erfolg von selbst kommen wird, wenn sie sich nur darauf konzentrieren, glücklich zu sein. Dies klingt wunderbar, aber leider klappt es nicht immer. Sich selbst treu zu sein kann glücklich machen, aber es bietet keine Gewähr dafür, daß man bekommt, was man haben möchte.

Die Welt ist voller Menschen, die sehr glücklich sind, ohne viel zu besitzen. Ich habe Dörfer in Indien, Südostasien, Afrika und anderen Teilen der Welt besucht und bin dort Menschen begegnet, deren Leben voller Freude und Zufriedenheit war, obwohl sie materiell nichts besaßen. Es gibt Millionen von Menschen, die arm und trotzdem glücklich sind. Diese Menschen haben ein großes Maß an Freude und Liebe erreicht, aber es gelingt ihnen nicht, auch äußeren Erfolg zu haben.

*Es gibt Millionen von Menschen in der Welt, die arm und trotzdem glücklich sind.*

Während manchen der materielle Erfolg einfach nicht wichtig ist, lehnen ihn andere ganz bewußt ab und verurteilen ihn als die Wurzel des Übels und die Ursache aller Probleme der Welt. Doch damit schütten sie das Kind mit dem Bade aus. Sie weisen ihr natürliches Verlangen nach mehr zurück, weil es Menschen mit materiellem Erfolg gibt, die ihre Macht mißbraucht haben. Eine negative oder gleichgültige Haltung gegenüber dem Reichtum hält diesen aber mit Sicherheit fern.

Es genügt nicht, im Inneren glücklich zu sein. Wenn man das Leben führen will, das einem zugedacht ist, muß man es sich auch erlauben, mehr zu wollen. Wenn man zu den Menschen gehört, denen Geld nichts bedeutet, dann sollte man diese Haltung vielleicht doch noch einmal überprüfen. Möglicherweise blockiert man dadurch nur ein inneres Verlangen nach mehr. Man ist vielleicht glücklich, aber man könnte noch glücklicher sein, wenn man alle Bereiche seines Wesens annimmt.

Wenn man nicht bekommt, was man haben will, dann versucht man oft seine Enttäuschung dadurch zu bewältigen, daß man seine Wünsche leugnet. Statt seinen inneren Schmerz zu fühlen, kann man ihm ausweichen, indem man sagt: »Es war nicht so wichtig« oder: »Es interessiert mich ohnehin nicht so sehr.« Dies kann aber dazu führen, daß die Gefühle abstumpfen und man seine eigenen natürlichen Wünsche nicht mehr wahrnimmt.

# Vom Mönch zum Millionär

In meinem dritten Lebensjahrzehnt durchlebte auch ich eine Phase, in der ich den Erfolg nach äußeren Maßstäben ablehnte. Ich lebte neun Jahre lang als Mönch in der Schweiz, bis ich schließlich »Gott fand« und mir dadurch eine Quelle großen inneren Glücks erschloß. In gewissem Maße hatte ich mein Bedürfnis nach äußerem Erfolg beiseite geschoben. Und doch wollte ich in der Welt noch etwas bewirken und betete zu Gott, daß er mir den Weg zeigen möge. Meine innere Führung leitete mich nach Kalifornien.

Ich lebte dort zunächst in Los Angeles, wo ich den materiellen Erfolg noch mehr ablehnte. Ich glaubte, daß die Reichen selbstsüchtig und für die Probleme der Welt verantwortlich seien, weil sie sich mit allen Mitteln verschafften, was sie haben wollten. Meiner Meinung nach brachten sie keine Achtung und kein Mitgefühl für ihre Mitmenschen und die Umwelt auf und ordneten alles ihrem unstillbaren Drang nach Reichtum und Macht unter. Ich lehnte mich auf, weigerte mich, eine Arbeit anzunehmen, und schenkte mein ganzes Geld den Armen. Innerhalb weniger Monate war auch ich heimatlos.

Als ich eines Abends mit anderen Heimatlosen am Feuer saß, geschah die Wende. Ich saß da und verkündete meine Gedanken und Lehren, als mir jemand ein Bier reichte und sagte: »John, wir hören dir sehr gerne zu, aber wir haben keine Ahnung, wovon du redest.« Wir mußten alle lachen.

Später an diesem Abend dachte ich über seine Worte nach. Diese Äußerung war der Auslöser, der mich der Welt wiedergab. Ich erkannte, daß ich meinen Platz in dieser Welt finden mußte. Einen Platz, an dem ich etwas bewirken konnte, und zwar in einer Weise, die mich befriedigte. Ich erkannte auch, daß ich viele der Bequemlichkeiten vermißte, die ich früher für selbstverständlich genommen hatte. Mein Herz war zwar voller Liebe und Freude, aber ich fühlte mich auch elend. Diese

Lebensweise war nicht das Richtige für mich. Ich fühlte Kälte, Hunger, Verunsicherung, Verlassenheit und Hoffnungslosigkeit. Ich schüttete Gott mein Herz aus und begann, um Hilfe zu bitten.

Meine neun Jahre als Mönch hatten mich gelehrt, inneres Glück zu finden, aber in dieser Nacht entdeckte ich, daß meine Seele nach mehr verlangte. Es wurde mir klar, daß es nicht genügt, mit dem zufrieden zu sein, was man hat; man muß auch seine materiellen Bedürfnisse ernst nehmen. Als ich begann, Gott um mehr zu bitten, geschah es: Lauter kleine Wunder ereigneten sich.

<hr>

*Es genügt nicht, mit dem zufrieden zu sein, was man hat; man muß auch seine materiellen Bedürfnisse ernst nehmen.*

<hr>

Wenn ich hungrig war, lud mich jemand zum Essen ein. Wenn ich es satt hatte, in meinem Auto zu schlafen, lud mich jemand ein, eine Weile bei ihm zu Gast zu sein. Wenn ich kein Geld für Benzin hatte, schickten mir meine Eltern »zufällig« eine Tankkarte. Die Freude und Erleichterung, die alle diese Geschenke in mir auslösten, halfen mir, meine negativen Überzeugungen und Vorstellungen bezüglich Geld und Reichtum aufzugeben. Nachdem dieser Strom materiellen Erfolgs eingesetzt hatte, wurde mein Leben innerhalb eines Jahres wieder komfortabler. Ich war immer noch auf der Suche nach meinem neuen Weg, aber meine Gebete wurden erhört.

Ich habe mich mein ganzes Leben lang an die Worte Jesu gehalten, der gesagt hatte: »Sucht zuerst das Königreich des Himmels im Inneren, dann wird euch alles andere dazugegeben werden.« An jenem Abend also begann eine neue Etappe meiner Reise. Ich hatte das Königreich des Himmels im Inneren gefunden; jetzt war die Zeit, daß mir alles Übrige zufiel. In den nächsten neun Jahren wurde mir dann alles gegeben, was ich mir je gewünscht hatte, und darüber hinaus noch mehr, als ich mir je erhofft hätte.

Neun Jahre hatte es gedauert, bis ich mein wahres inneres Selbst und meine Verbindung zu Gott entdeckte. Und wie durch Zufall dauerte es weitere neun Jahre, bis ich alles erreicht hatte, was ich mir in der äußeren Welt gewünscht hatte. Nach weiteren neun Jahren überstieg mein Erfolg meine kühnsten Träume und Erwartungen, und ich konnte für andere Menschen praktische Erkenntnisse und Werkzeuge bereitstellen, damit sie ihre Träume schneller verwirklichen konnten. Während ich neun Jahre intensiver Meditation, des Gebets und der Hingabe an Gott aufwenden mußte, um inneren Erfolg zu erlangen, ist dieser Aufwand für andere Menschen nicht mehr nötig. An der Schwelle zum neuen Jahrtausend braucht niemand mehr der Welt zu entsagen und täglich stundenlang zu meditieren, um in seinem Inneren das Himmelreich zu entdecken.

## Zeig mir den Weg zu Geld

Wenn ich auf meine eigene Reise zurückblicke, sehe ich viele Irrtümer und Irrwege. Und doch konnte ich nur durch diese Irrtümer meinen Weg finden. Zum Glück hatte ich die Liebe und Unterstützung, die ich brauchte, um aus meinen Fehlern zu lernen. Nach meinen Entbehrungen erlaubte ich es mir, um mehr zu bitten. Ich hatte gelernt, daß man nichts bekommt, wenn man um nichts bittet. Meine Gebete, Gott möge mir den Weg zeigen, waren erhört worden; jetzt wußte ich, daß ich Gott auch darum bitten konnte, mir den Weg zum Geld zu zeigen.

Neben dem Gebet half mir auch das Wissen, daß ich die Mittel hatte, in der Welt Erfolg zu haben. Ich war nicht allein. Gott half mir, und ich hatte eine Familie und Freunde, die zu mir standen, die mir bei einem Neuanfang helfen konnten und wollten.

Dieser Unterstützung verdanke ich es, daß ich so schnell wieder auf die Beine kam. Wenn Gottes Segen in unserem Leben wirksam werden soll, dann muß man alles in seiner Macht Stehende tun, um zu bekommen, was man braucht. Man kann Gott nicht alles überlassen: Gott übernimmt nur den Teil, der die eigenen Kräfte übersteigt.

———◄�‣›———

*Wenn man betet, übernimmt Gott nur den Teil, den man selbst nicht leisten kann.*

———◄◊›———

Es genügt aber nicht, nur Gott zu finden, um äußeren Erfolg zu erlangen. Der Samen kann gesund sein, und der Boden kann fruchtbar sein, aber wenn man den Samen nicht gießt, kann er nicht wachsen. Um inneren und äußeren Erfolg haben zu können, ist es wichtig, seine emotionalen Bedürfnisse nach Liebe und Unterstützung zu befriedigen. Wenn man bekommt, was man braucht, kann man auch eher auf seine Schwierigkeiten zurückblicken und aus diesen lernen. Ohne die Unterstützung der Liebe blickt man zornig und mit Vorwürfen zurück, und der wichtige Prozeß des Lernens und Wachsens kann nicht stattfinden.

Mir pesönlich half die Erfahrung der Armut und Heimatlosigkeit, mein Herz mehr für die materielle Welt zu öffnen. Als ich wieder auf die Beine kam, bedeutete mir Geld wirklich etwas. Mir wurde klar, daß Geld ein Segen vom Himmel oder aber eine Einbahnstraße zur Hölle sein konnte. Geld an sich ist neutral; wir selbst machen es zu etwas Positivem oder etwas Negativem. Meine Heimatlosigkeit lehrte mich, die Vorzüge des Geldes sehr zu schätzen.

---◄○►---

*Geld kann ein Segen vom Himmel oder aber eine*
*Einbahnstraße zur Hölle sein.*

---◄○►---

Ich erinnere mich noch sehr gut an die große Freude, die ich
empfand, als ein Freund sah, daß ich in Geldnot war, und mir
fünfzig Dollar schenkte. Ein Hungriger lernt die einfachen
Dinge des Lebens zu schätzen. Diese Wertschätzung dessen,
was ich hatte, und das Vertrauen, daß ich mehr haben konnte,
wurden zum Motor des Erfolgs in meinem Leben.

Auch wenn ich heute die Freuden und Annehmlichkeiten des
äußeren Erfolgs sehr genieße, reise ich regelmäßig herum und
lebe manchmal in Entwicklungsländern unter den Einheimi-
schen. Der vorübergehende Verzicht auf die Annehmlichkeiten
unseres westlichen Lebensstils bewahrt mich davor, sie für
selbstverständlich zu halten. Ein schlichtes Leben schützt mich
davor, das nicht mehr zu schätzen, was ich habe. Der vorübergehende Verzicht auf Komfort läßt mich wieder die Erfahrung
machen, daß ich auch ohne ihn glücklich sein kann. Wenn die
Freuden des Geistes, des Herzens und der Sinne einmal nicht
verfügbar sind, kann das innere Licht der Seele wieder um so
heller scheinen.

Und doch wäre dies keine so erleuchtende Erfahrung und
keine so positive Herausforderung, wenn ich nicht wüßte, daß
ich auch die Möglichkeit habe, wieder zurückzukehren und mich
weiter um materiellen Erfolg zu kümmern. Die Entscheidung,
auf die Wohltaten der Zivilisation zu verzichten, ist nicht für
immer. Ich verleugne nicht mein Verlangen nach Genuß, Komfort, Überfluß, Geld, Familie, Freunde und Gesundheit. Nach
fünf oder sechs Tagen kehre ich in die Behaglichkeit zurück.
Wenn ich dann wieder in einem schönen Hotel ein Zimmer mit
warmem Wasser habe, gibt mir dies einen so großen physischen
Genuß, daß ich Gott auch für meinen äußeren Erfolg danke.

Natürlich kann es keinen Zweifel geben, daß die Jagd nach Geld in der Welt Unheil anrichtet. Doch das liegt nicht am materiellen Überfluß an sich oder dem Wunsch danach. Äußerer Erfolg wird nur dann zur Ursache von Unglück, wenn er zum alleinigen Ziel wird und man sich nicht mehr darum bemüht, sich selbst treu zu sein. Wenn man den Wunsch seiner Seele nach Ganzheit befriedigt hat, dann ist auch Geld eine der Segnungen Gottes.

Der Wunsch nach Geld und äußerem Erfolg ist gesund. Äußerer Erfolg braucht nicht von einem selbst wegzuführen. Man kann äußeren Erfolg haben und dennoch sich selbst treu bleiben. Man kann bekommen, was man haben möchte, und trotzdem weiterhin das schätzen und lieben, was man hat.

# Wie man bekommt,
# was man braucht

Bisher haben wir uns damit beschäftigt, wie wichtig es ist, sich selbst nicht untreu zu werden und inneres Glück zu entwickeln, bevor man sich auf die äußeren Wünsche konzentriert. Aber wie findet man inneres Glück? Wie kann man sich selbst und andere lieben? Was kann man tun, wenn man in den Spiegel blickt und von dem nicht begeistert ist, was man sieht? Man versucht, seinen Nächsten zu lieben, aber man ärgert sich bloß. Man versucht, seinen Ehepartner zu lieben, aber man spürt die Liebe einfach nicht. Man versucht, seine Arbeit gerne zu tun, aber man haßt sie oder langweilt sich. Man liebt seine Familie, aber man hat Schuldgefühle, weil man ausbrechen möchte und sie nur als Bürde und Last empfindet. Wie kann man glücklich sein, wenn einen die Welt zermürbt?

*»Kläre deine Bedürfnisse und befriedige sie.«*

Die Antwort auf diese Frage lautet: »Kläre deine Bedürfnisse und befriedige sie.« Ein Auto kann hervorragende Fahreigenschaften haben, aber ohne Benzin fährt es nicht. Ebenso kann man sagen, daß man den Kontakt zu seiner wahren Natur vorübergehend verliert, wenn man nicht bekommt, was man braucht. Unsere wahre Natur ist Glücklichsein. Um zu seiner wahren Natur zu gelangen, braucht man Liebe und Unterstützung. Um diese zu bekommen, muß man bereit und fähig sein, sein Herz zu öffnen.

Wenn man dann die Art von Liebe bekommt, die man braucht, ist man glücklich. Und man ist immer dann unglücklich, wenn eine bestimmte Art von Liebe fehlt. Liebe ist wie Kraftstoff, und wenn der Kraftstoff ausgeht, kommt man nicht mehr weiter. Liebe gibt die Kraft, die man braucht, um Verbindung zu seinem wahren Selbst zu finden.

## Liebesvitamine

Wie der Körper Wasser, Luft, Nahrung, Vitamine und Mineralstoffe braucht, um gesund zu bleiben, so braucht die Seele verschiedene Arten von Liebe, damit sie wachsen und sich uneingeschränkt durch Geist, Herz und Körper ausdrücken kann. Der Geist unterstützt die Seele durch Zielsetzungen, positives Denken und Glauben, ihre Aufgabe in der Welt zu erfüllen. Das Herz hilft der Seele, indem es das anzieht, was diese für ihr Wachstum braucht. Die Sinne nähren die Seele, indem sie benötigte Informationen und positive Erfahrungen in der äußeren Welt bereitstellen.

—◦—

*Das Herz hilft der Seele, indem es das anzieht, was diese für ihr Wachstum braucht.*

—◦—

Bekommt die Seele nicht, was sie braucht, kann es ihr nicht gelingen, im Leben eines Menschen Erfüllung herbeizuführen. Ohne Verbindung zur Seele ist man verloren. Man glaubt vielleicht zu wissen, welchen Weg man geht, aber man findet niemals wahre Befriedigung. Die verschiedenen Liebesbedürfnisse habe ich »Liebesvitamine« genannt, die die Seele für ihre Gesundheit braucht. Solange das Herz verschlossen ist oder der Geist sein Glück in der falschen Richtung sucht, kann man nicht zu innerer Erfüllung gelangen. Man muß lernen, seine

Bedürfnisse zu erkennen, und dann sein Herz für die verschiedenen Liebesvitamine öffnen; dann wird man immer wieder die Möglichkeit haben, Verbindung zu seinem inneren Selbst zu finden.

Es gibt zehn Liebesbedürfnisse oder Liebesvitamine, die man für seinen persönlichen Erfolg braucht. Um sein wahres Selbst erkennen oder erfahren zu können, muß man sein Herz für diese Vitamine öffnen.

### DIE ZEHN LIEBESVITAMINE

1. Vitamin G1: Liebe und Unterstützung von Gott.
2. Vitamin E: Liebe und Unterstützung durch die Eltern.
3. Vitamin F: Liebe und Unterstützung durch die Familie, Freunde und durch Freude.
4. Vitamin G2: Liebe und Unterstützung durch Gleichaltrige und Gleichgesinnte.
5. Vitamin S: Liebe und Unterstützung durch sich selbst.
6. Vitamin B: Liebe und Unterstützung durch Beziehungen und Freundschaften.
7. Vitamin A: Liebe und Unterstützung, die man selbst einem Abhängigen gewährt.
8. Vitamin U: Etwas seinem sozialen Umfeld zurückgeben.
9. Vitamin W: Etwas der Welt zurückgeben.
10. Vitamin G3: Gott dienen.

Diese zehn Arten der Liebe und Unterstützung liefern den »Kraftstoff« für ein reiches und befriedigendes Leben. Wenn man im Leben unzufrieden ist (keine innere Erfüllung) oder nicht bekommt, was man haben möchte (keine äußere Erfüllung), dann liegt dies ganz einfach daran, daß man nicht bekommt, was man braucht. Oft ist das Herz offen, aber man blickt in die falsche Richtung. Oder man blickt in die richtige Richtung, aber das Herz ist verschlossen, und man kann die Liebe nicht aufnehmen, die die Seele benötigt. Wenn Sie sich ein wenig mit diesen Liebesvitaminen und der Frage beschäftigen, wie man bekommt, was man braucht, dann werden Sie schnell entdecken, daß Sie Ihre Träume in diesem Augenblick verwirklichen können.

## Jedes Liebesvitamin ist wichtig

Um »ganz« sein zu können, braucht man all diese verschiedenen Arten von Liebe und Unterstützung, alle sind gleichermaßen wichtig. Wenn der Körper krank ist, fehlt vielleicht nur ein einziges Vitamin. In dem Moment ist dieses fehlende Vitamin besonders wichtig, obwohl man grundsätzlich alle Vitamine braucht. Führt man das fehlende Vitamin zu, bessert sich die Gesundheit schlagartig. Ebenso kann man nicht glücklich sein, wenn ein bestimmtes Liebesvitamin fehlt, gleichgültig, wieviel man von den anderen Liebesvitaminen bekommt.

Aus diesem Grunde gibt es viele verschiedene Ansätze, wie man glücklich werden kann. Manche Menschen blühen auf, wenn sie sich der Liebe Gottes öffnen, andere, wenn sie beginnen, sich selbst zu lieben, und die Verantwortung dafür übernehmen, in ihrem Leben Verbesserungen herbeizuführen. Manche entdecken das Glück in einer liebevollen Beziehung, während es anderen besonders guttut, mit Freunden und Verwandten zusammenzusein. Jedem fehlt ein anderes Vitamin, und dementsprechend sind die Bedürfnisse unterschiedlich.

———◄○►———

*Die Liebesbedürfnisse hängen davon ab, wo der individuelle Mangel liegt.*

———◄○►———

Wenn z. B. jemand, der Gottes Liebe nicht wahrnehmen kann, mit offenem Herzen an einem spirituellen Ereignis teilnimmt, erlebt er eine unglaubliche Verwandlung. Andere dagegen, die keinen Mangel an göttlicher Liebe haben, werden kein solches dramatisches Erlebnis haben. Sie werden das Ereignis genießen, sich erfrischt fühlen, aber sie sind nicht überwältigt. Es ist wie mit dem Essen: Wenn ein Hungriger etwas zu essen bekommt, ist er überaus glücklich, und das Essen schmeckt großartig. Wer dagegen gerade eine üppige Mahlzeit hinter sich hat, ist nicht besonders auf weiteres Essen erpicht, und es schmeckt ihm auch nicht so gut. Jedes Zuviel stumpft die Fähigkeit ab, etwas zu genießen.

Chris engagierte sich sehr für seine Kirche. Jahrelang schenkte ihm dies große Erfüllung. Er hatte eine Frau, eine Familie und eine gute Stelle. Als er jenseits der Vierzig war, bekam er plötzlich Depressionen. Bei der Beratung stellte es sich heraus, daß er wegen dieser Depressionen auch noch Schuldgefühle hatte.

Er glaubte, glücklich sein zu müssen, weil er doch Gott gefunden hatte. Es war sein vorrangiges Lebensziel, ein guter Mensch zu sein und Gott zu dienen. Er konnte nicht verstehen, warum er so deprimiert war. Er hatte Schuldgefühle, weil er die Freude und Verbundenheit nicht mehr empfand, die er am Beginn seines spirituellen Weges empfunden hatte.

Mit Hilfe des Schemas der Liebesvitamine erkannte Chris, daß er zuwenig Spaß hatte. Er war so sehr damit beschäftigt, ein guter Mensch zu sein, daß er vergaß, etwas für sich selbst zu tun. Es fehlten ihm die Vitamine F und S. Seine Hingabe an Gott nahm ihn so sehr in Anspruch, daß er sich keine Zeit mehr dafür nahm, sich zu entspannen und das Leben zu genießen.

Um sich von seiner Depression zu befreien, mußte er weniger an Gott und mehr an sich selbst denken. Er beschloß, einmal Urlaub zu machen, kaufte sich ein Wohnmobil und fuhr mit seiner Frau und seinen Kindern los. Er erlaubte sich Dinge, die er sich bisher nie erlaubt hatte. Er las mit seiner Frau Bücher über Sex und Liebe, so daß sie auch mehr Spaß im Bett hatten.

Als er so ohne Schuldgefühle auch einmal an sich selbst dachte, ging es ihm besser. Nachdem er sich vorübergehend aus den Aktivitäten in seiner spirituellen Gemeinschaft zurückgezogen hatte, nahm er diese mit neuem Schwung wieder auf. Er hatte erst zu der Erkenntnis gelangen müssen, daß es keinen Mangel an Liebe zu Gott bedeutet, wenn man sich auch einmal Zeit für sich selbst nimmt.

## Die Liebe, die man braucht, ist immer verfügbar

Die Seele hat die Fähigkeit, die Liebe anzuziehen, die sie braucht, aber der Geist muß erkennen, was er braucht, und das Herz muß dafür offen sein, dies zu empfangen. Die Liebe, die man braucht, ist immer schon da. Solange das Herz möchte, was man nicht haben kann, blickt man immer in die falsche Richtung. Wenn man nicht bekommt, was man braucht, dann liegt es meist daran, daß man versucht, alles aus derselben Quelle zu bekommen, man achtet nur auf ein Vitamin. Das deutlichste Zeichen dafür, daß man sich auf das falsche Vitamin konzentriert, ist die Überzeugung, daß man die Liebe nicht bekommen könnte, die man braucht.

———◄○►———

*Wenn man das nicht bekommt, was man sich von Herzen wünscht, dann blickt man in die falsche Richtung.*

———◄○►———

Besonders oft kommt dies in Ehen vor. Viele Menschen vernachlässigen nach der Heirat ihre übrigen Liebesvitamine, sie erwarten alles von ihrem Partner. Am Anfang ist ja auch alles wunderbar, man fühlt sich wie im Himmel. Man hat schließlich jemanden gefunden, mit dem man die Liebe teilt, und das Bedürfnis nach Vitamin B – nach Liebe und Unterstützung durch eine Partnerschaft – befriedigt. Dabei kann es sehr schnell geschehen, daß man seine sonstigen Bedürfnisse vergißt.

50

Dieser himmlische Zustand ist aber nicht von Dauer. Man bekommt Vitamin B in hohen Dosen, aber man achtet nicht auf seine sonstigen unerfüllten Bedürfnisse. Die Seele braucht alle zehn Vitamine, aber das Herz kann immer nur eines aufnehmen. Wenn man von mehreren fehlenden Vitaminen eines – z. B. Vitamin B – bekommt, dann bemerkt man die übrigen nicht erfüllten Liebesbedürfnisse überhaupt nicht mehr. Sobald aber der Bedarf an Vitamin B vollständig befriedigt ist, wird man sich der übrigen Bedürfnisse schmerzlich bewußt.

———◄◦►———

*Die Seele braucht alle zehn Liebesvitamine, aber das Herz kann immer nur eines aufnehmen.*

———◄◦►———

Dies erklärt letztlich, warum sich so viele Menschen verlieben und sehr schnell wieder trennen. Der Beginn einer Beziehung ist deshalb so köstlich, weil man vorübergehend den Druck seiner Bedürfnisse nicht spürt. Man findet Verbindung zu seinem wahren inneren Wesen und fühlt sich großartig. Sobald aber der Bedarf an Vitamin B befriedigt ist, kommen die Bedürfnisse, die man vor der Verliebtheit hatte, wieder zurück.

Dies führt dann dazu, daß man seine Liebe nicht mehr spürt. Alle eigenen Bemühungen oder die des Partners scheinen nicht auszureichen. Man ist schlimmer dran als zuvor, weil man glaubt, daß der Partner die Schuld hätte. Statt die Gegenwart des Partners zu genießen, möchte man, daß er sich ändert, oder man sucht sich einen anderen Partner. Man verliert den Kontakt zu dem Verlangen des eigenen Herzens nach Liebe und verzettelt sich, weil man versucht, die Beziehung besser zu machen oder eine bessere Beziehung zu finden. Man ergeht sich in Vorwürfen und büßt damit nicht nur die Fähigkeit ein, zu bekommen, was man braucht, sondern man fängt auch an, einander weh zu tun.

Wenn man einmal den Blick für die verschiedenen Liebesvitamine geschärft hat, wird man erkennen, daß von allem genug da ist. Wer das Gefühl hat, nicht bekommen zu können, was er braucht, der sollte seinen Blick auf etwas anderes richten, seine Absichten ändern – und plötzlich wird er genau die notwendige Unterstützung bekommen. Wenn man weiß, wohin man blicken muß und wie man in die gewünschte Richtung kommt, dann erkennt man sofort, daß man immer die Liebe bekommen kann, die man braucht.

# Die zehn Liebesspeicher

Welche Dynamik die Befriedigung unserer Bedürfnisse hat, kann man sich am besten mit dem Bild der »Liebesspeicher« verdeutlichen. Stellen wir uns einmal vor, daß es für jedes Liebesbedürfnis einen Vorratsspeicher gibt. Jeder Mensch hat zehn solcher Vorratsspeicher. Um mit seinem wahren Selbst in Verbindung bleiben zu können, muß man seine Liebesspeicher stets gut gefüllt halten.

Sobald man den Kontakt zu seinem wahren Selbst verliert, leert sich einer der Liebesspeicher – oder auch mehrere. Durch Einnahme des entsprechenden Liebesvitamins füllt sich der Speicher wieder. Dadurch stellt man die Verbindung zu seinem wahren Selbst wieder her.

Das Geheimnis besteht also darin, daß man ständig seine Liebesspeicher auffüllt. Solange man dies tut, genießt man nicht nur immer mehr Freude, Frieden und Zufriedenheit, sondern man bleibt auch in Kontakt mit seinem inneren Potential und seiner Fähigkeit, seine Bedürfnisse besser zu befriedigen.

Es ist wichtig, stets alle Liebesspeicher im Blick zu haben und sich nicht auf einem vollen auszuruhen. Richtet man seinen Blick nicht von Zeit zu Zeit in eine andere Richtung, um sicherzustellen, daß alle Liebesbedürfnisse befriedigt werden, wird man unglücklich. Erwartet man z. B. die Befriedigung seiner Liebesbedürfnisse ausschließlich vom Partner, dann ärgert man sich bald darüber, daß einem dieser angeblich nicht genug gibt.

*Man muß darauf achten, daß immer alle*
*Liebesspeicher aufgefüllt werden. Bleibt einer leer,*
*wird man unglücklich.*

Die Erfahrung, jemanden zu lieben, bedeutet letztlich ein Auffüllen des Vitamin-B-Speichers. Ist aber der Speicher einmal gefüllt und erwartet man trotzdem immer noch mehr von diesem Liebesvitamin, dann verliert man den Kontakt zu seiner inneren Quelle der Befriedigung.

Paradoxerweise führt das Verlangen nach demselben Liebesvitamin, das die Verbindung herstellte, jetzt zur Trennung. Man glaubt, daß man an der Beziehung arbeiten müsse, damit alles wieder gut wird, aber dies ist ein Irrtum. Vielmehr muß man sich jetzt auf das Auffüllen eines anderen Liebesspeichers konzentrieren.

George und Rose waren acht Jahre miteinander verheiratet. Sie praktizierten viele der Vorschläge und Ideen zu einer guten Kommunikation, wie ich sie in »Männer sind anders. Frauen auch« dargestellt habe, aber sie kamen trotzdem nicht weiter. Es schien, daß George Roses Erwartungen einfach nicht erfüllen konnte. Er versuchte es mit allen Techniken, die er gelernt hatte, aber es genügte seiner Frau nicht. Sie hatte das Gefühl, daß er nicht wirklich für sie da war, wenn sie etwas sagte, und daß er ihr nicht gab, was sie brauchte.

Rose wollte durchaus liebevoll sein, aber sie hatte den Eindruck, daß George ihre Wünsche immer als Kritik auffaßte. Sie hatte das Gefühl, auf rohen Eiern zu gehen. Sie bemühte sich wirklich, aber ihr Groll wuchs immer mehr. Je mehr sie versuchte, alles richtig zu machen, desto ärgerlicher wurde sie darüber, daß sie in ihrer Beziehung nicht bekam, was sie brauchte. Kurz, es war einfach die Romantik aus der Beziehung verschwunden.

Als George und Rose von den Liebesspeichern erfahren hatten, vereinbarten sie, sechs Wochen lang nichts voneinander zu erwarten. Während dieser Zeit wollten sie getrennt schlafen und versuchen, ihre Bedürfnisse anderswo zu befriedigen. Sie wollten intime Beziehungen mit anderen vermeiden, aber sich ansonsten Zeit für sich selbst nehmen und ihre Beziehungen zu Freunden und Verwandten pflegen. Sie wollten tun, wozu sie Lust hatten, und nichts voneinander erwarten.

Schon nach wenigen Wochen begannen sie sich wieder glücklicher und erfüllter zu fühlen. Als sie aufhörten, sich gegenseitig Vorwürfe wegen ihres Unglücklichseins zu machen, konnten sie wieder erkennen, daß sie es sich durchaus gutgehen lassen konnten. Je mehr sie ihre übrigen Liebesspeicher füllten, desto wohler fühlten sie sich und desto zufriedener waren sie.

Nach Ablauf der sechs Wochen unternahmen sie gemeinsam etwas, um wieder zusammenzufinden. Sie hatten eine Menge Spaß miteinander. Zum ersten Mal seit Jahren spürte George wieder wirkliche Leidenschaft und Verlangen nach Rose. Rose genoß seine Aufmerksamkeit sehr. Sie war erstaunt, daß alles da war, was sie sich wünschte: Er war aufmerksam, interessiert und leidenschaftlich. Und Rose war genauso, wie George sie sich wünschte: positiv, glücklich, bei ihm zu sein, und ganz für ihn da. Um die Verbindung zueinander wiederzufinden, brauchten George und Rose nur ein wenig »Beziehungsurlaub«. Danach konnten sie ihre Beziehung mit größerer Erfülltheit neu aufnehmen.

## Anzeichen für einen vollen Speicher

Solange ein Speicher gefüllt werden kann und gefüllt wird, nehmen die positiven Empfindungen zu. Man meint, der Partner würde einen glücklich machen, aber in Wirklichkeit ist es einfach die Freude, Kontakt zu seinem eigenen inneren Selbst zu haben. Natürlich verdankt man es auch der Liebe und der Unterstützung des Partners, daß man wieder zu sich selbst zurückfindet. Wenn einem ein Mensch in Liebe begegnet, findet man leichter Zugang zu dem, der man wirklich ist. Verschiedene Arten von Liebe helfen, die Verbindung zu allen Facetten des eigenen Wesens herzustellen.

Wenn dann ein Liebesspeicher gefüllt ist, führt dies nicht zu einem stabilen Zustand der Erfüllung, sondern oft zu Langeweile, Rastlosigkeit und schließlich Unzufriedenheit. Man glaubt dann, wegen seines Partners unzufrieden zu sein, während man letztlich nur die Leere aller übrigen Speicher spürt.

———◄○►———

*Wenn ein Liebesspeicher gefüllt ist, treten Langeweile oder Rastlosigkeit auf.*

———◄○►———

Paradoxerweise ist das unvermeidliche Symptom der Erfüllung das Bewußtsein, daß einem etwas fehlt. Dann ist es sehr wichtig zu wissen, wohin man den Blick richten muß, da man sonst dem Partner die Schuld gibt. Wenn man in einer Beziehung unzufrieden ist, sollte man nicht versuchen, die Beziehung besser machen zu wollen; erfolgversprechender ist es, einen Schritt zurückzutreten und einen anderen Liebesspeicher zu füllen.

Nimmt die Liebe zwischen zwei Menschen ab, dann fehlt ihnen meist Vitamin S, die Selbstliebe. Ein Mangel an Selbstliebe aber führt dazu, daß man zuviel von seinem Partner erwartet. Gleichgültig, was der Partner sagt oder tut, es ist nie genug. Wo die Selbstliebe fehlt, kann die Liebe des Partners dies nicht ausgleichen – dies muß man selbst tun.

*Wenn man sich selbst nicht liebt, kann man nur selbst
dafür sorgen, daß man sich wieder wohler fühlt.*

Jemanden, der sich selbst mag, kann man nicht so leicht er-
schüttern. Umgekehrt kann man jemandem kaum helfen, der
von seiner Unzulänglichkeit überzeugt ist. Wer sich nicht selbst
liebt, läßt auch die Liebe anderer Menschen nicht an sich
heran. Nur man selbst kann seinen Selbstliebespeicher auffüllen. Gibt es in einer Beziehung zuwenig Selbstliebe, fängt man
an, dem Partner Vorwürfe zu machen, daß er einen nicht so behandelt wie früher. Man möchte wieder dieselben Empfindungen haben wie am Anfang der Beziehung und erwartet von seinem Partner, daß er einen wieder glücklich macht. Dies ist aber
nicht möglich.

Man glaubt, daß der Partner sich verändert hat. Man beginnt
Vergleiche anzustellen. Man fängt an, eine Liste der Dinge zu
machen, die der Partner nicht für einen tut: »Was hast du in
letzter Zeit für mich getan?« wird zur Standardfloskel. Dies ist
ein Alarmzeichen dafür, daß man auf seinen Vitamin-S-Lie-
besspeicher achten muß. Indem man darauf achtet, sich selbst
zu lieben und zu unterstützen, und versucht, autonomer zu
sein, findet man allmählich wieder seine Mitte. Man muß sich
mehr Zeit für sich selbst nehmen, Zeit dafür, zu tun, was man
möchte – und schon bald fühlt man sich wieder besser.

## Selbstliebe hat Priorität

Ich entdeckte die Liebesspeicher während der Arbeit an einem
meiner früheren Bücher. Es ging sehr gut voran, ich war mit
allem sehr zufrieden, was ich schrieb. Plötzlich gefiel es mir
überhaupt nicht mehr. Tagelang rang ich darum, etwas zu ver-

bessern. Aber gleichgültig, was ich schrieb, es gefiel mir nicht. Schließlich begann ich mir einzureden: »Es können nicht alle Kapitel gleich gut sein« und: »So schlecht ist es doch gar nicht; du bist einfach zu kritisch.« Irgendwann schloß ich das Kapitel ab und versuchte, zufrieden zu sein.

Ich bat meine Frau Bonnie, das Kapitel durchzulesen. Ich tat so, als ob ich es für gut hielte, und wollte von ihr hören, daß es ihr auch gefiel. In der Rückschau ist mir klar, daß ich eine positive Reaktion von ihr erhoffte, damit ich unbeschwert weiterschreiben könnte. Nachdem sie das Kapitel gelesen hatte, sagte sie mir, sie finde es ein wenig unklar und zu kompliziert. Genau dieses Gefühl hatte ich auch, aber ich war trotzdem wütend darüber, daß sie es sagte. Ich fand, sie sei übertrieben kritisch und negativ.

Aber letztlich mußte ich einsehen, daß sie keineswegs zu kritisch war und daß ich ihr nichts vorwerfen konnte. Sie hatte ihre Meinung auch sehr höflich ausgedrückt. Ich wollte sie bloß zum Sündenbock machen. Und selbst wenn sie gesagt hätte, daß es ihr gefiel, dann hätte ich das Gefühl gehabt, daß sie es nicht ehrlich meinte.

Meine Arbeit gefiel mir selbst nicht, aber ich gab ihr die Schuld. Dies ist ein klares Beispiel dafür, wie eine Beziehung auch von der Eigenliebe abhängt. Wenn mir mein Text wirklich gefallen hätte und ihr nicht, dann wäre mir ihre Reaktion nicht so negativ erschienen. Irgend etwas in mir wollte ihre Liebe zum Ausgleich dafür in Anspruch nehmen, daß ich mich selbst nicht liebte. Weil ich dies nicht sofort erkannte, war ich erst einmal wütend. Ich ärgerte mich den ganzen Tag über ihre Reaktion. Wir bekamen sogar heftigen Streit wegen etwas anderem, aber dies war der eigentliche Grund.

Am Abend ging ich mit einem Freund ins Kino und sah mir einen Actionfilm an. Ich war schon lange nicht mehr im Kino gewesen, und ich sehe gerne Actionfilme. Nach dem Film fühlte ich mich großartig. Als ich nach Hause kam, fiel es mir nicht schwer, mich bei Bonnie zu entschuldigen, und ich fühlte mich wieder ganz liebevoll. Am nächsten Tag las ich das Kapitel noch einmal durch, brachte einige Änderungen an und war dann sehr zufrieden. Meine Schreibhemmung war vorüber.

Nach dieser Erfahrung ließ ich es mir durch den Kopf gehen, was eigentlich geschehen war. Zuerst war ich also blockiert gewesen. Mir hatte das Kapitel nicht gefallen, an dem ich schrieb, aber ich wußte auch nicht, wie ich es hätte verbessern können. Ich hatte mich darüber geärgert, daß es meiner Frau ebenfalls nicht gefiel, und wir hatten Streit bekommen. Dann war ich ins Kino gegangen, und es war mir wieder besser gegangen. Damit wurde mir klar, daß ich verschiedene emotionale Bedürfnisse hatte: Ich brauchte die Liebe meiner Frau, ich brauchte die Liebe zu mir selbst, und ich brauchte meine Freunde, mit denen ich mich amüsieren konnte.

An dem bewußten Tag konnte ich Bonnies Liebe und Unterstützung nicht wahrnehmen, erkennen und schätzen, weil es nicht die Liebe war, die ich brauchte. Weiterhin kam ich mit meinem Buch nicht weiter, weil ich auch kaum Selbstliebe spürte. Mir gefiel nichts von dem, was ich geschrieben hatte. Erst als ich mit meinem Freund ins Kino ging, ging es mir wieder besser.

Um mit meiner Arbeit und meiner Beziehung wieder ins reine zu kommen, mußte ich einen Schritt zurückgehen und einige meiner übrigen Speicher auffüllen. Ich mußte mit einem Freund weggehen und mich ein bißchen amüsieren. Auf dem Weg ins Kino redete ich auch mit einem anderen verheirateten Freund über meine Frustration. Er konnte mich sehr gut verstehen und bot mir so die Unterstützung durch jemanden in einer vergleichbaren Situation. Nachdem ich diese beiden Liebesspeicher aufgefüllt hatte, ging es mir wieder besser; ich konnte die Situation in einem anderen Licht und mit mehr Liebe betrachten. Indem ich mein Augenmerk auf andere Bedürfnisse richtete, die ebenfalls befriedigt werden wollten, fand ich wieder zurück zu meinem wahren liebevollen Selbst.

Ich wandte daraufhin diese Idee der unterschiedlichen Liebesbedürfnisse bei meinen Klienten an, und ich hatte damit Erfolg. Wenn ein Paar Beziehungsprobleme hatte, sagte ich ihnen, daß sie nicht versuchen sollten, noch mehr von ihrem Partner zu bekommen, sondern vielmehr in einer anderen Richtung nach Liebe und Unterstützung Ausschau halten sollten. Wenn es ihnen gelang, ihre anderen Liebesspeicher aufzufüllen, war es später sehr viel leichter, ihre kommunikativen Fertigkeiten zu verbessern.

Es ist schwierig, sich auf die Liebesbedürfnisse des Partners einzustellen, wenn man sich selber schon leer fühlt und seinem Partner Vorwürfe macht. Es wurde mir klar, daß diese Erkenntnis für den Erfolg in allen meinen Lebensbereichen wichtig war. Als ich lernte, die verschiedenen Liebesspeicher gut gefüllt zu halten, konnte ich auch eine positive Einstellung durchhalten, die mich nicht nur glücklicher machte, sondern mir auch half, alle meine beruflichen und sonstigen Ziele zu erreichen.

# Die zehn Stufen

Die zehn Liebesspeicher haben eine natürliche Reihenfolge. Die Grundlage ist immer vorhanden, doch bei unserer Entwicklung von der Empfängnis bis ins reife Alter wird jede Stufe zu einem bestimmten Zeitpunkt besonders ausgebildet. Während jeder dieser Phasen braucht man eine bestimmte Art von Liebe mehr als andere Arten, damit man all seine Fähigkeiten und Begabungen entwickeln kann. Bekommt man diese Liebe, ist es eine gute Ausgangsbasis für eine befriedigende nächste Phase.

Beim Fortschreiten zur nächsten Stufe sollte man die vorherigen Liebesspeicher außerdem gefüllt halten. Wenn sie nicht voll sind, muß man zurückgehen und sie auffüllen, um die Verbindung zu seinem wahren Selbst aufrechtzuerhalten.

Gelingt es in einer bestimmten Phase nicht, die Liebe zu bekommen, die man braucht, kann man bestimmte Aspekte von sich selbst nicht erkennen und entwickeln. Man lernt diesen Teil nur kennen, wenn man zurückgeht und sich die Art von Liebe beschafft, die man nicht bekam.

Wenn zum Beispiel Kinder die Liebe, das Verständnis und die Aufmerksamkeit nicht bekommen, die sie brauchen, können sie nicht die volle Wahrheit über sich selbst erkennen. Sie erfahren nicht, wie einmalig sie sind, und deshalb fühlen sie sich weniger liebenswert. Wenn dann im Leben Situationen auftreten, die ihr Selbstwertgefühl belasten, verlieren sie die Verbindung zu ihrem natürlichen Zustand innerer Liebe und Freude, des Friedens und des Selbstvertrauens. Dies hemmt sie in unterschiedlicher Weise in ihrem Leben, bis sie lernen, die Liebesspeicher der Vergangenheit aufzufüllen.

In der folgenden Tabelle ist aufgelistet, in welchen Zeiträumen welches Liebesbedürfnis vorherrscht.

DIE ZEHN PHASEN

| Zeitraum | Liebesvitamin | Liebesbedürfnis |
| --- | --- | --- |
| Empfängnis bis Geburt | Vitamin G1 | Gottesliebe |
| Geburt bis 8. Lebensjahr | Vitamin E | Elternliebe |
| 8. bis 15. Lebensjahr | Vitamin F | Familie, Freunde, Freude |
| 15. bis 22. Lebensjahr | Vitamin G2 | Gleichaltrige und Gleichgesinnte |
| 22. bis 29. Lebensjahr | Vitamin S | Selbstliebe |
| 29. bis 36. Lebensjahr | Vitamin B | (Liebes-)Beziehungen |
| 36. bis 43. Lebensjahr | Vitamin A | Liebe zu einem Abhängigen |
| 43. bis 50. Lebensjahr | Vitamin U | Der Gemeinschaft etwas zurückgeben |
| 50. bis 57. Lebensjahr | Vitamin W | Der Welt etwas zurückgeben |
| Ab 57. Lebensjahr | Vitamin G3 | Gott dienen |

In jeder dieser Phasen ist jeweils ein bestimmtes Liebesvitamin für das persönliche Wachstum besonders wichtig. Wenn dieses spezifische Bedürfnis nicht befriedigt wird, bleibt eine Verletzung zurück. Auf dem weiteren Weg durch die verschiedenen Phasen oder Entwicklungsstufen fehlt in mehr oder weniger starkem Maße etwas.

Es ist in etwa so, wie wenn man lesen lernen möchte, ohne daß einem je etwas vorgelesen wurde. Oder wie wenn man eine Firma aufbauen will, ohne die Grundlagen in Rechnen und Schreiben zu beherrschen. Man schafft es vielleicht – aber man wird immer zu kämpfen haben. In derselben Weise wird jedes Liebesvitamin zur Grundlage und Voraussetzung für die Entwicklung des nächsten. Die Befriedigung eines Liebesbedürfnisses hilft, in Verbindung mit all dem zu bleiben, was man sein kann.

Mit zunehmender Reife haben Empfindungen der Unzufriedenheit immer weniger mit den Bedürfnissen einer bestimmten Phase zu tun, sondern mehr damit, daß es nicht gelungen ist, die anderen Liebesspeicher aufzufüllen. Gibt es zwischen zwei Partnern Spannungen, liegt die Ursache oft darin, daß beide zuwenig Selbstliebe haben. Die obige Erfahrung in meiner eigenen Ehe ließ mich schließlich die verschiedenen Liebesspeicher entdecken.

Diese Auffassung von den Liebesspeichern und den verschiedenen zeitlichen Phasen entspricht einfach der alltäglichen Erfahrung. Wer Kinder hat, weiß, daß sie um das achte Lebensjahr unabhängiger werden; sie bemühen sich um die Unterstützung und Freundschaft anderer und verlassen sich weniger auf die Eltern. Deshalb gibt es einen so großen Unterschied zwischen dem Vorschulalter und dem Schulalter. Die nächste große Veränderung ist die Pubertät, und mit Anfang Zwanzig gilt man als Erwachsener. Bei vielen Menschen ist dies der Zeitpunkt, zu dem sie das Elternhaus verlassen, um sich selbst zu finden und eine größere Autonomie zu erlangen. Diese drei Stufen sind jedem geläufig. Weniger bekannt sind die späteren Stufen. Viele Menschen glauben, daß die Entwicklung mit einundzwanzig abgeschlossen wäre, was in keiner Weise zutrifft. Etwa alle sieben Jahre vollzieht sich ein weiterer Reifesprung, der den verschiedenen Liebesspeichern entspricht. Die Reife nimmt bis zum siebenundfünfzigsten Lebensjahr und noch darüber hinaus zu. Wenn man lernt, seine Liebesspeicher gefüllt zu halten, hat man jetzt Zugang zu seinem vollen Potential. Nun weiß man genau, wer man ist und was man kann. Für den Rest seines Lebens kann man Gott und allen Menschen dienen, indem man dieses Potential zum Ausdruck bringt. Das Leben ist immer ein Wachstums- und Entwicklungsprozeß. Wenn man aufhört zu wachsen, beginnt man zu sterben.

---◄○►---

*Der Reifeprozeß hört nicht mit einundzwanzig auf,*
*sondern setzt sich das ganze Leben lang fort.*

---◄○►---

In meiner Funktion als Berater fiel mir auf, daß bei Klienten und Freunden um das neunundzwanzigste Lebensjahr große Veränderungen eintraten. Es war, wie wenn sie sagen würden: »Ich kann mein Leben nicht für einen anderen Menschen führen. Ich muß mein eigenes Leben führen, ich muß ich selbst sein.« In diesem Alter hat man sich normalerweise soweit entwickelt, daß man ein klares Bild von sich selbst hat. Jetzt ist man ernsthaft bereit zu einer engen Beziehung. Wenn man sich aber nicht die Zeit dafür genommen hat, man selbst zu sein, ist man nicht bereit zum nächsten Schritt. Man möchte rückwärts gehen und sich wieder frei fühlen.

Menschen, die früh heiraten, stehen mit achtundzwanzig oft vor einer großen Herausforderung. Die Statistik zeigt, daß in dieser Zeit die Scheidungsrate deutlich ansteigt. Wenn sie sich ganz der Aufgabe gewidmet haben, eine Liebesbeziehung zu pflegen, spüren sie plötzlich, daß ihnen etwas fehlt, was man für eine Ehe braucht.

Beim Übergang in die Beziehungsphase zwischen dem neunundzwanzigsten und sechsunddreißigsten Lebensjahr taucht ganz natürlich die Frage auf, ob man dazu bereit ist. Wenn etwas in einem selbst fehlt, weil man in der vorhergehenden Phase nicht daran gearbeitet hat, zu sich selbst zu finden, dann ist man nicht fähig, sich der eigenen inneren Führung anzuvertrauen. Dann ist guter Rat teuer. Besonders schwierig ist es, auf seinem Weg fortzuschreiten und eine gesunde Beziehung oder einen beruflichen Aufstieg aufzubauen, wenn noch weitere frühere Liebesspeicher leer sind.

## Zurückgehen, um fortzuschreiten

Man muß in diesem Fall zurückgehen, bevor man wieder fortschreiten kann. Dafür gibt es viele Beispiele. Viele Menschen im siebten und achten Lebensjahrzehnt und darüber hinaus haben plötzlich wieder eine ganz klare Erinnerung an ihre Kindheit. Großeltern erzählen immer gerne von früher. Dies ist etwas sehr Gesundes. Damit sie lebendig und gesund bleiben, gehen sie automatisch zurück, erinnern sich und erleben alles noch einmal neu. Wenn ihre Liebesspeicher leer sind, müssen sie ihre Vergangenheit heilen, bevor sie fortschreiten können. Leere Liebesspeicher können dazu führen, daß der Körper krank wird.

——◄◦►——

*Wenn Menschen krank sind und keine Besserung
eintritt, haben sie keinen Zugang zu der Liebe, die sie
brauchen.*

——◄◦►——

## Die Ruhestandskrise: Das 57. Lebensjahr

Am Übergang zwischen den Phasen spürt man es besonders, wenn die anderen Speicher leer sind. Dann ist der Drang umzukehren am stärksten. Wenn man jetzt nichts unternimmt, bleibt man in einem ständigen Kampf stecken, weil man nicht weiß, was man wirklich braucht. Sehen wir uns einmal an, was üblicherweise mit etwa sechsundfünfzig geschieht. Viele Männer können es nicht erwarten, in den Ruhestand zu gehen. Sie freuen sich darauf, endlich tun zu können, was sie schon immer tun wollten. Sie möchten sich entspannen und sich amüsieren. Sie möchten die Dinge tun, die sie zurückgestellt haben, um ein guter Ernährer zu sein. Aber statt vorwärtszuschreiten, gehen sie rückwärts. Statt die Herausforderung anzunehmen, Gott zu dienen, spüren sie nur das Bedürfnis, sich selbst zu dienen. Und wenn dann in ihrem neuen Leben die große Langeweile einkehrt, sterben sie plötzlich.

Versicherungsgesellschaften wissen, daß bei Männern im Ruhestand die Gefahr eines vorzeitigen Todes besonders groß ist. Wer weiterarbeitet, lebt viel länger. Das Geheimnis des hohen Alters besteht bei Männern darin, weiterzuarbeiten, aber auch darin, sich zu amüsieren und viel Liebe zu empfangen. Männer, die weiterarbeiten, tun es oft, weil sie ihre Arbeit lieben. Wenn dies so ist, haben sie sich ihr Leben so eingerichtet, daß die meisten ihrer Liebesspeicher voll geblieben sind. Wer seine Arbeit liebt, ist sehr nahe an seinem wahren Selbst.

————◄○►————

*Männer müssen auch im Alter das Gefühl haben, gebraucht zu werden und für andere verantwortlich zu sein; andernfalls verlieren sie ihre Motivation und Vitalität.*

————◄○►————

Bei Frauen ist das Risiko geringer, vorzeitig zu sterben, aber an der Schwelle zur letzten Phase können auch sie sich negativ entwickeln. Wenn sie nicht bereit sind weiterzugehen, können sie starr und eigensinnig werden. Statt jetzt ihre Freiheit zu nutzen, die kostbare Weisheit eines ganzen Lebens weiterzugeben und in der Welt etwas zu bewirken, gehen sie oft rückwärts. Sie lassen die Meinung anderer nicht gelten und ähneln damit einem Heranwachsenden, der sagt: »Ich tue, was ich will, und es ist mir von jetzt ab gleichgültig, was ihr denkt. Ich weiß alles, was ich wissen muß.« Zuviel Autonomie kann dazu führen, daß eine Frau starr und abweisend wird. Um gesund bleiben zu können, muß eine Frau das Gefühl haben, daß sie nicht allein ist und sich auf andere verlassen kann.

*Eine Frau muß das Gefühl haben, daß sie nicht allein*
*ist und sie sich auf andere verlassen kann; zuviel*
*Autonomie ist nicht gesund.*

Wenn man dagegen sechsundfünfzig wird und die Liebesspeicher gut gefüllt sind, ist man für den Übergang in die nächste Phase gut gerüstet. Man genießt jetzt in vollen Zügen die Freiheit, das zu tun, wofür man auf der Welt ist. Man hat Unterstützung in dieser Welt, und man wird gebraucht. Solange man dieses Gefühl hat, wird man nicht krank. Man stirbt erst dann, wenn es an der Zeit ist, nach vielen Jahren eines frohen und liebevollen Dienstes gegenüber Gott und der Welt.

Es ist sehr wichtig, daß man an jedem der großen Übergänge auf sein Herz hört und aktiv bleibt, um die Leere zu füllen, die man möglicherweise erfährt. Wenn man an den Übergängen nichts unternimmt, um die kritische Situation zu meistern, verfällt man nur in hektische Betriebsamkeit, ohne zu erkennen, was man wirklich braucht.

## Die Leeres-Nest-Krise: Von 49 bis 56

Die nächste Krise, die viel diskutiert wird, ist das Leeres-Nest-Symptom. Um das fünfzigste Lebensjahr, wenn es daran geht, der Welt etwas zurückzugeben, spüren viele Paare und Alleinerziehende eine große Leere in ihrem Leben. Sie haben wenig zu geben, und sie merken statt dessen, was ihnen fehlt. Paare geben oft dem Partner oder der Beziehung die Schuld an ihrem Unglück. Wenn die Kinder aus dem Haus gehen oder unabhängiger werden, überwältigt sie ein Gefühl der Enttäuschung. Das Nest ist leer. Niemand ist mehr da. War es das? Diese Situation kann der Anfang einer größeren Freiheit sein, das Leben zu genießen, aber für viele beginnen jetzt die Probleme. In diesem Alter hat man entweder gelernt, sich auch außerhalb der Beziehung zu beschaffen, was man braucht, oder man fängt an, dem Partner Vorwürfe zu machen, weil er nicht alles für einen sein kann. Doch es ist der falsche Zeitpunkt, über den Partner oder das Fehlen eines Partners zu klagen. Es ist jetzt vielmehr die Zeit, sich weiter auf die Erfahrung einer universellen Liebe hinzuentwickeln und diese anderen großzügig weiterzugeben. Es ist die Zeit, in der Welt etwas zu bewirken. Wer sich nicht darauf vorbereitet hat, kann in eine Depression geraten, weil ihm etwas in seinem Leben fehlt.

Es wird immer schwieriger voranzukommen, wenn man nicht gelernt hat, wie man seine verschiedenen Liebesspeicher füllt. Die Ärzte suchen nach Möglichkeiten, wie man das Leben verlängern kann, aber es gibt eine ganz einfache Antwort: Sorgen Sie dafür, daß Ihre Liebesspeicher gefüllt bleiben, und Sie werden an Geist und Körper jung bleiben.

––––◄○►––––

*Wer jung bleiben will, muß dafür sorgen, daß auch die früheren Liebesspeicher gut gefüllt bleiben.*

––––◄○►––––

Im Alter kann es sich rächen, wenn man seine vorangegangenen Liebesspeicher vernachlässigt hat. Man hat vielleicht überhaupt keinen Zugang mehr zu der Energie, die man als Kind und als junger Erwachsener spürte.

Männer wenden sich jüngeren Frauen zu, um sich wieder jung fühlen zu können, und Frauen beschäftigen sich mit ihrem Körper, um möglichst jung auszusehen. Wenn man noch nicht gelernt hat, wie man jung bleibt, wird dies jetzt zu einem großen Thema. Doch diese Konzentration auf sich selbst führt dazu, daß man die eigentlichen Herausforderungen dieser Phase verpaßt. Jetzt sollte man für alle seine inneren Bedürfnisse gesorgt haben und bereit sein, der Welt etwas zurückzugeben.

Wer in diesem Sinne vorgesorgt hat, kennt jetzt keine größere Freude als die Herausforderung, an einer besseren Welt mitzuarbeiten oder zumindest durch Reisen seinen Horizont zu erweitern. Begegnen Sie Menschen in anderen Gemeinschaften und Kulturen, dehnen Sie Ihren Einfluß über Ihr engeres soziales Umfeld hinaus aus. Es ist etwas Wunderbares, wenn Menschen im sechsten und siebten Lebensjahrzehnt sich die Zeit dafür nehmen, sich in der Welt umzusehen.

## Die Midlife-crisis: Von 42 bis 49

Eine weitere wichtige Wendemarke ist die Midlife-crisis, die etwa um das zweiundvierzigste Lebensjahr auftritt. Vor dem Übergang zum nächsten Liebesspeicher spürt man die Leere seiner eigenen Vergangenheit. Bevor man aus einem Flugzeug abspringt, würde man zweifellos mehrmals seinen Fallschirm kontrollieren. Und bevor man das Gefühl hat, seiner Gemeinschaft großzügig etwas zurückgeben zu können, muß man in seinem Inneren erfüllt sein. Ohne ein Fundament kann man kein Haus bauen, und man kann keine Schecks ausstellen, wenn das Bankkonto leer ist.

Wenn eine neue Lebensphase anbricht und die Speicher nicht gefüllt sind, dann schreitet man nicht fort, sondern wendet den Blick zurück auf alles, was man nicht bekommen hat. Ein Mann möchte vielleicht plötzlich sein Geschäft verkaufen und in den Bergen klettern. Wenn er verheiratet ist, bekommt er vielleicht Verlangen nach anderen Frauen. War er sein ganzes Leben lang konservativ, möchte er plötzlich einen schnellen Wagen kaufen oder etwas haben, was er in seiner Jugend nicht bekam. Er überdenkt sein Leben und seine Prioritäten neu. Oft will er all die Verantwortung abschütteln, die ihm das Gefühl gibt, alt zu sein. Aber der eigentliche Grund, warum er sich alt fühlt, liegt darin, daß er es versäumt hat, seine bisherigen Liebesspeicher aufzufüllen.

*Wenn es Zeit zum Fortschreiten ist, aber man noch*
*nicht bereit ist, entsteht der Drang, nach rückwärts zu*
*gehen.*

———◄○►———

Bereiche, wo ein Mann in der Vergangenheit das Gefühl hatte, sich geopfert zu haben oder nicht bekommen zu haben, was er brauchte, werden jetzt zum Anlaß für wachsende Unzufriedenheit. Um in seiner Entwicklung weiterzukommen, muß er dies nachholen, ohne in seinem Leben ein Chaos anzurichten oder nahestehende Menschen zu verletzen. Glücklicherweise gibt es Möglichkeiten, seine Liebesspeicher aufzufüllen, ohne einen Bruch in seinem Leben heraufzubeschwören.

———◄○►———

*Um in seiner Entwicklung weiterzukommen, muß ein*
*Mann zu bekommen versuchen, was er braucht, ohne*
*in seinem Leben ein Chaos anzurichten.*

———◄○►———

Anfang Vierzig werden auch viele Frauen plötzlich unzufrieden mit ihrem Leben, sie fangen an sich zu beklagen, daß sie nicht bekommen haben, was sie wollten. Eines Tages wachen sie mit einer langen Liste der Dinge auf, die sie gegeben, und der Dinge, die sie nicht zurückbekommen haben. Sie fühlen sich zornig und erschöpft. Wenn sie dann nichts von den Liebesspeichern wissen, neigen sie dazu, in ihrem gegenwärtigen Leben etwas ändern zu wollen, statt sich der Vergangenheit zuzuwenden und diese zu heilen. Sie verweigern sich der Liebe, und sollten sie beschließen, etwas für die Gemeinschaft zu tun, tun sie es mit unterdrücktem Groll. Zu allem Überfluß kommen auch noch Schuldgefühle darüber hinzu, daß sie mit ihrem Leben nicht zufrieden sind.

Natürlich treten solche Empfindungen immer auf, doch wird die Leere der Vergangenheit besonders häufig an solchen Übergängen bewußt. Wenn man nichts unternimmt, um die Vergangenheit zu heilen, wenn man die Liebesspeicher nicht auffüllt, gelingt es im weiteren Leben nicht, die Verbindung zu seiner inneren Quelle der Liebe und Erfüllung zu finden. Aber ohne eine solche innere Verbindung gehen die Hoffnungen und Erwartungen niemals in Erfüllung.

## Die heimliche Krise: Von 35 bis 42

Um das sechsunddreißigste Lebensjahr tritt eine weitere Krise auf, von der aber niemand spricht. Der Übergang zu diesem Zeitpunkt besteht darin, Abhängigen seine unbedingte Liebe zu schenken. Dies sind üblicherweise Kinder oder Enkel, wenn man keine Kinder hat, kann auch ein Haustier ein Ersatz sein. Um diese Zeit ist es der besondere Wunsch des menschlichen Geistes, bedingungslos für jemanden dazusein, von dem man gebraucht wird.

Für seine Kinder oder Abhängige dazusein, wird zur ersten Erfahrung einer wahrhaft unbedingten Liebe. Diese stellt die ideale Beziehung zwischen Eltern und Kindern dar. Das Kind schuldet den Eltern nichts. Manche Eltern geben ihren Kindern das Gefühl, sie müßten dankbar sein. Viele kennen den Satz: »Nach allem, was ich für dich getan habe, mußt du...« Doch Kinder sind zu nichts verpflichtet. Bei den Eltern tauchen solche Gedanken auf, wenn sie nicht auf diesen Zeitraum vorbereitet sind.

---◄○►---

*Manche Eltern belasten ihre Kinder, indem sie ihnen zu verstehen geben, daß sie dankbar zu sein haben.*

---◄○►---

Wenn die Speicher der Eltern gefüllt sind, machen Kinder ihnen ein großes Geschenk: die Möglichkeit, großzügig zu geben. Es ist wunderbar, jemanden so sehr zu lieben, daß man eigentlich sich selbst etwas gibt, wenn man ihm etwas zukommen läßt. Eltern haben dadurch die Möglichkeit zu wachsen. Für viele Eltern liegt das Problem darin, daß sie Kinder haben, bevor sie wissen, wie sie sich selbst etwas schenken können.

In diesem Fall tauchen um das sechsunddreißigste Lebensjahr Schuldgefühle darüber auf, daß man so oft mit seiner Mutter- bzw. Vaterrolle unzufrieden war. Man bedauert es, daß man den Kindern nicht geben konnte, was sie verdient gehabt hätten. Oder man ärgert sich darüber, daß man soviel gegeben hat und von den Kindern nicht mehr zurückbekam.

---◄○►---

*Wenn die Liebesspeicher nicht gefüllt sind, ist es nicht möglich, unbedingte Liebe zu schenken.*

---◄○►---

Dies nenne ich die heimliche Krise, weil man nicht darüber sprechen möchte, daß man sich insgeheim darüber ärgert, Kinder zu haben. Man liebt seine Kinder und gibt ihnen gerne etwas, aber man verpaßt auch etwas im Leben. Um diesem Ärger vorzubeugen, müssen Eltern lernen, wie sie ihre bisherigen Liebesspeicher auffüllen können.

Wenn man in dieser Phase keine Kinder hat, dann genügt es nicht, sich seinen Nichten und Neffen zu widmen. Man muß wirklich Verantwortung übernehmen, zum Beispiel für ein Haustier. Haustiere müssen gefüttert und regelmäßig ausgeführt werden. Sie werden krank, und man muß sich um sie kümmern. Man muß manchmal wirklich etwas opfern, ganz wie Eltern, aber es lohnt sich. Wenn es in der individuellen Lebenssituation nicht möglich ist, ein Haustier zu halten, dann kann man auch durch die Versorgung einer Pflanze oder eines Gartens seinen Pflegeantrieben Ausdruck verleihen.

———◄○►———

*Wenn man in dieser Phase keine Kinder hat, dann*
*genügt es nicht, sich seinen Nichten und Neffen zu*
*widmen. Man muß wirklich Verantwortung*
*übernehmen.*

———◄○►———

Ein weiterer Aspekt der heimlichen Krise betrifft die Häufig-
keit von Sex in der Ehe. Häufig läßt um diese Zeit das Interesse
des Mannes nach, während das der Frau zunimmt. Dies ist vor
allem dann der Fall, wenn man früh geheiratet hat. Nachdem
der Mann jahrelang mehr Sex wollte, als er bekam, resigniert
er schließlich, die Frau, die sich jetzt nach Kindern sehnt, hat
hingegen stärkere sexuelle Bedürfnisse.

———◄○►———

*Mit Mitte Dreißig sind es die Frauen, die darüber*
*klagen, nicht genug Sex zu bekommen, nicht die*
*Männer.*

———◄○►———

In meinen Beziehungsseminaren spreche ich auch darüber, wie
Männer nach und nach die Lust auf Sex mit ihrer Partnerin verlieren, wenn sie das Gefühl haben, dauernd zurückgewiesen zu
werden. In den Pausen und nach den Vorträgen, wenn ich
Bücher signiere, kommen dann immer wieder Frauen zu mir
und sagen mir – hinter vorgehaltener Hand –, daß sie keinen
Sex mehr haben und daß *sie* sich zurückgewiesen fühlen. Wenn
ich die Frauen nach ihrem Alter frage, ist die Antwort fast
immer: »Siebenunddreißig.«

# Die Identitätskrise: Von 28 bis 35

»Wer bin ich?« und »Was möchte ich?« sind die entscheiden-
den Fragen des dritten Lebensjahrzehnts. Wem es mit achtundzwanzig noch nicht gelungen ist, zu sich selbst zu finden
und sich selbst zu lieben, der muß einen Schritt zurückgehen.
Erst wenn man mit sich selbst im reinen ist, kann man in die
nächste Phase übergehen.

Viele alleinstehende Frauen Mitte Dreißig fragen sich, was
mit ihnen los ist, warum sie eigentlich keinen Partner finden
konnten. Aus der Perspektive der Liebesspeicher muß die Antwort hierauf lauten, daß sie in dem vergangenen Lebensjahrzehnt nicht zu sich selbst gefunden haben. Sie taten nicht, was
sie wirklich tun wollten. Entweder gingen sie eine Liebesbeziehung ein und verloren sich darin, oder sie versuchten, mit
aller Macht zu beweisen, daß sie den Männern gegenüber
gleichberechtigt sind, und erlaubten es sich nicht, ihren eigenen
Wünschen und Bedürfnissen treu zu sein.

Das dritte Lebensjahrzehnt ist eine Zeit des Erkundens und
Ausprobierens. Wenn man sich in dieser Zeit nicht die Möglichkeit gab, man selbst zu sein und seine Wünsche und Bedürfnisse zu erkunden, ist man später nicht mit dem zufrieden,
was man hat. Fehlen die Selbstliebe und die Verbindung zum
eigenen wahren Selbst, dann kann ein anderer kaum die Erwartungen und Ansprüche an ihn erfüllen.

## DEN RICHTIGEN PARTNER FINDEN

Wenn Frauen in bezug auf Männer allzu wählerisch sind, schätzen sie nicht mehr, was sie bekommen können, und sie möchten, was sie nicht bekommen können. Bei der Suche nach
einem Partner halten sie gleich nach einem Ehemann Ausschau
statt nach jemandem, mit dem es Spaß macht, etwas zu unternehmen. Sie gehen nicht mit jedem Beliebigen aus. Wenn sie

sich schon mit jemandem treffen, dann muß der Betreffende auch sehr vielversprechend sein. Sie möchten nicht ihre Zeit vergeuden und sich mit dem Falschen einlassen.

Grundsätzlich ist dieser Gedanke ja nicht falsch, aber es fehlt ein wichtiges Element. Natürlich sollte eine Frau erst eine ernsthafte Bindung eingehen, wenn der Richtige gekommen ist. Aber bis dahin sollte sie bewußt mit möglichst vielen Männern ausgehen. Wenn ein Mann interessiert ist und interessant erscheint, sollte sie sich mit ihm einfach amüsieren, auch wenn er kein Heiratskandidat ist.

Frauen mit einem schwachen Selbstbewußtsein fällt es schwer, mit vielen Männern auszugehen. Es darf nur einer sein, oder sie gehen überhaupt nicht aus. Aber um zu vermeiden, daß man sich zu intensiv mit einem einzigen Mann beschäftigt, sorgt man am besten für einen stetigen Strom von Männern in seinem Leben, bis der Richtige kommt. Man sollte immer eine Beziehung haben, die zu Ende geht, eine, die einigermaßen regelmäßig ist, und eine, die gerade anfängt. Die Frau sollte die Männer immer wissen lassen, daß sie sich mit mehreren trifft, und wenn einer Schwierigkeiten macht, dann ... der Nächste bitte!

## DIE VERLETZUNGEN DER VERGANGENHEIT HEILEN

Mit achtundzwanzig tritt bei vielen Menschen ein großer emotionaler Aufruhr ein, und zwar vor allem dann, wenn man in der Vergangenheit seine Gefühle verleugnet hat. Wenn einundzwanzig das Alter der physischen Reife ist, dann ist achtundzwanzig die Zeit der emotionalen Reife. Verleugnete, unaufgelöste Gefühle der Vergangenheit kehren jetzt zurück. Die Seele ist jetzt bereit, sich in einer Liebesbeziehung verletzlich zu machen, und dies führt dazu, daß man sich plötzlich seiner innersten Empfindungen deutlicher bewußt wird.

Oft drängen ganz unterschiedliche Emotionen mit Macht an die Oberfläche. Alles, was in der Vergangenheit unaufgelöst blieb, kommt jetzt zum Vorschein. Man stellt alles in Frage, was man von anderen als wahr angenommen hat. Es ist jetzt die Zeit gekommen, sein Leben nach seiner eigenen inneren Führung zu gestalten. Andere können auf dem Weg behilflich sein und die Richtung weisen, aber man muß selbst in seinem Herzen spüren, was wahr und für einen selbst brauchbar ist. Was für andere gut ist, muß nicht unbedingt auch für einen selbst gut sein.

———◀◦▶———

*Was für andere gut ist, muß nicht unbedingt auch für einen selbst gut sein.*

———◀◦▶———

Wenn man in seinen Beziehungen in den Zwanzigern oder auch früher verletzt wurde, dann müssen diese Verletzungen geheilt werden, bevor man zu einer neuen Bindung bereit ist. Um sein Herz ganz für einen anderen Menschen öffnen zu können, muß man die Gewißheit haben, daß man nicht wieder verletzt wird. Nicht geheilte emotionale Verletzungen haben zur Folge, daß man vorsichtig bleibt, z. B. sind Frauen übertrieben wählerisch und schrecken vor intimer Nähe zurück. Männer hält dies nicht davon ab, eine Beziehung einzugehen, sie wollen sich aber nicht binden. Sie werden erst dann wählerisch, wenn sie spüren, daß die Frau eine feste Bindung erwartet. Als Vermeidungsstrategie stürzen sich Männer wie Frauen in berufliche und geschäftliche Beziehungen. Man sollte jedoch viel ausgehen, ohne aber die Beziehungen zu intim werden zu lassen, solange man die Vergangenheit nicht geheilt hat. Wie dies am besten gelingt, werden wir in späteren Kapiteln behandeln.

## Die Ausbildungskrise: Von 21 bis 28

Wenn die Kinder aus dem Haus gehen und zu studieren beginnen, entsteht eine neue Krise. Viele Studentinnen und Studenten wissen nicht, wie sie mit ihrer Freiheit umgehen sollen. Sie haben Schwierigkeiten mit ihrer Selbstdisziplin und geraten leicht in den Sog von Drogen, Alkohol und Sex. Viele brechen ihr Studium ab. Wenn früher die Kinder das Elternhaus verließen, mußten sie sich um eine Stelle kümmern und auf eigenen Beinen stehen. Damit wechselte man einfach nur die Autorität, wenn man überleben wollte, tat man, was einem gesagt wurde. Weil man seinen Lebensunterhalt verdienen mußte, hatte man nicht viel Zeit, darüber nachzudenken, wer man war und was man eigentlich wollte.

Wenn die bisherigen Liebesspeicher an diesem Übergang nicht gefüllt sind, tritt Verunsicherung auf. Man heiratet vielleicht zu früh, nur damit man versorgt ist, oder man begräbt seine Träume, weil man nicht an sich selbst glaubt. Die beste Vorbereitung auf die Zwanziger ist viel positive Unterstützung durch Gleichaltrige in den Teenagerjahren. Vorbilder und gute Freunde mit positiven Zielen und Lebenseinstellungen sind außerordentlich hilfreich. Selbst wenn sich die Interessen wandeln, hat man das Vertrauen gewonnen, daß man etwas erreichen kann.

----◄○►----

*Für Jugendliche sind Gruppenaktivitäten wichtig,*
*damit sie Vertrauen aufbauen können.*

----◄○►----

Wenn Jugendliche an die Falschen geraten, kann dies nachhaltige Auswirkungen haben. Möglicherweise haben sie später zu wenig Selbstwertgefühl, um nach einer Verwirklichung ihrer Träume zu streben, sie haben vielleicht das Gefühl, in der Welt keinen Platz zu haben. Aber es ist wichtig zu wissen, daß man zwischen zwanzig und dreißig so langsam seinen Platz finden muß. Viele überaus erfolgreiche Leute haben ihre Nische im Leben auch erst mit dreißig oder später gefunden. Wenn einem dies früher gelingt, dann ist es Glück.

Bei einem Elternabend im College einer meiner Töchter wurde das Publikum gefragt, wie viele der Anwesenden einen Beruf ergriffen hätten, der direkt mit ihrem College-Abschluß zu tun hatte. Zum allgemeinen Erstaunen war dies nur bei etwa zehn Prozent der Fall. Damit wurde den Eltern deutlich gemacht, daß es gar nicht so sehr darauf ankam, welches Hauptfach ihre Kinder wählten. Das Entscheidende an der Ausbildung war vielmehr, daß sie entdecken konnten, wo ihre Interessen lagen, und daß sie etwas über die Welt und sich selbst erfuhren.

## Die Hormonkrise: Von 14 bis 21

In der Pubertät beginnt bei Jungen und Mädchen die Ausschüttung von Geschlechtshormonen, wodurch viele Veränderungen ausgelöst werden. Die Heranwachsenden definieren sich als Jungen und Mädchen völlig neu. Ihr ganzes Leben wird erschüttert. Dieser Übergang ist selbst dann schwierig genug, wenn die früheren Liebesspeicher gut gefüllt sind; wenn man jedoch nicht bekam, was man brauchte, dann kann es wirklich dramatisch werden.

Es wird viel diskutiert, und es gibt viele Bücher darüber, was man für seine Töchter und Söhne tun kann, wenn sie in die Pubertät kommen. Studien haben gezeigt, daß im Selbstbild von Mädchen dramatische Verschiebungen auftreten, und unbestreitbar kommt es bei vielen Jungen zu Verhaltensproblemen. Während dieses Thema in der Vergangenheit totgeschwiegen wurde, setzen sich heute Fachleute mit dieser Problematik auseinander.

Die Kinder machen jetzt den Übergang zum nächsten Liebessspeicher der Unterstützung durch Gleichaltrige durch, und sie spüren die Leere der früheren Stufen. Oft beginnen junge Menschen erst in der Pubertät den Schmerz darüber zu fühlen, daß sie in einer früheren Phase nicht bekamen, was sie brauchten, und setzen sich damit auseinander.

Zwischen zwölf und vierzehn tritt bei Kindern eine massive Veränderung ein: Sie werden zu Teenagern. Die Jugendlichen sind unabhängiger von ihren Eltern und Geschwistern und orientieren sich mehr an Gleichaltrigen. Es steht nicht mehr unbedingt der Spaß im Vordergrund, sie werden fleißiger in der Schule und setzen sich Ziele. Wenn sie sich allerdings bis dahin nicht ausreichend amüsieren konnten, wehren sie sich gegen die neue Verantwortung und möchten weiter Spaß haben.

Aber auch wenn die Jugendlichen jetzt mehr die Unterstützung durch Gleichaltrige und Vorbilder suchen, brauchen sie doch noch die Familie, die immer die Grundlage für das persönliche Wachstum ist. Kluge Eltern unterstützen ihre Teenager bei der Suche nach sinnvollen Gruppenaktivitäten. Für Jugendliche ist es wichtig, über die Grenzen der engeren Familie hinauszublicken, um herauszufinden, wer sie sind und was sie wollen. Sie gehen gewissermaßen hinaus und lernen etwas von anderen, um damit wieder in die Familie und zu den Eltern zurückzukehren.

Die Bandbreite der möglichen Interessen ist dabei sehr groß. Teenager brauchen die Zeit und die Gelegenheit, etwas zu lernen, sich für etwas zu interessieren und sich auszuzeichnen. Dies ist die Zeit, in der man Selbstvertrauen aufbaut. Man muß entdecken können, wo man seine Stärken hat, und die Erfahrung machen, daß man sich durch Üben oder Training steigern kann. Hierfür eignen sich die verschiedensten Sportarten, Musik, Theaterspielen oder auch Freizeitjobs nach der Schule.

Eltern müssen darauf achten, daß sie sich in dieser Phase nicht von ihren Kindern entfremden. Wenn die Kinder allmählich Unabhängigkeit lernen, wandelt sich dadurch natürlich auch die Rolle der Eltern. Während sie erst gute »Chefs«

waren, müssen sie jetzt gute »Berater« werden. Ein Chef übt Kontrolle aus, während es die Aufgabe des Beraters ist, nützliche Ratschläge zu geben, wenn er darum gebeten wird, und die Klienten entscheiden dann selbst, was sie tun wollen.

Dies ist eine schwierige Zeit für Mütter und Töchter. Wenn Mädchen zu Jugendlichen heranwachsen, lehnen sie sich gegen die mütterliche Autorität auf, sie haben oft Schwierigkeiten damit, zu sich selbst zu finden, ohne ihre Mutter zurückzustoßen. Müttern ihrerseits fällt es schwer, sich nicht mehr um alles im Leben ihrer Kinder zu kümmern. Der Pflegetrieb, der in den Jahren davor so nützlich war, wird von den Jugendlichen plötzlich als einengend empfunden. Eltern müssen jetzt erkennen, daß ihr Einfluß geringer wird und daß dies gut ist. Die Jugendlichen müssen mehr Unterstützung außerhalb der Familie finden. Ich höre oft Äußerungen wie: »Ich brauche meine Mutter nicht mehr so sehr, aber natürlich bin ich froh, daß sie da ist, wenn ich nach Hause komme.«

Wer gelernt hat, seinen Kindern nicht mehr alles vorzuschreiben, wird erleben, daß sie von selbst kommen und fragen. Man darf ihnen nicht mehr sagen, was sie tun sollen, jetzt sollte man fragen: »Was meinst *du*?« Die Verbindung zwischen Eltern und Kindern bleibt gut, wenn die Eltern jetzt zuhören und Fragen stellen können. In dieser Zeit sollten sich Mädchen mit Mädchen und Jungen mit Jungen austauschen können – am besten bei einer gemeinsamen Aktivität. Einen äußeren Fixpunkt zu haben hilft ihnen, einander kennenzulernen und etwas über sich selbst und darüber zu erfahren, wohin die Reise geht. In dieser Phase geschieht Wachstum durch Austausch mit Gleichaltrigen, die ähnliche Interessen, Fähigkeiten und Ziele haben.

# Die stumme Krise: Von 7 bis 14

Die Eltern zu verlassen und in die Schule zu gehen, kann für Kinder eine sehr dramatische Erfahrung sein, aber oft weiß niemand etwas davon, und niemand erinnert sich daran. Es ist eine stumme Krise, denn die Eltern sind nicht dabei und wissen nicht, was geschieht. Wenn Kinder unsicher sind und nicht wagen, Gefühle auszudrücken, sagen sie nicht nur ihren Eltern nichts, sondern sie wissen auch selbst nichts davon. In diesem Alter brauchen Kinder jemanden, der ihnen interessierte Fragen stellt, damit sie einen Blick in ihr Inneres tun und über ihre Erfahrungen, Gefühle und Wünsche sprechen können.

Haben Kinder vorher nicht genügend Zuwendung erfahren, dann verweigern sie sich manchmal, wenn sie in die Schule kommen, und ziehen sich in ein Babyverhalten zurück. Sie bekommen Wutanfälle, nässen ein, lutschen Daumen usw. Statt zu schimpfen sollten Eltern einsehen, daß diese Kinder einfach versuchen, in die frühere Phase zurückzukehren, um den Speicher der Elternliebe aufzufüllen.

Mit etwa sieben Jahren tauchen eine aktive Verspieltheit und das Bedürfnis nach Spaß und Freundschaft auf. Es ist, wie wenn die Kinder aus einem Traumzustand erwachen würden. In der Zeit zwischen sieben und vierzehn entwickelt man soziale Fertigkeiten und lernt, Spaß zu haben. Dies ist natürlich nur ein grober Zeitraum. Manche Kinder wachen früher auf, während andere ein wenig länger schlafen. Aber für alle gilt: Wer sich während der ersten vierzehn Lebensjahre nicht sicher genug fühlt, um sich gegen Veränderungen zu wehren und sich durch bestimmte Gefühle hindurchzuarbeiten, kann keine klare Empfindung davon bekommen, wer er ist und was er möchte.

In dieser verspielten Phase lernen die Kinder, Befriedigungen aufzuschieben. Sie wechseln sich untereinander ab und teilen miteinander, dadurch wächst die Fähigkeit zu spüren, was man möchte, und geduldig darauf zu warten. Ein wesentlicher

Bestandteil dieses Prozesses sind Wutausbrüche, wenn man seinen Willen nicht bekommt. Diese müssen in einer liebevollen Weise begleitet werden und dürfen nicht unterdrückt werden, weil sie für ein gesundes emotionales Wachstum wichtig sind. Durch Wutanfälle lernt man, mit heftigen leidenschaftlichen Empfindungen umzugehen, ohne seine Wünsche zu unterdrücken. Wenn Eltern bei einem Wutanfall eines Kindes die Beherrschung nicht verlieren, dann lernt dadurch auch das Kind, mit starken Empfindungen beherrscht umzugehen.

Auch Erwachsene können noch Wutanfälle bekommen, aber wenn sie psychisch gesund sind, können sie damit umgehen, ohne ihre negativen Empfindungen auf andere abzuladen. Wenn man anderen die Schuld an seinem Unglücklichsein gibt, dann muß man diesen früheren Liebesspeicher auffüllen, man muß verständnisvoll auf seine eigenen Gefühle hören, wie Eltern auf die Gefühle ihres Kindes hören. Im Kapitel »Streß abbauen« werden wir uns damit befassen, wie man den Speicher der Elternliebe gefüllt hält, ohne sich wie ein zweijähriges Kind zu verhalten.

Ein vernachlässigtes Kind wird sich auch als Erwachsener immer unsicher fühlen, es wird immer das Gefühl haben, keine Unterstützung zu verdienen, selbst wenn es in gesicherten äußeren Umständen lebt. Auf einer gewissen Ebene hat ein solcher Mensch immer das Gefühl, daß ihm alles genommen werden könnte. Er glaubt, gut oder anständig sein zu müssen, um Liebe zu verdienen. Dies ist für ein kleines Kind eine zu große Belastung. Kinder brauchen reine, bedingungslose Liebe. Wenn die frühen emotionalen Bedürfnisse nach Liebe befriedigt werden, dann kann man die Freude kosten, Verbindung zu seinem eigenen wahren Selbst zu haben. Hatte man in der Kindheit das Gefühl, geliebt und umsorgt zu werden, dann hat man auch als Erwachsener die Fähigkeit, andere zu lieben.

───◄○►───

*Hatte man in der Kindheit das Gefühl, geliebt und*
*umsorgt zu werden, dann hat man auch als*
*Erwachsener die Fähigkeit, andere zu lieben.*

───◄○►───

Der Mensch ist von Natur aus fröhlich, liebevoll, zufrieden und vertrauensvoll. Dies ist eine Tatsache. Kinder leben immer aus diesen Empfindungen, aber wenn sie nicht ständig die Liebe bekommen, die sie brauchen, dann verlieren sie nach und nach die Verbindung zu ihrer wahren Natur. Je nachdem, wieviel Liebe man in der Kindheit empfangen hat, hat man mehr oder weniger Kontakt zu dem, der man ist. Wie Liebe mit anderen Menschen verbindet, so verbindet sie auch mit einem selbst.

Kinder haben noch nicht die Fähigkeit, sich selbst zu lieben. Die einzige Möglichkeit, bewußt etwas über sich selbst zu erfahren, ist der Spiegel der Elternliebe und die Art, wie sie von Freunden und Verwandten behandelt werden. Wird man von diesen mit Achtung behandelt, dann lernt man dadurch, daß man Achtung verdient hat. Wird man von ihnen mit Fürsorge behandelt, erlebt man sich selbst als etwas Besonderes. Wenden sie ihre Zeit und Energie auf, um dem Kind zu helfen und es zu unterstützen, dann hat es das Gefühl, einer solchen Unterstützung wert zu sein.

Während der ersten sieben Schuljahre, d. h. sechs bis dreizehn, ist das größte Bedürfnis des Kindes das nach Sicherheit. Wenn es wächst und etwas über die Welt und darüber erfährt, wie es in diese eingegliedert ist, muß es die Möglichkeit haben, viele Fehler zu machen und aus diesen Fehlern zu lernen. Die Aufgabe der Eltern ist es, während dieses Lernprozesses über das Leben des Kindes zu wachen und es vor negativen Einflüssen zu schützen. In dieser Zeit soll das Kind sich amüsieren und sich frei bewegen und ausdrücken können. Ständig auf Perfektion zu pochen kann die natürliche Entwicklung eines Kindes stören.

Manche Erwachsene sind zu ernsthaft und allzusehr auf die Arbeit orientiert, weil sie als Kinder schon zu früh mit solchen Erwartungen konfrontiert wurden. Die Beteiligung an häuslichen Aufgaben, Fleiß und der Einsatz für die Familie dürfen nicht zu sehr im Vordergrund stehen. Idealerweise wäre jetzt die Zeit, mit anderen zusammenzusein, mit denen man sich gut versteht – es sollte eine Zeit der Unschuld und der bedingungslosen Nachsicht sein.

Auf dieser und in früheren Stufen kann das Kind einen wichtigen Unterschied noch nicht verstehen: Etwas Schlechtes zu *tun* bedeutet nicht, ein schlechter Mensch zu sein. Für ein Kind gilt vielmehr: »Wenn ich etwas Schlechtes *getan* habe, dann *bin* ich ein schlechter Mensch.« »Wenn mir etwas Böses zustößt, dann muß ich ein böser Mensch sein.« Selbst viele Erwachsene kennen diesen Unterschied nicht, weil sie es als Kinder nicht gelernt haben. Statt von »böse sein« sollte man darum von »Kontrolle verlieren« reden. So besteht die Möglichkeit, das Gefühl zu beherrschen.

Wenn Kinder »böse« sind, sollten Eltern sie auch nicht bestrafen, sondern zum Mittel der »Auszeit« greifen – eine Minute für jedes Lebensjahr. Wenn also das Kind acht Jahre alt ist, wären acht Minuten eine angemessene Auszeit. Diese Zeit gibt einem Kind die Möglichkeit, die Kontrolle wiederzugewinnen. Man schickt es einfach solange in ein Zimmer. Dadurch isoliert man es vorübergehend von anderen, und es kann seinen inneren Aufruhr wahrnehmen und abbauen. Möglicherweise bekommt das Kind in dieser Zeit einen Wutanfall. Aber es ist besser, wenn dies während der Auszeit geschieht, weil das Kind so lernt, seine Emotionen zu kontrollieren, ohne sie zu unterdrücken. Wenn das Kind nicht in seinem Zimmer oder im Badezimmer bleiben will, dann ist es besser, die Tür zuzuhalten, statt einfach den Schlüssel umzudrehen. Es muß wissen, daß es nicht im Stich gelassen wird und daß jemand vor der Tür ist.

Mit Strafen erreicht man hingegen wenig. Sie lassen das Kind im Laufe der Zeit gegenüber den eigenen Empfindungen abstumpfen, es verliert seinen natürlichen Antrieb, den Eltern Freude zu machen. Menschen, die es im späteren Leben allen Menschen recht machen wollen, haben diese Tendenz, weil es ihnen niemals gelang, ihren Eltern oder Familienangehörigen etwas recht zu machen. Machen es Eltern dagegen ihren Kindern leicht, ihnen Freude zu machen, dann kann das Selbstwertgefühl der Kinder in einer gesunden Weise wachsen.

Wenn die Kinder zwischen sieben und dreizehn sind, haben Eltern oft das Gefühl, nichts für sie tun zu können. Man kann sein Kind noch so sehr lieben – es wird nicht glücklich sein, wenn die Freunde nicht nett zu ihm sind. Dies führt dazu, daß es auch sich selbst nicht liebt. Man kann ihm aber helfen, und zwar mit Verständnis und Zuhören. Die unbedingte Zuwendung der Eltern gibt Kindern die Unterstützung, die sie brauchen. Vor allem aber helfen Eltern ihren Kindern dadurch, daß sie ihnen Möglichkeiten geben, mit anderen Kindern zusammenzusein und Freundschaften zu schließen.

## Die Geburtskrise: Bis zum achten Lebensjahr

Von der Geburt bis etwa zum achten Lebensjahr befindet man sich in einer Art Traumphase seiner Entwicklung. Wer man ist und was man verdient hat, kann man nur daraus erschließen, wie man von den Eltern behandelt wird. Babys binden sich an ihre ersten Bezugspersonen, durch deren liebevolle Unterstützung sie wachsen können.

Die Einstellung eines Menschen gegenüber der Welt und seine Beziehung zu ihr wird von Geburt an geformt. Kinder sind nach dem Verlassen des Mutterschoßes völlig hilflos. Wenn sich niemand um sie kümmert, sterben sie. Aus dieser physischen Realität können zwei Grundhaltungen entstehen: »Ich habe Bedürfnisse, und ich habe die Möglichkeit, sie zu befriedigen« oder: »Ich habe Bedürfnisse, und ich habe keine

Möglichkeit, sie zu befriedigen.« Man geht dann entweder mit einem Gefühl der Machtlosigkeit oder einem Gefühl der Macht durch das Leben.

―――◄o►―――

*Ein Kind hat entweder das Gefühl, es kann bekommen, was es braucht, oder es hat dieses Gefühl nicht.*

―――◄o►―――

Die ersten Eindrücke im Leben sind immer die tiefsten und dauerhaftesten. Das Gehirn ist zwar bei der Geburt noch nicht reif, aber man ist bereits in der Lage, seine Situation emotional wahrzunehmen und einzuschätzen. Man hat entweder das Gefühl, bekommen zu können, was man braucht, oder man hat es nicht. Aufgrund der Praxis, das Kind von der Mutter zu trennen, die vor etwa sechzig Jahren in den Krankenhäusern eingeführt wurde, haben viele die Erfahrung gemacht, daß sie nicht bekommen konnten, was sie brauchten. Zum Glück kommt man heute von solchen Praktiken wieder ab.

Diese Empfindung der Machtlosigkeit muß aber nicht in allen Fällen negativ sein. Oft wird man durch einen Mangel nur stärker. Wenn man das Gefühl hat, nicht bekommen zu können, was man braucht, paßt man sich automatisch in einer Weise an, die einem mehr Macht gibt. Ist niemand für einen da, dann muß man sich das, was man braucht, eben selbst besorgen. Der positive Effekt ist Selbständigkeit, negativ ist die verfrühte Empfindung der Selbstverantwortung und Unabhängigkeit. Man hat dann zwar eher die Fähigkeit, sich äußeren Erfolg zu verschaffen, aber dafür fehlt der innere Erfolg.

―――◄o►―――

*Wenn Kinder zu schnell erwachsen werden, versäumen sie wichtige Entwicklungsstufen.*

―――◄o►―――

86

Sind die ersten Eindrücke des Babys Gefühle der Machtlosigkeit, kann dies auch dazu führen, daß es überhaupt nicht erkennen kann, was es braucht oder was es will. Wenn man nicht bekommt, was man braucht, dann wird es mit der Zeit immer schwieriger, diese Bedürfnisse überhaupt noch wahrzunehmen und zu definieren. Wer aber seine Bedürfnisse nicht klar erkennt, kann auch nicht das Gefühl haben, es wert zu sein, daß sie befriedigt werden.

———◄◦►———

*Ein klares Bewußtsein für seine Bedürfnisse schafft die Empfindung, auch einen Anspruch auf sie zu haben.*

———◄◦►———

Ist das Bewußtsein, Anspruch auf das zu haben, was man braucht, zu schwach ausgeprägt, bemüht man sich vielleicht allzu heftig, es zu bekommen. Um den Eltern Freude zu machen und dafür zu sorgen, daß man von ihnen bekommt, was man braucht, begeht man den Fehler, sich selbst aufzugeben. Machtlosigkeit führt entweder dazu, daß man sich allzusehr auf andere oder allzusehr auf sich selbst verläßt. Wenn man aber in dieser frühen Phase erfährt, daß man bekommt, was man braucht, dann findet man schließlich auch zu einem gesunden Gleichgewicht zwischen Abhängigkeit von anderen und von sich selbst.

## Von der Empfängnis bis zur Geburt

Die erste Erfahrung des Menschen in diesem Leben ist die Entwicklung im Mutterleib. In dieser Zeit erfährt man seine Beziehung zu Gott. Es ist keine begriffliche Beziehung, weil das Gehirn hierzu noch nicht in der Lage ist, sondern eine spirituelle Erfahrung. Üblicherweise vergißt man diese Erfahrung im Alter von zwei Jahren, wenn sich die sprachlichen Fertigkeiten zu entwickeln beginnen.

Für die meisten Menschen ist die Zeit im Mutterleib eine wahrhaft »himmlische« Erfahrung. Man ist für nichts verantwortlich. Gott oder Mutter Natur sorgen für alles, und man braucht sich um nichts zu kümmern. Menschen, die gesund und stark sind und die sich weiterentwickeln, haben noch Kontakt zu dieser ursprünglichen Energie.

Diese Energie, die alles für einen tut, ist die erste Beziehung zu Gott. Leider glauben viele Menschen nicht an diese göttliche und positive Energie und verzichten auf sie, so verlieren sie nach und nach die Verbindung zu ihr und vergessen, daß Gott immer für sie da ist.

Alle Heilung entsteht aus dieser göttlichen Energie. Ärzte können Mittel verabreichen, um den Heilungsprozeß zu unterstützen, aber die Heilung selbst geschieht durch Gott. Krankheit und Heilung gehören unvermeidlich zum Leben. Wenn man krank ist, ist dies ein Zeichen dafür, daß man wieder den Anschluß an seine ursprüngliche Energie finden muß. Manchmal kann man schon im Schoß der Mutter die Verbindung zur göttlichen Energie verlieren. Wenn die Mutter negative Emotionen durchlebt, kann dies Auswirkungen auf das ganze weitere Leben des Kindes haben. Wenn man gesunde und glückliche Kinder haben will, dann muß man vor allen Dingen dafür sorgen, daß die Mutter während der Schwangerschaft alles bekommt, was sie braucht.

Dabei spielt auch ihre Beziehung zu Gott eine wichtige Rolle. Wenn sie glaubt, alles selbst tun zu müssen, dann überträgt sich diese nichtspirituelle Haltung auf das Kind. Die kluge Schwangere nimmt sich alle Zeit für ihre Bedürfnisse und macht sich erst einmal keine Sorgen um ihre Zielsetzungen im Leben. Wichtig ist jetzt, loszulassen, seine Ambitionen zurückzustellen und die Natur ihr Werk tun zu lassen. Später hat sie noch genug Zeit, sich wieder ganz auf ihre Lebensziele zu konzentrieren.

Weil die Menschen angefangen haben, sich nur noch auf die Ärzte statt auf Gott oder die Natur zu verlassen, bekommen

Kinder nicht mehr die Bekräftigung, die sie brauchen, daß die Welt ein freundlicher Ort ist, der in magischer Weise auf alle unsere Bedürfnisse reagiert. Schwangere Frauen sollten sich dieser Dinge wieder bewußt werden. Sie sollten spirituelle und erbauende Bücher lesen und viel Zeit in der freien Natur verbringen. Im Einklang mit der Natur können Sie ihre Schwangerschaft viel mehr genießen.

Wenn Sie mit diesem Wissen das Gefühl haben, in Ihrer frühen und frühesten Kindheit nicht das bekommen zu haben, was sie brauchten, dann erschrecken Sie nicht, und machen Sie nicht die Vergangenheit für Ihre Probleme verantwortlich. Jetzt haben Sie die Gelegenheit, sich selbst in die Arme zu schließen und sich zu sagen, daß alles gut werden wird. Wenn Sie dieses Buch gelesen haben, wissen Sie, wie Sie Ihre Liebesspeicher auffüllen und bekommen können, was Sie brauchen.

# Die zehn Liebesspeicher auffüllen

Wenn die Wände im Haus Risse bekommen, sieht man zuerst nach dem Fundament, um das Problem zu finden. Wenn die Pflanzen gelb werden und welken, malt man sie nicht an, damit sie wieder besser aussehen, sondern man gießt sie. Ebenso können die meisten Probleme von selbst verschwinden, wenn man die zehn Liebesspeicher wieder auffüllt. Bekommt man, was man braucht, dann hat man wieder Anschluß an sein wahres Wesen.

Für die meisten Schwierigkeiten im Leben liegt die Lösung zunächst darin, daß man die ersten fünf Liebesspeicher auffüllt. Viele aktuellen Gefühle sind letztlich Gefühle aus der Kindheit. Indem man sich die Zeit dafür nimmt, die früheren Liebesspeicher aufzufüllen, geht es wieder weiter.

Es genügt jedoch nicht, die Speicher ab und zu mal aufzufüllen. Man muß sich regelmäßig darum kümmern, daß sie voll sind – am besten einmal wöchentlich. Wenn man Blumen im Garten hat, genügt es nicht, sie einmal zu gießen. Man muß sich ständig um sie kümmern.

## Der erste Liebesspeicher: Vitamin G1

Der erste Liebesspeicher ist die Liebe und Unterstützung Gottes. Wenn Vitamin G1 fehlt, ist das Leben ein ständiger Kampf. Am Ende ist man müde und überlastet, weil man glaubt, alles alleine tun zu müssen. Um diesen Speicher zu füllen, braucht man regelmäßigen Kontakt zu Gott oder eine andere spirituelle Beziehung. Man muß begreifen, daß man nicht allein ist und daß man von einer höheren Macht unterstützt wird.

Meditation ist zwar keine Religion, aber sie ist Spiritualität. Selbst wenn man Atheist ist oder keiner bestimmten Konfession angehört, kann man das grundlegende Bedürfnis nach Religiosität mit regelmäßiger Meditation befriedigen. Oft entscheiden sich Menschen, die einmal ihre spirituellen Wurzeln erfahren haben, dann für eine bestimmte Religion. Diese hilft ihnen, ihre Beziehung zu Gott besser zu verstehen, und Sie profitieren von der Unterstützung anderer Menschen mit ähnlicher Gesinnung. Im Kapitel »Wie man meditiert« werden wir uns mit einer wunderbaren Meditationsübung zum Auffüllen dieses Liebesspeichers beschäftigen.

## Der zweite Liebesspeicher: Vitamin E

Der zweite Liebesspeicher ist die Liebe und Unterstützung durch die Eltern. Wenn Vitamin E fehlt, wird man in seinem Leben immer wieder unter Selbstzweifeln und Minderwertigkeitsgefühlen leiden. Aber zum Glück ist man als Erwachsener nicht mehr von seinen Eltern oder seinen primären Bezugspersonen abhängig, um die unbedingte Liebe zu bekommen, die man braucht. Auch wenn man Eltern hatte, die nicht in der Lage waren, einem diese Liebe zu geben, oder wenn man ohne Eltern aufgewachsen ist, kann man sich als Erwachsener diese Unterstützung beschaffen. Man kann sogar lernen, sie sich selbst zu geben.

Zum Beispiel ist der Gang zu einem Berater oder Therapeuten so, wie wenn man sich Eltern »leihen« würde. Er hört verständnisvoll zu und gibt einem unbedingte Liebe. Damit befriedigt er diese Bedürfnisse, und so erwirbt man wieder die Fähigkeit, sich die Unterstützung selbst zu geben. Je mehr sich dieser Liebesspeicher füllt, desto mehr entdeckt man, daß man von seinen wirklichen Eltern Unterstützung bekommt, oder daß andere Menschen einem diese Art unbedingter Liebe schenken.

Wenn Meditation und der Kontakt zu Gott mit dem Gießen von Pflanzen vergleichbar ist, dann entspricht die Heilung der Vergangenheit dem Umtopfen. Eine Pflanze kann nur in guter Erde gedeihen. Viele der Überzeugungen, die man in der frühen Kindheit gebildet hat, wirken später als Hemmschuh. Durch eine Änderung dieser frühen Überzeugungen kann man diesen Hemmschuh abstreifen bzw. in der neuen Erde endlich anfangen zu gedeihen.

Ich erinnere mich an einen Workshop in der Strafanstalt San Quentin. Nie zuvor hatte ich mit Menschen gearbeitet, deren E-Speicher so völlig erschöpft war. Neunzig Gefangene meldeten sich zu dem Workshop an, und ich wurde von zweiunddreißig Freiwilligen unterstützt. Die Freiwilligen, deren frühe Liebesspeicher relativ gut gefüllt waren, führten mit einigen der Gefangenen Heilungsübungen durch. Wenn die Gefangenen miteinander übten, war die Wirkung relativ gering, während es mit den freiwilligen Helfern große Fortschritte gab. Offensichtlich waren die Übungen nur dann wirksam, wenn sie mit Menschen durchgeführt wurden, die in ihrem Leben Liebe erfahren hatten.

Im Kapitel »Negative Emotionen loslassen« werde ich einige dieser Heilungsübungen vorstellen. Man kann sie alleine oder mit einem Partner, zu Hause, in der Therapie oder in einem Workshop durchführen.

## Der dritte Liebesspeicher: Vitamin F

Der dritte Liebesspeicher ist Liebe und Unterstützung durch Familie, Freunde und Freude. Wer sehr ernsthaft ist und wenig Spaß im Leben findet, dem fehlt Vitamin F. Wenn es in der wichtigsten Beziehung nur noch Kritik, Vorwürfe oder Langeweile gibt, dann bringt oft schon das Auffüllen dieses Speichers Besserung. Und diesen dritten Speicher füllt man dadurch, daß man Freundschaften aufbaut, genießt und sich amüsiert.

Um diesen Speicher gut gefüllt zu halten, muß man alte Freundschaften pflegen, sich aber auch um neue Freunde bemühen. Neue Freunde können helfen, neue Seiten von sich selbst zum Vorschein zu bringen. Alte Freunde helfen, daß man sich selbst so lieben und akzeptieren kann, wie man ist. Man braucht beides.

Manche Menschen können sich nicht erklären, warum sie keine Freunde haben. Die Antwort hierauf lautet, daß sie nie gelernt haben, wie man Freundschaften schließt. Sie glauben, daß man automatisch einfach jemanden mag und dann den Wunsch hat, mit diesem Menschen befreundet zu sein. Oder sie warten darauf, daß andere Menschen sie spontan sympathisch finden. Aber wenn man keine Freunde hat, muß man selbst beginnen, für andere etwas zu tun. Indem man zuerst anderen etwas gibt und dann etwas zurückbekommt, kann allmählich die gegenseitige Zuneigung wachsen, und man schließt Freundschaft.

Das Problem, Freunde zu bekommen, kann manchmal einfach dadurch behoben werden, daß man einen früheren Liebesspeicher auffüllt. Dies gilt grundsätzlich für alle Liebesspeicher. Wenn man Schwierigkeiten hat zu bekommen, was man braucht, dann blickt man immer in die falsche Richtung. Man muß die übrigen Liebesspeicher prüfen und herausfinden, ob vorübergehend einer von ihnen mehr Erfolg bringt als die anderen. Es könnte sein, daß die Seele zu einem bestimmten Zeitpunkt gerade diesen Speicher besonders braucht.

———◄o►———

*Wenn man Schwierigkeiten hat zu bekommen, was*
*man braucht, dann blickt man immer in die falsche*
*Richtung.*

———◄o►———

Dies erklärt, warum manche Menschen soviel von einer Therapie profitieren, andere dagegen nicht. Wenn ein großes Bedürfnis nach Vitamin E besteht, dann ist eine Therapie sehr hilfreich; wenn jemand aber eher Vitamin F braucht, dann ist der Besuch eines Fußballspiels mit einem Freund viel inspirierender.

Man kann sich natürlich auch alleine amüsieren. Versinken Sie nicht in Selbstmitleid, wenn Sie niedergeschlagen sind. Sehen Sie sich einen lustigen Film an, und füllen Sie damit Ihren Vitamin-F-Speicher auf.

## Der vierte Liebesspeicher:
## Vitamin G2

Der vierte Liebesspeicher ist die Unterstützung durch Gleichaltrige oder Gleichgesinnte. Um diesen Speicher füllen zu können, sollte man in einem Verein sein, z. B. in einem Sportverein, Musikverein, Computerclub etc., oder in einer anderen mehr oder weniger organisierten Gruppe. Am wichtigsten ist es, daß man sich unter Menschen befindet, die sich für das gleiche begeistern. Auch wenn man in einer Ehe sehr viele gemeinsame Interessen hat, muß man immer darauf achten, daß man eigene Interessen pflegt. Es muß immer etwas geben, das man nicht mit den Freunden, mit denen man normalerweise weggeht, oder mit seinem Ehepartner teilt.

Für einen Fußballfan ist das Spiel »seiner« Mannschaft eine der wirksamsten Hilfen, den Speicher aufzufüllen. Die Stadionerfahrung ist dabei wirksamer, als vor dem Fernseher zu sitzen, doch beides ist möglich. Die Verbundenheit mit seiner Mannschaft und mit anderen Fans zu spüren, setzt hohe Dosen von Vitamin G2 frei.

Wenn man gerne Filme sieht, sollte man sich nicht einfach das Video besorgen, sondern ins Kino gehen, wo man sich unter Menschen mit ähnlichen Interessen befindet. Noch besser ist die Wirkung bei einer Filmpremiere, die zudem aufregender ist. Dort sind diejenigen, die wirklich unbedingt dabeisein wollen. Hier findet man die Begeisterung und geballte Energie, mit der man sich umgeben muß.

Wer zu einer bestimmten Kirche gehört, sollte sich dort an den Gruppenaktivitäten beteiligen. Man singt und betet miteinander. Die Erfahrung dieser regelmäßigen Unterstützung bringt eine Überfülle der Unterstützung durch Gleichgesinnte und außerdem Vitamin G1.

*Den Vitamin-G2-Speicher kann man bei jeder Veranstaltung füllen, bei der man sich unter Menschen mit gleichem Geschmack und gleichen Interessen befindet.*

Mag man einen bestimmten Sänger oder eine bestimmte Sängerin, dann sollte man in deren Konzerte gehen und seiner Seele dort die wohltuende Energie von Vitamin G2 gönnen. Wieviel »Beschleunigung« bringt es doch, in ein Livekonzert der Rolling Stones zu gehen und noch einmal das zu empfinden, was man als Teenager empfand! Es sind nicht nur viele Menschen da, die die gleiche Musik lieben wie man selbst, sondern man hört auch die Musik, die man als junger Mensch hörte – sofern der Leser natürlich über vierzig ist... Die Musik, die man als Teenager liebte, ist immer ein äußerst wirksames Mittel, sich wieder die Energie seiner Teenagerzeit zu vergegenwärtigen.

Gibt es eine bestimmte Herausforderung, vor die man sich gestellt sieht, sollte man zu Zusammenkünften anderer Menschen gehen, die vor ähnlichen Herausforderungen standen. Die Programme für Menschen, die einer Sucht entronnen sind, sind ein hervorragendes Beispiel für eine solche Vitaminquelle.

## Der fünfte Liebesspeicher:
## Vitamin S

Der fünfte Liebesspeicher ist die Selbstliebe. Um diesen Speicher zu füllen, muß man sicherstellen, daß man selbst zuerst kommt. Man muß Herr seines eigenen Lebens sein. Man muß zunächst sich selbst fragen, was man möchte, und es sich dann beschaffen.

Wenn man sich fragt, was man möchte, und die Antwort lautet, daß man andere glücklich machen möchte, dann ist dies eine falsche Antwort. Was man selbst möchte heißt, *was man selbst möchte*. Es geht um das, was einem fehlt, was man haben möchte.

Es ist natürlich in Ordnung, daß man andere glücklich machen möchte, aber um diese Liebesspeicher geht es hier nicht. Was, außer andere glücklich zu machen, macht einen glücklich? Was gibt einem einen »Kick«? Man muß jetzt dorthin gehen, wo man keine Scheu zu haben braucht, um etwas zu bitten, was man möchte, und etwas abzulehnen, was man nicht möchte.

———◄○►———

*Um sich selbst zu lieben, muß man sich im Leben*
*Experimente erlauben.*

———◄○►———

Man muß Distanz zu den Menschen seiner alltäglichen Umgebung suchen, um dadurch die Freiheit zu gewinnen, ein neues »Image« auszuprobieren und sich anders zu verhalten. Man braucht jetzt die Freiheit, Dinge zu tun, die man niemals getan hätte. Man muß irgendwohin gehen, wohin man nie wieder geht, so daß man sich nicht schadet, wenn man sich zum Narren macht. Denn die meiste Zeit hält man sich zurück, weil man sich Sorgen darüber macht, was andere von einem denken. Manches, wozu man Lust hat, unterläßt man, denn wenn man einen Fehler macht, wird man sein Leben lang daran denken.

————◄○►————

*Die Gesellschaft neuer und anderer Menschen bringt immer auch etwas Neues in einem selbst zum Vorschein.*

————◄○►————

Um äußeren Erfolg zu haben und glücklich zu sein, muß man in Kontakt mit dem bleiben, was man möchte. Man muß sich täglich seine Absichten bewußt machen und entsprechend handeln. Stellen Sie sich vor, Sie gehen in ein Restaurant und bestellen nichts. Der Kellner fragt, was Sie haben möchten, und Sie sagen: »Egal – was Sie haben.« Dann müssen Sie damit rechnen, daß Sie Reste bekommen. – Denken Sie täglich einige Minuten darüber nach, was Sie möchten. Dementsprechend formulieren Sie Ihre Wünsche und Absichten und »geben Ihre Bestellung auf«. Wir werden diesen Prozeß noch im Kapitel »Streß abbauen« erkunden. Indem man seine Tage sorgfältig plant, muß man nicht mit den »Resten« der Welt vorliebnehmen.

## Der sechste Liebesspeicher: Vitamin B

Der sechste Liebesspeicher sind Beziehungen, Partnerschaften und romantische Liebe. Um diesen Liebesspeicher zu füllen, muß man sicherstellen, daß man sich mit jemandem austauschen kann, mit dem in irgendeiner Weise eine gegenseitige Abhängigkeit besteht.

In der Regel wird dieses Bedürfnis durch eine liebevolle, ausschließliche, sexuelle Beziehung befriedigt. Eine solche intime

Beziehung ist in aller Regel im Laufe der Zeit gewachsen. Frauen fällt es sehr schwer, sich rasch zu öffnen. Sie brauchen meist etwas länger, bis sie das Gefühl haben, verstanden zu werden; erst dann können sie diese Liebe zulassen. Männer können sich manchmal sofort mitteilen, aber bevor sie sich wirklich auf Dauer öffnen, müssen auch sie Liebe empfinden.

———◄○►———

*Vitamin B bekommt man in jeder Partnerschaft, die auf einem liebevollen Geben und Nehmen beruht.*

———◄○►———

Wer nicht verheiratet ist oder keine Liebesbeziehung hat, muß mit vielen Partnern ausgehen, um diesen Speicher zu füllen. Mit vielen auszugehen bedeutet aber nicht, mit jedem und jeder zu schlafen. Um jemanden zu finden, mit dem man intim sein oder eine Partnerschaft haben möchte, muß man sich Zeit für Erkundungen nehmen. Man geht einfach mit vielen Menschen aus, ohne gleich nach dem Ideal zu suchen. Vor allem Menschen, die heiraten möchten, erlegen sich hier unnötige Einschränkungen auf.

Wenn man den Richtigen nicht findet, dann meist deshalb, weil man noch einige frühere Liebesspeicher auffüllen muß. Ebenso stagniert in einer Beziehung nach einiger Zeit die Liebe, bis man sich die Zeit dafür nimmt, leere Speicher zu füllen.

———◄○►———

*Wer den Richtigen oder die Richtige nicht findet, blickt in die falsche Richtung.*

———◄○►———

Sobald der Schüler bereit ist, taucht immer auch der Lehrer auf. Wer eine Frage stellt, bekommt auch die Antwort. Wenn man bereit ist zu einer Beziehung und sich für Rendezvous öffnet, dann taucht auch der oder die Richtige auf. Wer verzweifelt ist, wird vergeblich nach dem richtigen Partner suchen. Eine solche Haltung stößt ab. Man muß sein Leben so einrichten, daß die übrigen Bedürfnisse befriedigt werden, dann zieht man von selbst den richtigen Partner an.

Eines muß man immer bedenken: Seelengefährten sind niemals vollkommen, aber sie können der vollkommene Partner für einen sein. Weil es hier um eine so intensive Verbindung geht, findet man zu seinem wahren Selbst, indem man den anderen liebt. Falsch ist auch die Meinung, daß es nur einen einzigen Seelengefährten geben könnte: Es gibt Tausende von Menschen, mit denen man eine großartige Partnerschaft haben kann. Der Seelengefährte ist einfach einer dieser Menschen, für den man sich entscheidet.

◄○►

*Seelengefährten sind niemals vollkommen, aber sie können der vollkommene Partner für einen sein.*

◄○►

Früher gingen die Menschen Partnerschaften ein, um überleben zu können. Die Beziehungsfähigkeiten, die wir noch in unserer Erziehung lernten, zielten nicht darauf, eine dauerhafte Liebe zu erzeugen, sondern Sicherheit. Um in einer heutigen Beziehung zu bekommen, was man möchte, muß man neue Fertigkeiten einüben.

Im Kino wird uns die Liebe vorgeführt, die unserer Seele vorschwebt, aber es wird nie gezeigt, wie man dies erreicht. Um Liebe und dauerhafte Beziehungen entstehen zu lassen, muß man bestimmte Fertigkeiten erlernen. Man muß immer daran denken, daß Liebe kein Automatismus ist, selbst dann nicht, wenn man seine übrigen Liebesspeicher gefüllt hat. Wenn man nicht aktiv Gelegenheiten schafft, daß die Liebe wachsen kann, dann wächst sie auch nicht. Alle Mars-Venus-Bücher handeln davon, wie man Fähigkeiten erlernen kann, die dauerhafte Leidenschaft erzeugen.

Liebe erfüllt nicht nur das Verlangen des Herzens nach Intimität, sondern führt auch zu Erfolg in der Arbeitswelt.

Alle Techniken für Erfolg in der äußeren Welt setzen voraus, daß man Kontakt zu seinem Fühlen und Wollen hat. Wenn man seine sexuellen Begierden unterdrückt oder sie nicht für wichtig hält, verzichtet man auf eine große Kraftquelle in seinem Leben. Man muß versuchen, alle seine Antriebe wahrzunehmen und zu verwirklichen – nur so kann man alles erreichen und bekommen, was man möchte.

## Der siebte Liebesspeicher:
## Vitamin A

Der siebte Liebesspeicher ist die bedingungslose Liebe gegenüber einem Abhängigen. Für andere verantwortlich zu sein ist ein Grundbedürfnis der Seele. Wenn man sich mit Mitte Dreißig keine Möglichkeiten schafft, bedingungslos zu geben, gerät die persönliche Entwicklung ins Stocken.

Diesen siebten Liebesspeicher füllt man dadurch, daß man sich um Kinder und später um Enkel kümmert. Wenn man selbst keine Enkel hat, dann sollte man anderen seine Dienste anbieten. Man muß Verantwortung für jemanden übernehmen, den man liebt, und sich um ihn kümmern. Dies bedeutet, daß man Opfer bringt und zugunsten anderer auf etwas verzichtet.

Unbedingte Liebe und Unterstützung ist die angemessene Beziehung zwischen Eltern und Kind. Es ist nicht die ideale Beziehung zwischen Liebespartnern, da bei jedem Menschen Ärger entsteht, wenn er auf Dauer mehr gibt, als er zurückbekommt. Natürlich ist ein wenig unbedingte Liebe in Ordnung. In Wirklichkeit ist sie ja trotzdem bedingt: Man kann eine Zeitlang geben, ohne etwas zurückzubekommen, bis man schließlich doch selbst wieder an der Reihe ist. Dies darf allerdings nicht Jahre dauern, denn sonst wacht man eines Morgens völlig leer, zornig und verschlossen auf. Man hat einfach nichts mehr zu geben.

---

*Bei jedem Menschen entsteht Ärger, wenn er auf Dauer mehr gibt, als er zurückbekommt.*

---

Man kann nur bedingungslos geben, wenn die Speicher bis zum Überfluß gefüllt sind. Dies ist die Herausforderung dieser Entwicklungsphase. Es genügt nicht, sich um die Armen oder einen Neffen oder eine Nichte zu kümmern. Dies ist gewiß nützlich, aber Ende Dreißig muß man trotzdem eine ganz tiefe Verantwortung für einen Menschen spüren. Ein guter Ersatz ist höchstens ein Haustier oder ein Garten, den man versorgen muß. Haustiere und Pflanzen sind etwas Lebendiges, und sie sind auf einen angewiesen.

## Der achte Liebesspeicher: Vitamin U

Der achte Liebesspeicher besteht darin, daß man seinem Umfeld etwas zurückgibt. Man leistet einen Beitrag dazu, daß die nähere Umgebung besser und schöner wird. Jetzt ist die beste Zeit für ehrenamtliche Tätigkeiten, um anderen Menschen zu helfen, mit denen man nicht verwandt ist. Projekte, mit denen man etwas für die Armen, die Schulen, eine Bibliothek oder die Umwelt tut, um nur einige Beispiele zu geben, helfen auch einem selbst.

—◄○►—

*Es ist unsere Aufgabe in dieser Welt, die Geschenke, die*
*wir im Leben empfangen haben, der Welt*
*zurückzugeben.*

—◄○►—

Jetzt ist es an der Zeit, die Geschenke, die man in seinem Leben empfangen hat, mit seiner Gemeinschaft zu teilen. Dadurch kann man diesen Liebesspeicher füllen.

Widmen Sie wohltätigen Zwecken und Organisationen, die etwas für die Gemeinschaft tun, Geld und Zeit, doch achten Sie darauf, daß Sie dabei Ihre Familie nicht vernachlässigen. Auch in dieser Phase darf man sich selbst nicht aus den Augen verlieren und muß immer dafür sorgen, daß auch die früheren Liebesspeicher gefüllt sind.

## Der neunte Liebesspeicher: Vitamin W

Der neunte Liebesspeicher, »Der Welt etwas zurückgeben«, ist eine Fortsetzung des achten Liebesspeichers. In dieser Phase muß man seinen Horizont über die engeren Grenzen seiner Gemeinschaft, Rasse und Kultur hinaus ausdehnen. Jetzt ist die Zeit, sich mit Menschen unterschiedlicher Hintergründe und Traditionen auszutauschen.

Es ist die Zeit, in der man sich mehr für die politischen Zielsetzungen und Ideen in seinem Land und auf der ganzen Welt interessiert. Vielleicht beteiligt man sich ehrenamtlich an einer Wahlkampfgruppe, oder man bewirbt sich selbst um ein Amt. Um diesen Liebesspeicher zu füllen, muß man sich für Angelegenheiten der äußeren Welt engagieren.

*Man muß seine Weisheit und Kraft nicht nur für sich*
*selbst und seine Angehörigen einsetzen, sondern man*
*muß etwas für die Welt als Ganzes tun.*

————◄◦►————

Jetzt sollten Sie reisen und sich in der Welt umsehen. Nehmen Sie sich mehr Urlaub und vergrößern Sie Ihren Erfahrungsschatz. Man kann nur wachsen, indem man seine alten Grenzen überschreitet. Viele Menschen fühlen sich in dieser Phase plötzlich alt, aber dies liegt nur daran, daß sie ihren Horizont nicht erweitern. Sie müssen sich einfach der Welt zuwenden, dann kehrt ihre alte Energie rasch zurück.

Kreuzfahrten und Studienreisen sind ideal, weil dies nicht nur eine bequeme Art zu reisen ist, sondern weil man dadurch die Möglichkeit bekommt, auch die übrigen Speicher zu füllen. Durch den Kontakt mit anderen Kulturen entdeckt man, daß die Menschen zwar unterschiedlich sind, aber im Grunde doch gleich. Die Erkundung der Welt bringt neue Wesensmerkmale von einem selbst zum Vorschein und hält jung. Man kann auch in seinem Heimatland umherreisen und dies mit dem Partner oder Freunden spannend gestalten.

————◄◦►————

*Die Erkundung der Welt bringt neue Wesensmerkmale*
*von einem selbst zum Vorschein und hält jung.*

————◄◦►————

Dies könnte auch die Zeit sein, in der man besonderen geschäftlichen Erfolg hat. Wenn man im Innern erfüllt ist, so daß man der Welt etwas zurückgeben kann, dann nimmt auch der persönliche Erfolg in erstaunlicher Weise zu. Je mehr man ohne Bedingungen für andere getan hat, desto besser sind jetzt die Chancen, daß man anzieht, was man haben möchte.

Eine Studie hat gezeigt, daß Männer zwischen vierundvierzig und sechsundfünfzig auf dem Höhepunkt ihrer Macht sind. In dieser Zeit kann ein Mann für die Bedürfnisse anderer Menschen besonders offen sein. Dies hat zur Folge, daß die Menschen ihm nicht nur mehr vertrauen und sich mehr auf ihn verlassen, sondern er hat auch die Intuition, um die richtigen Entscheidungen zu treffen. Älter zu werden heißt, mehr zu haben, nicht weniger.

## Der zehnte Liebesspeicher: Vitamin G3

Der zehnte Liebesspeicher besteht darin, Gott zu dienen. Wenn wir in diese Welt kommen, kümmert sich Gott um uns. Wenn man heranwächst und im Inneren erfüllter wird, kann man nach und nach alles wieder zurückgeben. Zum Zeitpunkt des zehnten Liebesspeichers hat man die Freiheit gewonnen, Gott zu dienen. Füllt man diesen Liebesspeicher auf, ist man automatisch ganz auf Gottes Willen eingestimmt. Jetzt hat man eine besonders große Wirkung auf die Welt, man ist bereit, das zu tun, was man in dieser Welt zu tun hat.

Man hat jetzt Kontakt mit all seinen Fähigkeiten und Gaben. Wenn man gelernt hat, alle seine Liebesspeicher zu füllen, kann man Tag für Tag das ganze Potential dieser Stufe zum Ausdruck bringen. Natürlich erahnt man auch davor schon diese Phase, aber man kann sie erst ganz erreichen, wenn man alle übrigen Liebesspeicher aufgefüllt und seine Entwicklung abgeschlossen hat. Viele Menschen altern zu diesem Zeitpunkt schnell und werden krank, weil sie der Herausforderung nicht gewachsen sind. Ihre übrigen Liebesspeicher sind zu leer, als daß sie der neuen Aufgabe des selbstlosen Dienens gewachsen wären.

*Viele Menschen altern zu diesem Zeitpunkt rasch und werden krank, weil sie der Herausforderung nicht gewachsen sind.*

Mit sechsundfünfzig füllt man diesen zehnten Liebesspeicher dadurch, daß man sich ganz dem Willen Gottes unterwirft. Vielleicht hat man dies im jüngeren Lebensalter noch nicht getan: Jetzt ist man hierzu fähig, und man kann weiter alle seine übrigen Liebesspeicher auffüllen.

Wenn man noch nicht soweit ist, dann weiß man jetzt zumindest, wie man zurückgehen und seine Speicher auffüllen kann, wobei man weiterhin um innere Führung bittet. Wer den Zustand erreicht hat, spürt immer mehr, daß er eins mit allem und jedem ist. Er kennt keine größere Freude, als zu dienen. »Ich«, »Du«, »Er«, »Sie« und »Wir« verschmelzen zu einer göttlichen Energie. Das Leben wird zu einem unaufhörlichen Strom von Gottes Licht und Liebe.

Jetzt ein erfülltes und reiches Leben zu führen ist nicht nur möglich, sondern Pflicht. Gott möchte ebensosehr wie man selbst, daß man alles erreicht. Indem man sich weiterhin beschafft, was man braucht, und seine zehn Liebesspeicher auffüllt, wird man immer geleitet werden, seine göttliche Bestimmung zu erfüllen, die darin besteht, in dieser Welt etwas zu bewirken.

# Der Wert der Meditation

Um den ersten und wichtigsten Liebesspeicher zu füllen, muß man seine Verbindung zu Gott spüren. Dies kann man auf vielerlei Art erreichen, eine der besten Möglichkeiten ist Meditation. Diese ist nicht an eine bestimmte Religion gebunden, sondern in allen spirituellen Traditionen zu finden. Meditation ist für jeden geeignet, selbst wenn man nicht an Gott glaubt. Wenn ich hier von Gott spreche, können Sie dies für sich als positive Energie, Liebesenergie, höhere Macht, großes Potential, höhere Weisheit oder wie auch immer interpretieren. Da in meinem Leben die Erfahrung der Macht Gottes und der Glaube an ihn immer eine Rolle gespielt haben, benutze ich den Begriff »Gott«, doch steht es jedem völlig frei, diesem »höheren Wesen« seinen eigenen Namen zu geben.

Selbst nichtreligiöse Menschen glauben an etwas Höheres. Diese höhere Macht kann auch das eigene innere Potential sein. Zumindest glaubt man an eine bessere und hellere Zukunft. Meditation kann nun Menschen jeglicher Überzeugung helfen, den ersten Liebesspeicher aufzufüllen. Dies führt unmittelbar zur Erfahrung von mehr Frieden und Entspannung, und bald wird man auch Freude, Selbstvertrauen und Liebe spüren. Wenn man sich täglich nur einige wenige Minuten Zeit nimmt, um Verbindung mit Gott aufzunehmen, bereichert man dadurch sein Leben.

Ich lehre seit fast dreißig Jahren Menschen aller Religionen und Schichten Meditation. Sie gilt als spirituelle Praxis, steht aber mit keiner Religion in Konflikt. Um die Früchte der Meditation genießen zu können, braucht man nicht gläubig zu sein. Die regelmäßige Erfahrung einer Verbundenheit mit einer höheren Macht hilft, die universellen Wahrheiten in jeder Religion besser zu verstehen und zu akzeptieren.

Regelmäßige Meditation hilft auch, wieder Kontakt zu jenem Aspekt des eigenen inneren Selbst zu finden, der in Verbindung mit Gott steht. Diese Verbindung ist immer schon da, aber man muß sie sich bewußtmachen, um sie wirklich erfahren zu können. Beginnen wir also mit einer Gewahrseinsübung.

Nehmen Sie sich einen Augenblick Zeit, um an Ihre Mutter oder jemand anderen zu denken, der Sie liebt. Dieser Gedanke an den Betreffenden bewirkt, daß Sie Ihre Verbindung zu ihm spüren. Diese Verbindung ist immer schon da. Man braucht nichts weiter zu tun, als seine Aufmerksamkeit auf sie zu richten, und sie wird spürbar.

Richten Sie nun Ihre Aufmerksamkeit auf Ihren Hals. Spüren Sie, wie Ihre Kehle sich anfühlt. Achten Sie auf die Temperatur. Plötzlich kann man nicht mehr anders, als sie zu spüren. Bald aber richtet sich das Bewußtsein wieder auf etwas anderes.

Ein Teil Ihres Geistes ist sich immer des Halses bewußt, der den Rumpf mit dem Kopf verbindet. Aber das direkte Bewußtsein spürt den Hals oder andere Körperteile nur, wenn man seine Aufmerksamkeit auf sie richtet. In ähnlicher Weise bewirkt Meditation eine Verlagerung der Aufmerksamkeit auf den Teil von einem selbst, der die Verbindung zu Gott schon hat. Indem man diese Verlagerung übt, beginnt man, seine Verbindung mit Gott genauso zu spüren, wie man spürt, daß der Hals den Rumpf mit dem Kopf verbindet oder daß man eine innere Verbindung zu seiner Mutter oder einem anderen Menschen hat, der einen liebt.

————◄○►————

*Durch Meditation verlagert man seine Aufmerksamkeit auf den Teil von einem selbst, der die Verbindung zu Gott schon hat.*

————◄○►————

In der Meditation macht man die Erfahrung von Frieden, Gelassenheit und Entspannung. Mit der Zeit beginnt man auch eine prickelnde Energie oder Wärme in den Fingern und Händen zu spüren. Man fühlt einen Strom von Energie, der einen vertrauensvoller, liebevoller und fröhlicher werden läßt, ohne daß man dafür einen Grund angeben könnte. Dies sind die universellen Meditationserfahrungen, gleichgültig, wie man diese Energie interpretiert.

Ich persönlich deute diese Erfahrung so, daß ich meine Verbindung zu Gott spüre. Ich fühle, daß Gottes Liebe, Gnade, Energie und Kraft durch meine Fingerspitzen in meinen Körper strömen. Wer keine religiöse Grundhaltung hat, wird seine Erfahrung vielleicht anders interpretieren, aber die Erfahrung an sich ist in der Regel dieselbe.

## Meditation für jeden

Die Erfahrung der Meditation ist heute nicht mehr nur wenigen Menschen vorbehalten. Jeder kann meditieren und sofort davon profitieren. Die Zeiten haben sich völlig geändert, seit ich vor fast dreißig Jahren regelmäßig zu meditieren begann. Es erstaunt mich immer noch, daß heute Meditationsanfänger diese Erfahrung der Verbundenheit sofort haben. Ich habe neun Jahre als Mönch in den Schweizer Bergen verbracht, um meine innere Verbindung mit Gott wahrzunehmen. Wenn ich heute Meditation unterrichte, erlebe ich es, daß die Menschen sehr viel schneller Fortschritte machen. Schon innerhalb weniger Tage können sie den Energiestrom in ihren Fingerspitzen spüren.

Dies ist in der Geschichte ohne Beispiel. Die großen Mystiker und Heiligen der Vergangenheit mußten Jahre auf eine spirituelle Erfahrung warten, während heute praktisch jeder den Strom der Energie erleben kann. Jeder macht unmittelbar die Erfahrung des Friedens und der Entspannung. Wenn man nach der Arbeit meditiert, verfliegen die Belastungen des Tages wie von selbst. Dieser Energiestrom gibt neue Kraft und erfrischt augenblicklich.

Meditiert man am Morgen, bereitet man sich dadurch auf die Herausforderungen des Tages vor. Die Verbindung mit Gott wahrzunehmen heißt, sich daran zu erinnern, daß man nicht allein ist, sondern Unterstützung hat. Es gibt Hilfe, aber man muß darum bitten. Die Energie, die man in seinen Fingern spürt, zeigt an, daß die Verbindung hergestellt wird und daß man alle Kraft, Intuition, Klarheit und Kreativität anzieht, die man braucht, um sich seine Wünsche erfüllen zu können.

—◆◇◆—

*Leiden entsteht dadurch, daß man seine Verbindung zu Gott vergißt.*

—◆◇◆—

Durch Meditation wird der erste Liebesspeicher ganz von selbst gefüllt. Natürlich sind auch alle übrigen Liebesspeicher wichtig, aber dieser darf auf keinen Fall leer sein. Bei einem Mangel an Vitamin G1 werden das Leben und seine Verantwortlichkeiten zur Belastung. Man glaubt, alles selbst tun zu müssen, und man weiß nicht, wie man es alles schaffen soll. Wenn man sich seiner Verbindung zu Gott nicht bewußt ist, erwartet man zuviel von sich selbst und anderen, und dies muß zu einer Enttäuschung führen. Statt Tag für Tag Gottes kleine Wunder zu erkennen und freudig anzunehmen, konzentriert man sich zu sehr auf das, was man nicht bekommt. Man erkennt nicht, daß vieles von dem, was man möchte und braucht, von selbst zu einem kommt. Wenn dieser erste Liebesspeicher leer ist, ist man mit nichts zufrieden, was auch immer man bekommt.

Meditiert man über seine Verbundenheit mit Gott, dann lernt man zu schätzen, was man hat. Dieses positive Bewußtsein in Verbindung mit einem starken Willen gibt die Kraft,

109

alles anzuziehen und zu schaffen, was man möchte. Wenn man positive Energie ausstrahlt, führt dies automatisch dazu, daß andere Menschen bei einem sein wollen, mit einem arbeiten wollen, einem etwas geben wollen, einem Vertrauen und Wertschätzung entgegenbringen.

———◄o►———

*Wenn man positive Energie ausstrahlt, zieht man damit Menschen an.*

———◄o►———

## Interaktive Meditation

Das Besondere an der interaktiven Meditation ist die Art, wie wir mit der göttlichen Kraft in Kontakt treten: Wir ziehen die Energie durch die Fingerspitzen an. Für mich und für die Teilnehmer an meinen Seminaren für mehr Erfolg ist die Praxis der interaktiven Meditation in Verbindung mit dem Auffüllen der übrigen Liebesspeicher ohne Zweifel ein mächtiges Werkzeug, um sofort Erfolg im eigenen Leben zu erzeugen. Ich lehre und praktiziere diese Technik, aber sie ist durchaus nicht die einzige Möglichkeit. Es gibt andere Meditationsformen, die ebenfalls dabei helfen können, den Liebesspeicher aufzufüllen.

Bisher beherrschten nur sehr fähige oder erfahrene Meditierende die Technik, Energie durch die Fingerspitzen anzuziehen. Man lehrte diese Technik nicht, weil die Schüler nicht sensibel und offen genug waren, sie konnten den Energiestrom nicht spüren. Heute dagegen sind die Menschen soweit. Was man heute in wenigen Wochen der Übung erreichen kann, dafür brauchte ich über fünfzehn Jahre.

Am besten lernt man Meditation von einem Experten in einer Gruppe. Doch es ist auch möglich, sie durch schriftliche Anleitung zu lernen, weswegen ich sie in diesem Buch beschreibe. Trotzdem ist es besser und einfacher, sich von einem Lehrer einweisen zu lassen. Vor allem am Anfang erleichtert Meditation in einer Gruppe die Erfahrung des Energiestroms sehr.

———◄○►———

*Meditation kann man auch aus einem Buch lernen, aber einfacher ist es in einer Gruppe oder mit einem Lehrer.*

———◄○►———

Interaktive Meditation schenkt die regelmäßige Erfahrung, daß man nicht auf sich allein gestellt ist. Für mich persönlich war dies eine sehr hilfreiche Entdeckung. Wenn man etwas wirklich Kreatives tut, fragt man sich später oft: »Wie habe ich das geschafft?« Man zweifelt, daß es noch einmal gelingen könnte. Wenn man aber die eindeutige Erfahrung machen kann, daß man Hilfe bekommt, dann stellt sich nicht mehr die Frage, ob es noch einmal gelingt. Man muß nur sein Bestes geben, dann kommt Hilfe »von oben« hinzu, so daß man seine Absichten verwirklichen kann. Vor allem in den materialistischen Ländern des Westens müssen die Menschen sich wieder daran erinnern, daß sie nicht allein sind und daß es eine Hilfe gibt, die sie ihre Träume verwirklichen läßt.

Manche Leute sagen von meinen Büchern: »Das muß gechanneled sein.« Mit anderen Worten: Jemand anderes hat meine Bücher geschrieben. Dies ist aber nicht die Art von Unterstützung, die ich hier meine. Vielmehr gibt mir interaktive Meditation Klarheit bezüglich meiner Ideen, Einsicht, um diese Ideen zusammenzufügen, Vertrauen, um mich hinzusetzen, und Kreativität beim Finden von Lösungen. Dieser Art ist die Unterstützung, die ich bekomme. Niemand nimmt mir die Arbeit ab. Allerdings stellt sich diese Hilfe nur dann ein, wenn ich mich hinsetze und mein Bestes gebe.

# Die Rolle des Schicksals

Die Menschen des Ostens leben eher in dem Bewußtsein, daß Gottes Wille immer geschieht, als wir hier im Westen. Dies hilft gewiß, gelassener zu leben, aber es kann auch dazu führen, daß man sein persönliches Verlangen nach mehr verleugnet. Das Leben ist dann wie ein Prozeß, in dem man die Folgen seiner früheren Handlungen erlebt. Aus der Perspektive des persönlichen Erfolgs ist das Leben aber eine leere Leinwand, die man bemalen kann – solange man jedenfalls den Willen dazu hat.

Natürlich unterliegt man immer dem Einfluß der Vergangenheit. Alles, was man heute erlebt, ist das Ergebnis früherer Gedanken und Handlungen. Aber das bedeutet nicht, daß man sich damit zufrieden geben muß. Man kann jederzeit entscheiden, wie die eigene Zukunft aussehen soll, und geeignete Maßnahmen ergreifen.

———◄○►———

*Eine fliegende Rakete kann nicht plötzlich umkehren,*
*aber sie kann allmählich ihre Richtung ändern.*

———◄○►———

Ebenso ist man nicht auf sein Schicksal festgelegt. Tag für Tag kann man neu beginnen und an einem neuen Bild arbeiten. Man hat die Möglichkeit, ein neues Bild zu malen, auch wenn man zunächst mit denselben Farben arbeiten muß. Man muß bei der Schaffung seiner Zukunft zunächst mit dem arbeiten, was man hat; indem man aber die Farben nach und nach mischt, kann man neue Farben erzeugen.

Stellt man bei sich die Neigung fest, Dinge geschehen zu lassen, statt aktiv sein Leben nach seinen Wünschen zu gestalten, dann ist es sehr hilfreich, am Ende der Meditation ein wenig innezuhalten und seine Wünsche intensiv zu spüren. Statt ein Schicksal passiv als Gottes Willen zu akzeptieren, sollte man seinen Willen im Einklang mit Gottes Willen spüren, um ein Leben der Liebe, des Friedens, des Selbstvertrauens und der Kraft zu erzeugen, ein Leben des Überflusses, des Genusses, der Gesundheit und des äußeren Erfolgs.

Man hat die Fähigkeit, das Leben so zu gestalten, wie man es haben will. Man ist nicht ausschließlich auf seine Vergangenheit beschränkt. Wer diese Erfolgsgrundsätze anwendet, erzeugt sein Schicksal selbst, statt nur dessen Marionette zu sein. Nur wer seine Zukunft nicht selbst aktiv gestaltet, ist durch die Vergangenheit beschränkt. Interaktive Meditation schafft die Voraussetzungen dafür, daß man sein Leben in der Weise führen kann, wie man selbst es will. Man selbst schreibt das Drehbuch und wählt die Gestalten aus.

# Wie man meditiert

Interaktive Meditation ermöglicht es, die innere Verbindung zu Gott oder einer höheren Macht zu fühlen, indem man Gott in sein Herz einlädt. Für die interaktive Meditation setzen Sie sich in einer ungestörten Umgebung bequem hin – auf einen Stuhl, auf den Boden oder auf einen Meditationshocker. Am besten stellt man das Telefon ab und nimmt sich fünfzehn Minuten Zeit. Günstig ist auch eine beruhigende Hintergrundmusik, aber sie ist nicht notwendig.

Heben Sie mit geschlossenen Augen die leicht gespreizten Hände mit der Handfläche nach oben etwa in Schulterhöhe, und wiederholen Sie den folgenden Satz: »O Gott, mein Herz ist für dich geöffnet, komm in mein Herz.«

————◄○►————

*Zur Meditation wiederholt man im stillen den Satz: »O Gott, mein Herz ist für dich geöffnet, komm in mein Herz.«*

————◄○►————

Sprechen Sie diesen Satz zehnmal laut aus, einmal für jede Fingerspitze. Versuchen Sie, sich bei jeder Wiederholung für jede Fingerspitze der Absicht bewußt zu sein, die Energiekanäle anzuregen und zu öffnen.

Haben Sie diesen Satz zehnmal laut gesprochen, wiederholen Sie ihn etwa fünfzehn Minuten lang still in Ihrem Inneren. Überwachen Sie die Zeit mit Hilfe einer Uhr.

Am Anfang ist es nur natürlich und normal, daß der Geist abschweift und sich andere Gedanken aufdrängen. Manchmal vergißt man sogar den Satz. In diesem Fall schlagen Sie einfach die Augen auf und lesen ihn nochmals nach. Es dauert einige Zeit, bis der Prozeß ganz automatisch abläuft. Inzwischen öffnen sich die Fingerspitzen und die Kanäle für den Empfang feinstofflicher Energie. Halten Sie die Fingerspitzen leicht gespreizt nach oben, um die Segnungen von Gottes Energie zu empfangen.

◄o►

*Während der Meditation ist es nur natürlich und normal, daß der Geist abschweift und sich andere Gedanken aufdrängen.*

◄o►

Am Anfang kann es helfen, die Finger leicht hin und her zu bewegen, um sie zu entspannen und die Energie zu spüren. Manchmal spürt man auch das Energiefeld an den Fingern besser, wenn man die Hände einige Millimeter vor und zurück bewegt. Richtet man so seine Aufmerksamkeit auf seine Fingerspitzen, während man sein Herz zu Gott öffnet, beginnt die Energie zu strömen. Die »Schaltstellen« sind immer schon da; man muß sie nur aktivieren. Wie man mit den Fingerspitzen die Welt berühren kann, so kann man auch Gott berühren.

◄o►

*Wie man mit den Fingerspitzen die Welt berühren kann, so kann man auch Gott berühren.*

◄o►

Selbst im fortgeschrittenen Meditationszustand kann der Geist noch wandern. Am Anfang ist der Geist noch unruhig, und man denkt an Dinge, die einen beschäftigen. In den fortgeschrittenen Zuständen bewegt sich der Geist auf die Empfindungen der Seligkeit und die Strömungen wachsender Einsicht zu. Wenn man schließlich die Antwort auf ein Problem sucht oder innere Anleitung braucht, stellt sie sich im meditativen Zustand als eine zarte Empfindung ein.

Wenn man beim Meditieren feststellt, daß der Geist abschweift, kehrt man einfach wieder zu seinem Satz zurück. Es ist ganz normal, daß man gelegentlich an Einkaufszettel denkt, an Pläne, an etwas, was jemand gesagt hat, was man noch erledigen muß usw. Aber Meditation wirkt auch dann, wenn man den Satz nur einige wenige Male sagen kann, bevor der Geist wieder abzuschweifen beginnt.

———◄◦►———

*Wenn man beim Meditieren feststellt, daß der Geist abschweift, kehrt man einfach wieder zu seinem Satz zurück.*

———◄◦►———

So mühelos man an andere Dinge denken kann, so mühelos kann man auch an den Satz denken. Es ist alles ganz einfach. Es ist auch nicht wichtig, ob man schnell oder langsam an den Satz denkt: Denken Sie ihn einfach, und das genügt.

Die Hände sollte man in die Höhe halten, weil man dadurch die Finger besser spürt. Wenn die Arme müde werden, kann man sie auch in den Schoß legen, doch sollten dabei ebenfalls die Handflächen nach oben weisen und die Finger leicht gespreizt sein. Achten Sie darauf, daß die Hände nicht auf der bloßen Haut der Beine liegen. Bei Bedarf legen Sie ein Tuch auf die Beine. Liegen die Hände unmittelbar auf der Haut, zieht man keine Energie an, sondern spürt nur seine eigene Energie. Doch der Nutzen der interaktiven Meditation liegt ja gerade darin, daß man sich mit neuer Energie auflädt.

Die Meditationserfahrung ändert sich in unterschiedlicher Weise. Manchmal ist der Satz klar gegenwärtig, dann nur undeutlich, manchmal ist er gleichmäßig, und manchmal scheint er zu schwanken. Manchmal hat man das Gefühl, daß er sehr nahe ist, dann ist er wieder sehr weit weg.

116

Diese unterschiedlichen Empfindungen werden bleiben. Manchmal fühlt man sich schwer, manchmal ganz leicht. Manchmal ist man müde, dann wieder ganz wach. Manchmal vergeht die Zeit sehr schnell, und manchmal erscheint eine Minute wie zehn Minuten. Dies sind ganz natürliche Schwankungen, die ein Zeichen dafür sind, daß der Prozeß im Gange ist.

*Die Meditationserfahrung wird niemals gleich sein.*

Meditieren Sie am Anfang zweimal täglich, damit Geist, Herz und Körper sich daran gewöhnen, sich nach innen zu wenden und sich für Gottes Energie zu öffnen. Wenn das Nach-Innen-Gehen zur Gewohnheit geworden ist, ist Regelmaß nicht mehr unbedingt notwendig, aber hilfreich. Jetzt wird die göttliche Energie einströmen, sobald man seine Finger erhebt. Dies ist eine so schöne Empfindung, daß man von selbst nach Möglichkeiten suchen wird, öfter zu meditieren. Nach etwa sechs Wochen regelmäßiger Übung werden die Kanäle in den Fingerspitzen ganz geöffnet sein.

Jeder kann selbst festlegen, wie oft er meditieren will. Für die meisten Menschen sind zweimal täglich fünfzehn Minuten ein guter Rhythmus. Wenn man einmal sehr viel zu tun hat, kann man auch eine Sitzung überspringen, doch sollte man sie später nachholen. Der Körper gewöhnt sich an diese Versorgung mit zusätzlicher Energie, die man beim Meditieren bekommt, man wird dadurch effizienter. Die besten Zeiten zum Meditieren sind morgens nach dem Aufstehen, nach der Arbeit um die Zeit des Sonnenuntergangs und bevor man zu Bett geht.

———◄○►———

*Für die meisten Menschen sind zweimal täglich*
*fünfzehn Minuten Meditation ein guter Rhythmus.*

———◄○►———

Selbst wenn man glaubt, überhaupt keine Zeit zu haben, sollte man einige Minuten für die Meditation erübrigen. Letzlich spart man dadurch Zeit, weil man die richtigen Entscheidungen fällt und sich zusätzliche Unterstützung verschafft. Wenn man keine Zeit zum Meditieren hat, dann meist deshalb, weil man zu wenig Vitamin G1 hat und auf sich selbst angewiesen ist.

Manchmal verbringe ich viele Stunden im meditativen Zustand und genieße den Strom kreativer Ideen, die sich einstellen, wenn mein Geist den Satz nicht festhalten kann. Auch wenn eine wichtige Präsentation ansteht, meditiere ich länger, um mehr Energie aufzubauen. Mehr positive Energie bewirkt immer, daß sich andere Menschen stärker zu einem hingezogen fühlen. Längere Meditation, längerer Zustrom von Energie bedeutet mehr Kreativität, Liebe, Freude, Frieden und Einsicht.

Es hat allerdings keinen Zweck zu meditieren, um seiner Verantwortung zu entgehen. Man darf nicht glauben, daß sich alles von selbst erledigt, wenn man nur meditiert. Wird nach der Meditation die gewonnene Energie nicht verbraucht, dann fließt sie nicht mehr. Dies ist auch bei wiederaufladbaren Akkus so. Man kann sie nur voll aufladen, wenn man sie zuerst ganz entladen hat. Ebenso gilt auch für die Meditation, daß man seine Kapazität nur dann wieder steigern kann, wenn man alle Energie verbraucht, die man bekommt.

———◄○►———

*Gott erledigt nicht Dinge für einen, die man selbst*
*erledigen kann.*

———◄○►———

Dieser Energiestrom ist in vielen Kulturen und Religionen bekannt. Im Fernen Osten heißt diese Energie *Ch'i,* in Indien *Prana,* in der alten Kultur von Hawaii *Mana,* und in der christlichen Tradition ist es der Heilige Geist. In vielen Kulturen ist von dieser Erfahrung die Rede, doch war sie nie Allgemeingut. Man durfte sich glücklich schätzen, wenn man eine leise Ahnung von ihr hatte. Heute ist sie für viele Menschen zu etwas Alltäglichem geworden. Wenn man Atheist ist und mit dem Wort »Gott« nichts anfangen kann, kann man auch sagen: »O herrliche Zukunft, mein Herz ist für dich geöffnet, tritt in mein Leben.« Dies ist ein Satz, der jedem zusagt und jedem zu Heiterkeit des Geistes verhilft.

Man kann auch experimentieren und im ersten Teil des Satzes einen beliebigen Namen einsetzen. Je nachdem, woran man glaubt, kann man einen der folgenden Sätze verwenden:

▷ »O Jesus, mein Herz ist für dich geöffnet, komm in mein Herz.«
▷ »O göttliche Mutter, mein Herz ist für dich geöffnet, komm in mein Herz.«
▷ »O himmlischer Vater, mein Herz ist für dich geöffnet, komm in mein Herz.«
▷ »O Allah, mein Herz ist für dich geöffnet, komm in mein Herz.«
▷ »O Großer Geist, mein Herz ist für dich geöffnet, komm in mein Herz.«
▷ »O Krishna, mein Herz ist für dich geöffnet, komm in mein Herz.«
▷ »O Buddha, mein Herz ist für dich geöffnet, komm in mein Herz.«

Wer bereits eine spezielle spirituelle Verbindung gefunden hat, kann diese dadurch bereichern, daß er am Anfang des Satzes den Namen der Energie oder Gegenwart einsetzt, mit der er eine Verbindung haben möchte.

Nach etwa fünfzehn Minuten wird man ganz in das Bewußtsein des eigenen wahren Selbst eingetaucht sein, das in einer Verbindung zu dieser Kraft steht. Jetzt kann man Hilfe erbitten, indem man seine Absichten klärt und seinen Tag ordnet. In diesem Moment ist man bereit zu spüren, was man haben möchte, und es in sein Leben hereinzulassen.

## Seine Absichten klären

Sind Herz und Seele offen und mit dem Energiestrom verbunden, können Sie um das bitten, was Sie haben möchten, Sie können den Tag planen und nach Ihren Wünschen gestalten. Wenn man ins Restaurant geht und nichts bestellt, dann bekommt man nichts zu essen. Ebenso muß man seine inneren Wünsche und Absichten wahrnehmen, wenn diese Energie wirksam werden soll.

Am Ende der Meditation beginnt man also damit, seine Absichten zu klären, wobei man den Satz wie folgt abwandelt: »O herrliche Zukunft, mein Herz ist offen für dich, bitte komm in mein Leben.«

Wiederholen Sie diesen Satz im stillen zehnmal, wobei Sie sich wie zu Beginn der Meditation zusätzlich auf jeden einzelnen Finger konzentrieren. Spüren Sie Ihre Offenheit dafür, daß gute Dinge eintreten können, und denken Sie dann darüber nach, wie Sie sich an diesem Tag fühlen wollen. Wenn die Hände in Ihrem Schoß liegen, erheben Sie sie für diesen letzten Teil wieder, die Augen bleiben geschlossen.

Denken Sie jetzt mit erhobenen Händen darüber nach, wie der Tag verlaufen soll. Stellen Sie sich einen möglichst optimalen Tagesablauf vor. Stellen Sie sich vor, wie Sie glücklich, liebevoll, friedlich und selbstsicher durch den Tag gehen. Wenden Sie sich jeweils eine Minute jeder dieser positiven Empfindungen zu. Je besser es Ihnen gelingt, diese positiven Emotionen zu spüren, desto mehr Kraft wird Ihnen an diesem Tag zur Verfügung stehen. Stellen Sie sich die folgenden Fragen, die Sie sich ehrlich beantworten:

▷ Wie soll der Tag ablaufen?
▷ Was soll geschehen?
▷ Was noch? *(Stellen Sie sich in allen Einzelheiten vor, was geschieht.)*
▷ Was macht mich glücklich?
▷ Was habe ich gerne?
▷ Worauf vertraue ich?
▷ Wofür bin ich dankbar?

Kehren Sie mit dieser Dankbarkeit wieder in die Gegenwart zurück. Konzentrieren Sie sich jetzt darauf, die Augen erfrischt, friedvoll und zentriert wieder zu öffnen, und zählen Sie bis drei. Öffnen Sie dann die Augen, und sagen Sie: »Ich danke dir, Gott.«

## Übung macht den Meister

Vielleicht fällt es am Anfang etwas schwer, sich auf seine Absichten zu konzentrieren. Vielleicht muß man noch die Augen öffnen, um die nächste Frage zu lesen. Doch mit ein wenig Übung geschieht dieses Klären der Absichten ganz einfach und wie von selbst. Wie man durch Übung lernt, einen Ball zu werfen, so lernt man schließlich auch, positive Empfindungen zu erzeugen. Diese positiven Empfindungen ziehen dann alles an, was man haben möchte, und sie helfen auch dabei, in Verbindung mit seinem wahren Selbst zu bleiben.

Die eigentliche Schwierigkeit liegt darin, daß man es nicht vergessen darf, seine Absichten zu klären und sich auf sie zu konzentrieren. In der interaktiven Meditation ist dies ebenso wichtig wie die Wiederholung des Satzes. Um ein hartgekochtes Ei zu bereiten, muß man zuerst das Wasser kochen, aber man muß auch das Ei hineingeben. Meditation ist wie kochendes Wasser, und die Klärung der Absichten ist wie das Hineingeben des Eis. Die meisten Menschen beginnen ihren Tag so routinemäßig, daß Sie vergessen, bewußt zu planen, wie sie sich fühlen möchten und was geschehen soll. Sie gehen passiv durch den Tag und akzeptieren das, was ihnen zustößt, oder lehnen es ab. Indem man seine Absichten klärt, treten Dinge wie von selbst ein. Man kann sich hier sehr gut von der schöpferischen Kraft der Gedanken überzeugen, da man auf diese Weise seinen Tag selbst erschafft.

## Die kleinen Wunder

Betrachten wir einige Beispiele dafür, was geschieht, wenn man seine Absichten klärt. Lassen Sie mich dazu einfach beschreiben, was bei mir heute passiert ist. Heute morgen war ich auf dem Heimflug nach San Francisco von einem Vortrag, den ich am Abend zuvor in Illinois gehalten hatte. Unterwegs fiel mir ein, daß ich so sehr mit Schreiben beschäftigt war, daß ich schon seit Wochen nicht mehr mit meiner Frau Bonnie ausgegangen war. Ich wollte etwas Schönes mit ihr unternehmen und fragte mich, was ich tun könnte. Ich richtete meine Aufmerksamkeit auf diese Frage und bat darum, daß mir etwas einfallen möge.

Es stellte sich heraus, daß mein Sitznachbar im Flugzeug der Regieassistent eines Theaterstücks war, das Bonnie vor einigen Monaten gerne in New York gesehen hätte. Nun erfuhr ich zu meiner Freude, daß wir das Stück in San Francisco sehen konnten. Es war mir klar, daß dies die Antwort auf meine Bitte war, und mein freundlicher Nachbar bot mir sogar an, uns sehr gute Plätze zu besorgen.

Solche kleinen Wunder geschehen tagtäglich, wenn man sich ganz bewußt auf seine Absichten orientiert. Man beginnt zu erkennen, daß das Leben immer kleine Wunder bereithält. Indem man sich am Ende der Meditation auf seine Absichten konzentriert, zieht man das an, was man braucht, um zu bekommen, was man haben möchte. Je mehr mit zunehmender Erfahrung das Vertrauen wächst, desto erstaunlicher werden die Wunder.

Am Anfang genügt es einfach zu sagen: »Ich sehe, wie ich glücklich meine Arbeit tue.« Wenn man dann bei der Arbeit glücklich ist, fällt es einem auf, und man sagt erfreut: »Ah, das klappt. Vielen Dank.«

Vorgestern, am Tag vor meiner Reise nach Illinois, stellte ich mir vor, daß alles gutginge und ich mich zufrieden, vertrauensvoll, glücklich und liebevoll fühlen würde. Und tatsächlich, die ganze Reise verlief wunderbar. Ich wurde am Flugzeug abgeholt und mit einer großen Limousine in ein schönes Hotel gebracht. Mein Gastgeber versicherte mir, daß man alles nach meinen Wünschen vorbereitet hatte. Dann konnte man an der Rezeption meine Reservierung nicht finden. Ich legte geduldig meine Buchungsbestätigung vor, aber es war nichts zu finden. Es schien einiges schiefgelaufen zu sein. Es dauerte zwanzig Minuten, bis meine Zimmerreservierung auftauchte. Die ganze Zeit über war ich erstaunt, wie gelassen und ruhig ich blieb.

Statt mich zu ärgern, entspannte ich mich einfach und wartete. Ich versicherte meinem Begleiter, dem alles schrecklich peinlich war, daß es mir wirklich nichts ausmachte. Ich beruhigte ihn und sagte: »Gott sei Dank haben wir es nicht eilig. Wir kommen noch leicht zu dem Vortrag.« Wir hatten eine kleine Verzögerung, aber die Reise war trotzdem angenehm. Als ich später noch einmal an den Vorfall dachte, sagte ich mir: »Danke, Gott, daß du mir Gelassenheit und Geduld gegeben hast.«

Wenn man bewußt seine Absichten klärt, ergibt sich Tag für Tag alles von selbst, und man hat die Gelegenheit, Gott zu danken. Dies stärkt wiederum die Fähigkeit, seinen Tag gemeinsam mit Gott zu schaffen, und so hält man die Liebesspeicher gefüllt. Durch das Bewußtsein, unterstützt zu werden und persönlichen Erfolg zu haben, bewahrt man ein offenes Herz, so daß man alles anziehen kann, was man haben möchte.

# Streß abbauen

Wenn man es gelernt hat, in der Meditation die Energie bewußt anzuziehen, kann man auch lernen, in einer wirksamen Weise Streß abzubauen. Wie man positive Energie anziehen kann, so kann man auch negative Energie abgeben. Tagsüber aufgebauten Streß kann man wieder aus seinem Körper entfernen. Dies ist ebenso wichtig und ebenso einfach wie Meditation und Klärung der Absichten. Durch den Abbau von Streß fühlt man sich nicht nur wohler, sondern man gewinnt auch die Freiheit zurück, den Tag nach seinem eigenen Willen zu gestalten.

## Negative Energie verstehen

Was negative Energie ist, kann man kaum in wissenschaftlichen Begriffen erklären. Aber jeder kennt das Gefühl, daß er sich aus irgendeiner Haltung nicht befreien kann, die die innere Zufriedenheit blockiert: die »zwölf Blockierungen« Vorwürfe, Niedergeschlagenheit, Ängstlichkeit, Gleichgültigkeit, Kritik, Entschlußlosigkeit, Zaudern, Perfektionismus, Ärger, Selbstmitleid, Verwirrung und Schuldgefühle. Diese Empfindungen erzeugen ein gewisses Maß an negativer Energie. Das bedeutet nicht, daß man selbst ein schlechter oder negativer Mensch ist, aber es heißt, daß man den Anschluß an seine innere Quelle positiver Energie verloren hat. Wenn jemand Menschen mit negativer Energie anzieht, dann deshalb, weil sie sich bei ihm wohlfühlen und von seiner positiven Energie profitieren wollen.

Jeder kennt die Erfahrung, daß man irgendwohin geht oder

bei Menschen ist, bei denen man sich von Anfang an nicht wohl fühlt. Man bekommt vielleicht Kopfschmerzen oder fühlt sich müde. Man kann die Ursache für dieses Mißbefinden nicht feststellen, aber es ist trotzdem vorhanden.

Ebenso fühlt man sich bei manchen Menschen automatisch immer gut. Kleine Mißbefindlichkeiten verschwinden spontan. Die bloße Gegenwart dieser Menschen schafft Wohlbehagen. Ihre positive Energie macht einen glücklicher, liebevoller, zufriedener und selbstbewußter.

Dies sind keine zufälligen Erfahrungen; sie sind vielmehr das Ergebnis eines offensichtlichen Energieaustausches. Wenn man wenig Energie hat, verleiht einem die bloße Gegenwart eines anderen Menschen mit viel Energie einen Schub. Dieser hat dann natürlich etwas weniger Energie, denn Energie fließt immer von einem Menschen zum anderen, um ein Gleichgewicht herzustellen.

Stellen Sie sich zwei Glasbehälter vor, die unten mit einem Rohr verbunden sind, in dem sich ein Ventil befindet. Man schließt das Ventil und füllt einen Behälter mit blaugefärbtem Wasser auf. Jetzt ist ein Behälter voll, der andere leer. Was geschieht nun, wenn man das Ventil öffnet und die Leitung zwischen den beiden Behältern freigibt? Der leere Behälter füllt sich zur Hälfte, und der volle leert sich zur Hälfte. Genau dasselbe geschieht auch, wenn ein Mensch mehr Energie hat als ein anderer.

Doch wie sieht es mit der Qualität der Energie aus? Was passiert, wenn positive und negative Energien aufeinandertreffen? Sehen wir uns noch einmal die beiden Glasbehälter und einen neuen Versuch an. Zuerst schließt man das Ventil und füllt einen Behälter mit blauer, kalter Flüssigkeit, den anderen mit roter, warmer Flüssigkeit. Wenn man jetzt das Ventil öffnet, gleichen sich die unterschiedlichen Wassertemperaturen aus. Die warme, rote Flüssigkeit strömt zur blauen, kalten Flüssigkeit, bis in beiden Behältern dieselbe Temperatur herrscht und die Flüssigkeit eine violette Farbe angenommen hat.

Ebenso gilt: Wenn man sich gut fühlt und Verbindung mit jemandem aufnimmt, der sich schlecht fühlt, fühlt sich der andere nach einiger Zeit besser, man selbst aber schlechter. Vielleicht spürt man dies nicht sofort, aber innerhalb weniger Stunden oder Tage stellt man fest, daß einem irgendwie das Wohlbehagen abhanden gekommen ist. Mit Hilfe der obigen Analogie kann man sich diesen ständigen Austausch von positiver und negativer Energie verdeutlichen.

Ist jemand von negativer Energie erfüllt, fühlt sich der Betreffende durch die bloße Anwesenheit eines Menschen mit positiver Energie sofort besser. Derjenige, der positive Energie hat, fühlt sich allmählich immer weniger positiv. Wenn jemand sehr viel positive Energie hat, wird es einige Zeit dauern, bis er feststellt, daß er negative Energie aufgenommen hat. Hat man selbst wenig Energie, macht sich der Einfluß negativer Energie sehr schnell bemerkbar.

## Unterschiedliche Sensibilität

Je sensibler man ist, desto mehr spürt man die unterschiedlichen Energieströme. Bei manchen Menschen ist das »Ventil« mehr oder weniger geschlossen, sie spüren kaum einen Einfluß. Sie sind geschützt, aber andererseits können sie auch keine Energie anziehen. Solche Menschen beziehen ihre Energie aus Essen, Sport, frischer Luft und Sex, und damit hat es sich. Sie sind stabil, effektiv und manchmal sehr erfolgreich. Sie tun, was andere vor ihnen getan haben, und inwieweit sie Erfolg haben oder scheitern, hängt weitgehend von sich bietenden Gelegenheiten, von eigenen Anstrengungen, Genen, Erziehung, Ausbildung, früheren Haltungen und den natürlichen Begabungen ab, mit denen sie geboren wurden.

Diese weniger sensiblen Menschen erleben in unterschiedlichem Maße große und kleine Erfolge, aber sie nutzen ihr inneres schöpferisches Potential nicht. Sie können wiederholen, was sie gelernt haben, aber es kommt nichts Neues hinzu. Sie geben Liebe in dem Maße, wie sie Liebe empfangen haben, aber es fällt ihnen schwer, nach einer Verletzung zu verzeihen und wieder zu lieben. Sie leben ihr Schicksal, das manchmal gut ist und manchmal weniger gut. Um ihr Schicksal zu ändern, um ihr schöpferisches Potential zu entdecken und ihrem Leben eine neue Richtung zu geben, müssen sie ihre Sensibilität entwickeln. Dies gelingt dadurch, daß sie sich für ihre Gefühle öffnen und interaktive Meditation praktizieren.

Andererseits leiden viele Menschen einfach deshalb, weil sie nicht gelernt haben, die negative Energie wieder abzugeben, die sie von anderen aufnehmen. Sie sammeln negative Energie und schleppen sie mit sich herum. Auch wenn sie versuchen, wirklich liebevolle und gute Menschen zu sein, bleibt diese negative Energie in ihrem Körper und erzeugt Krankheit und Mißbefinden. Schließlich schwächt diese negative Energie den Körper immer mehr und blockiert die natürliche heilende Energie, die es anderen Menschen ermöglicht, wieder gesund zu werden.

Solche Menschen können jahrelang meditieren und sämtliche Liebesspeicher gefüllt haben – solange sie nicht fähig sind, die negative Energie abzubauen, werden sie immer darunter leiden.

## Die Auswirkungen negativer Energie

Solange man negative Energie aufnimmt und nicht über die Mittel verfügt, sie abzubauen, bleibt man blockiert. Man kann ein noch so liebevoller und guter Mensch sein – es gelingt einem nicht, die Blockierungen aufzulösen. Nachfolgend die vier Hauptsymptome von Menschen, die negative Energie aufnehmen und nicht wissen, wie sie sich von ihr befreien können.

## Blockierte Liebe

Wenn man Negativität aufnimmt, möchte man vielleicht liebevoller sein, aber man spürt immer wieder Wellen der Vorwürfe und des Ärgers. Die Liebe ist gehemmt. Man möchte mehr lieben, kann es aber nicht.

Dies ist anders als bei Menschen, die prinzipiell nicht liebevoll sind, die keine Verbindung zum Verlangen ihrer Seele haben, liebevoll zu sein. Diese weniger sensiblen Menschen verspüren nicht den inneren Wunsch nach mehr Liebe, weil Liebe in ihrem Leben fehlt.

## Blockiertes Selbstvertrauen

Nimmt man negative Energie auf, versucht man vielleicht, voller Selbstvertrauen zu sein, aber man ist trotzdem ängstlich und unsicher, wenn man Risiken eingeht. Das Selbstvertrauen ist blockiert. Man spürt das Verlangen der Seele, mehr zu sein und mehr zu tun, aber man fühlt sich gehemmt.

Dies ist anders als bei weniger sensiblen Menschen, die keine Risiken eingehen, sondern sich damit begnügen, das Vertraute zu wiederholen.

## Blockierte Freude

Wer Negativität aufnimmt, versucht vielleicht, glücklich zu sein, aber er wird immer wieder von Niedergeschlagenheit und Selbstmitleid heimgesucht. Man empfindet nur eine verwässerte und flache Freude. Man spürt das Verlangen seiner Seele, glücklich zu sein, aber es gelingt nicht.

Im Gegensatz dazu wissen weniger sensible Menschen oft gar nicht, was ihnen fehlt. Sie sind irgendwie glücklich, aber dies ist weit von der reinen Freude entfernt, die sie als Kinder empfanden. Sie haben schon lange vergessen, was echte Freude ist.

## Blockierter Friede

Nimmt man Negativität auf, versucht man zwar, mit sich zufrieden zu sein, aber man spürt doch immer wieder die Last von

Schuld- und Minderwertigkeitsgefühlen. Es gelingt nicht, die Reinheit seines angeborenen unschuldigen Gutseins zu spüren und den geistigen Frieden zu erlangen, den dieses schenkt. Man fühlt sich von seinen früheren Fehlern beschmutzt und ist unfähig, sich zu verzeihen. Dies führt zu einem übersteigerten Verantwortungsgefühl anderen gegenüber. Wenn man als Kind für seine Fehler bestraft wurde, fährt man fort, sich selbst zu bestrafen.

Weniger sensible Menschen wissen hingegen nicht einmal, daß sie Fehler machen. Wer für die Gefühle und Bedürfnisse anderer Menschen unempfindlich ist, kann auch seine Fehler nicht erkennen. Selbst ein im Grunde guter Mensch wird sich ohne ein gewisses Maß an Sensibilität wie ein Elefant im Porzellanladen verhalten.

## Der Austausch von Energie

Je sensibler man ist, desto mehr negative Energie zieht man an. Vor allem übergewichtige Menschen sind sehr empfindsam. Sie können nicht abnehmen, weil ihr Gewicht sie davor schützt, die sie umgebende negative Energie wahrzunehmen. Wenn sie sich nicht in irgendeiner Weise desensibilisieren, werden sie entweder krank oder fühlen sich selbst negativ. Zuviel zu essen ist eine Form, sich zu desensibilisieren oder abzustumpfen.

————◦————

*Suchtverhalten ist immer ein Versuch, seine Gefühle nicht wahrnehmen zu müssen.*

————◦————

Wenn man unter einer der zwölf Blockierungen des persönlichen Erfolgs leidet (siehe Kapitel »Die zwölf Blockierungen aufheben«), ist man meist chronisch von der positiven Energie dessen abgeschnitten, der man in Wirklichkeit ist, und statt des-

sen sendet man negative Energie aus. Sensible Menschen nehmen diese negative Energie automatisch auf. Darum bleibt bei
manchen Menschen eine Therapie wirkungslos. Sie arbeiten an
ihrer Heilung, aber sobald sie sich wieder in die Welt hinein-
begeben, ziehen sie sofort weitere negative Energie an und
kommen nicht weiter.

Manche Menschen strahlen durch ihre Lebensweise, ihre
Freunde und ihre Denkweisen mehr oder weniger ständig negative Energie aus. Wenn man sensibel und für solche Energien
durchlässig ist, wird man in der Nähe solcher Menschen tatsächlich krank.

————◄◊►————

*Die Gegenwart negativer Menschen kann krank*
*machen.*

————◄◊►————

Andere, die mehr in Kontakt mit ihrer wahren Natur sind, senden automatisch positive Energie aus – manche ständig, andere
nur manchmal, wenn sie etwas tun, das sie besonders gut beherrschen oder sehr gerne tun. In der Nähe solcher Menschen
fühlt man sich sofort wohl. Aus diesem Grund ziehen erfolgreiche Menschen andere Menschen an.

Es gibt sehr viele berühmte Darsteller aller Gebiete – Schau-
spieler, Sänger, Tänzer, Entertainer –, die auf der Bühne eine
große Ausstrahlung haben; privat sind sie manchmal ganz
andere Menschen. Trotzdem sind sie echt, und wenn sie sich
auf der Bühne öffnen und ihre Ausstrahlung entfalten, senden
sie positive Energie aus. Zugleich aber nehmen sie die negative
Energie im Publikum auf, und die Menschen fühlen sich dadurch besser.

———◄○►———

*Ein positiver Bühnendarsteller zieht negative Energie
wie ein Magnet an.*

———◄○►———

Das Publikum liebt diese Darsteller zum Teil auch deshalb, weil
sie vorübergehend die Blockierungen gegenüber der Liebe aufheben. Die Menschen werden von positiver Energie erfüllt, und
dies öffnet sie für die Liebe. Dieser Erleichterung und Freude
geben sie durch ihren Applaus Ausdruck.

———◄○►———

*Wenn man sehr viel positive Energie hat, bemerkt man
es nicht, wenn man negative Energie aufnimmt.*

———◄○►———

Vor der Aufnahme negativer Energie schützt man sich aber
nicht dadurch, daß man weniger sensibel wird. Dies würde nur
die eigene Fähigkeit schwächen, sich mit neuer Energie aufzuladen. Indem man die Technik des »Entladens« lernt, kann man
seine Energie uneingeschränkt der Welt mitteilen.

## Die Technik des Entladens

Der erste Schritt ist die interaktive Meditation (siehe Kapitel
»Der Wert der Meditation«). So wie man in der Meditation
Energie durch die Fingerspitzen anziehen kann, so hat man
auch die Fähigkeit, Energie auszusenden. Wenn man einmal zu
meditieren gelernt hat, ist es ganz einfach, sich von negativer
Energie zu befreien.

Der zweite Schritt besteht darin, negative Energie auszusenden, und zwar nur dann, wenn dies niemandem schaden
kann. In der Natur wird negative Energie automatisch aufgeso-

gen und verwandelt. Darum ist es in Streßsituationen so entspannend, einen Spaziergang zu machen oder sich im Garten zu beschäftigen. Andere gehen vielleicht an den Strand oder legen sich in die Sonne. Die Naturelemente nehmen die Negativität des Menschen auf und machen daraus positive Energie.

Öffnen Sie am Ende der Meditation die Augen, senken Sie die Hände und weisen Sie in die Richtung einer Pflanze, von Feuer oder Wasser. Wiederholen Sie einen der folgenden Sätze immer wieder, mit der Absicht, ihre negative Energie in das zu schicken, worauf Sie weisen. Nach einiger Übung kann die vorangehende Meditation auch entfallen. Man führt einfach ohne Vorbereitung den Entladungsprozeß mit offenen oder geschlossen Augen durch.

Nachfolgend einige einfache Sätze für den Abbau negativer Energie:

▷ »O Gott, mein Herz ist für dich geöffnet, bitte komm in mein Herz, nimm diese Anspannung auf, nimm diese Anspannung auf.«

▷ »O Gott, mein Herz ist für dich geöffnet, bitte komm in mein Herz, nimm diese Negativität auf, nimm diese Negativität auf.«

▷ »O Gott, mein Herz ist für dich geöffnet, bitte komm in mein Herz, nimm diese Krankheit auf, nimm diese Krankheit auf.«

Ein solcher Abbau von Negativität ist eine unglaubliche Erfahrung. Man spürt, wie der Energiestrom aus den Fingerspitzen austritt. Viele Menschen vergleichen dies mit dem Gefühl, wenn sie unter der Dusche stehen und das Wasser über ihre Finger und Fingerspitzen läuft. Manche spüren überall in den Händen ein Prickeln, wenn die negative Energie aus dem Körper heraustritt und sich in die Natur verströmt.

Diese austretende Energie fühlt sich durchaus nicht negativ an. Es ist einfach ein köstliches Gefühl, diese Energie zu bewe-

132

gen. Es ist so, wie wenn man von einem großen Entertainer unterhalten werden würde. Wenn dieser auf der Bühne die negative Energie aufnimmt, hat man in keiner Weise das Gefühl, daß man Negativität aussenden würde. Man fühlt sich einfach gut. Dasselbe geschieht, wenn man seine negative Energie auf ein Objekt der Natur richtet: Dieses nimmt einfach die ganze Negativität auf, und man fühlt sich besser.

Nimmt man sich Zeit dafür, sich wieder mit Energie aufzuladen und sich von Negativität zu befreien, vermehrt man dadurch auf eine sehr wirksame Weise seine persönliche Kraft. Die Seele kann wachsen und gedeihen, wenn man positive Energie einatmet und negative Energie ausatmet.

Vielen Menschen, die zum ersten Mal von dieser Technik hören, scheint es ein Unrecht zu sein, negative Energie in die Natur auszusenden. Diese nimmt aber dadurch keineswegs Schaden. Sie nimmt die Energie auf und verwertet sie. Die Natur gedeiht durch unsere Negativität.

## Wo man Negativität abbauen soll

Die besten Objekte für die Ableitung von Negativität sind Zimmerpflanzen, Blumen, Büsche und Bäume. Für sehr viele Menschen wirken Blumen am besten. Darum befinden sich in der Garderobe von Bühnendarstellern häufig Blumen, und darum bringt ein Mann einer Frau Blumen mit.

———◁○▷———

*Wenn ein Mann seiner Partnerin Blumen bringt, helfen ihr diese, negative Gefühle abzubauen.*

———◁○▷———

Die Darsteller wissen vielleicht nicht einmal warum, aber sie bekommen gerne Blumen. Frauen wissen vielleicht nicht, warum sie sich der Wirkung von Blumen nicht entziehen können, aber wir wissen es jetzt: Wenn ein Mann seiner Partnerin Blumen bringt, dann helfen ihr diese, ihre negativen Empfindungen loszulassen und abzubauen.

Oder denken wir an die Gebräuche bei Trauerfällen. Man schickt Blumen, um die Hinterbliebenen zu trösten – man würde ihnen nicht irgendwelche technischen Apparate schicken. Nur die Natur nimmt unsere Negativität auf. Wenn man offen ist und gelernt hat, die Energie nach außen abzuleiten, geschieht dies besonders rasch und wirksam.

Wie man die Hände zum Himmel erhebt, um den Segen Gottes zu empfangen, so muß man die Hände nach unten zu Mutter Erde ausstrecken, damit diese unsere Negativität aufnimmt.

------◄○►------

*Man streckt die Hände zum Himmel, um sich*
*aufzuladen, und zur Erde, um sich zu entladen.*

------◄○►------

Für diese Technik des Entladens kann man auch ein mit Wasser gefülltes Waschbecken, eine Badewanne, ein Schwimmbecken, einen Teich, einen Fluß, einen See oder das Meer verwenden. Je größer die Wassermasse, desto nachhaltiger der Abbau von Negativität. Wasser nimmt viel negative Emotionen auf.

Feuer ist ebenfalls ein Naturelement, das man zum Entladen benutzen kann. Man braucht nur an die romantischen Zeiten zurückzudenken, als man sich am Lagerfeuer Gruselgeschichten erzählte. Durch diese Geschichten erzeugte man Furcht, aber das Feuer nahm diese negative Energie sofort auf. Man denkt deshalb so gerne an die Abende beim Lagerfeuer, weil man dabei negative Energie abbaute.

Barfuß auf der Erde, auf dem Gras oder am Sandstrand zu gehen, ist ebenfalls eine wirksame Methode. Man kann beim Gehen seinen Meditationssatz sprechen und die Finger zur Erde richten. Dies ist z. B. auch bei einem Waldspaziergang möglich. Es kann richtig Spaß machen, die Finger auf die Bäume zu richten und seine negative Energie wie mit kleinen Strahlenkanonen auszusenden und den Segen der Natur zu empfangen. Auch Gartenarbeit, bei der man seine Finger in die Erde senkt, ist eine großartige Aktivität, die automatisch zur Entladung führt.

Wenn man es einmal gespürt hat, wie die Energie durch die Finger fließt, kann man versuchen, Blätter oder eine Blume so zu halten, daß die Fingerspitzen sich berühren, und dann mit geschlossenen Augen eine Entladung durchzuführen. Dies ist wie eine Meditation, nur daß man jetzt frisches Grün oder Blumen in Händen hält.

## Wann man Energie abbauen soll

Negative Energie kann man jederzeit abbauen, sobald man sie wahrnimmt. Dies führt immer zu einer Verbesserung des Wohlbefindens. Um die Technik zu erlernen sollte man das Entladen mehrmals wöchentlich fünf bis zehn Minuten üben, am Anfang auch länger. Bei sensiblen Menschen strömt dabei sehr rasch die Negativität eines ganzen Lebens aus. Entladen Sie so oft und so viel, wie Sie es als angenehm empfinden. Übertreiben kann man nichts; es kann nichts geschehen.

—◆◇◆—

*Sie können gefahrlos so oft und so viel entladen, wie Sie es als angenehm empfinden.*

—◆◇◆—

Wenn man in einer belastenden oder negativen Umgebung arbeitet, sollte man täglich entladen. Einige Minuten Entladen ist sogar unter der Dusche möglich. Um die Anspannung am Arbeitsplatz und zu Hause gering zu halten, sollte man sich mit Grünpflanzen und Wasser umgeben.

————◄○►————

*Frauen neigen von Natur aus mehr dazu, Negativität aufzunehmen, und für sie ist Entladen eine sehr große Erleichterung.*

————◄○►————

Die Technik des Entladens kann zwar unmittelbar große Wirkungen haben, doch bleibt das Erlernen der Meditation der erste Schritt. Durch regelmäßiges Meditieren öffnet man die Kanäle für positive Energie, und wenn diese positive Energie einströmt, kann man sich um so wirksamer von Negativität befreien.

## Keine Angst vor negativer Energie!

Diese bemerkenswerten Erkenntnisse bezüglich der Energie können jedoch auch zu Mißverständnissen führen. Manche Menschen fürchten ständig, von negativen Mitmenschen umgeben zu sein, oder sie geben anderen die Schuld an ihren Problemen. Aber die Aufnahme negativer Energie ist unvermeidlich, wenn man selbst viel positive Energie hat. Dagegen läßt sich nichts tun. Statt jede Negativität vermeiden zu wollen, sollte man sie einfach regelmäßig entladen.

Der natürliche Austausch von Energie läßt sich sehr gut mit den Wetterphänomenen der Natur vergleichen. Ein Tiefdrucksystem zieht immer ein Hochdrucksystem an. Hitze entsteht immer in einem kühlen Raum. Wenn das eigene Haus warm und behaglich ist, aber man keine Wärmeschutzfenster hat, dann wird es im Winter ziehen. Die Wärme zieht die Kälte von draußen herein. Wenn man die Hand ans Fenster hält, spürt man den Luftzug.

Die Natur ist immer um einen Ausgleich bemüht. Deshalb wird man negative Energie anziehen, wenn man viel positive Energie hat. Das Geheimnis des persönlichen Erfolgs liegt darin, daß man sich ständig auflädt und die aufgenommene Negativität abbaut.

Negativität zu vermeiden ist nur dann wichtig, wenn man erschöpft oder krank ist. Wenn man sich jedoch jeden Tag durch Meditation auflädt, dann bringen die Liebe und das Licht, das man in die Welt trägt, die größte Erfüllung und Kraft. Entwickelt man seine Fähigkeit, positive Energie anzuziehen und negative Energie abzubauen, dann wird man durch die Auseinandersetzung mit den Herausforderungen der Negativität nur stärker.

# Negative Emotionen loslassen

Es gibt grundsätzlich zwei Möglichkeiten, seine Liebesspeicher zu füllen: Gott Liebe zu geben und von ihm Liebe zu empfangen und den Eltern, Verwandten, Freunden, Gleichgesinnten, dem Selbst, Partnern, Kindern, der Gemeinschaft und der Welt Liebe zu geben und von diesen zu empfangen. Durch Meditation, Klärung der Absichten und Abbau von Negativität und Streß stärkt und festigt man sich. Um seine Träume wahr werden zu lassen, muß man seine Liebesspeicher gefüllt halten, nur so kann man in Kontakt mit seinem wahren Selbst bleiben.

Das größte Hindernis dabei ist die Unfähigkeit, negative Emotionen zu fühlen und abzubauen. In den langen Jahren, in denen ich Menschen beraten habe, habe ich zwölf grundlegende negative Emotionen entdeckt: Zorn, Trauer, Furcht, Bedauern, Frustration, Enttäuschung, Besorgnis, Verlegenheit, Eifersucht, Verletztheit, Panik und Scham. Alle übrigen Gefühle lassen sich auf diese zwölf zurückführen. Oft unterdrücken Menschen unwissentlich diese negativen Emotionen, wenn sie versuchen, sie loszulassen. Schuldgefühle oder eine wertende Haltung bezüglich seiner Emotionen genügen schon, um zu verhindern, daß sie an die Oberfläche kommen und freigesetzt werden können.

Negative Emotionen loszulassen und sie nicht zu fühlen sind zwei völlig verschiedene Dinge. Man muß sie zuerst fühlen, um sie dann loslassen zu können. Man braucht sie, wenn man zu seinem wahren Selbst zurückfinden will.

*Man muß negative Emotionen zuerst fühlen, um sie
dann loslassen zu können.*

———◄○►———

Einer der Hauptgründe dafür, warum heute so schnelle Fortschritte in der Meditationspraxis möglich sind, liegt darin, daß
die Menschen umfassender fühlen können. Indem man negative Emotionen fühlt und losläßt, befreit man sich vollständig
von negativer Energie. Der außerordentliche materielle Fort-
schritt, die Kreativität und die Leistungskraft in der Welt beruht auf dem gesteigerten Bewußtsein für das, was man fühlt
und was man möchte. Emotionen hängen immer in irgendeiner
Weise mit den Wünschen zusammen. Emotionen zu spüren,
seien es positive oder negative, ist reine Energie, die mit Gott
und der Welt verbindet. Dies ist die Kraft, mit der man seine
Liebesspeicher füllt.

Wenn Emotionen blockiert sind oder man sie nicht fühlt, bekommt man entweder die Energie und Liebe nicht, die man
braucht, oder man kann die Kraft nicht entwickeln, um das anzuziehen und zu verwirklichen, was man möchte. Emotionen
nur zu fühlen genügt nicht. Man muß in einer kompetenten
Weise mit ihnen umgehen und sie freisetzen.

Manche Menschen blockieren ihr Potential, indem sie Emotionen unterdrücken, verdrängen und betäuben; andere spüren
ihre Emotionen, wissen aber nicht, wie sie damit umgehen sollen. Sie können sich nicht von ihren negativen Emotionen lösen und beschwören dadurch Situationen in ihrem Leben her-
auf, die Ausdruck ihrer Negativität sind.

Dann gibt es noch diejenigen, die ihre Emotionen selektiv
fühlen. Manche gestatten sich vielleicht Empfindungen des
Zorns, aber keine Trauer oder Furcht. Andere empfinden ohne
weiteres Beschämung und Bedauern, aber wehren sich gegen
den Zorn. So gibt es viele verschiedene Kombinationen, das Er-

gebnis aber ist immer dasselbe: Solange man bei negativen Emotionen verharrt, zieht man ebendies in seinem Leben an. Und solange man seine Emotionen verleugnet, verliert man den Kontakt zu seiner Fähigkeit, das zu erzeugen, was man haben möchte.

## Negative Emotionen sind notwendig

Seine Gefühle zu verarbeiten heißt, seine negativen Emotionen zu identifizieren und sie freizusetzen, indem man Kontakt mit seinen Wünschen und positiven Empfindungen aufnimmt. Negative Emotionen zu verarbeiten heißt, sie zu nutzen, um zu seinem wahren Selbst zurückzufinden.

Es ist wie beim Fahrradfahren: Um das Gleichgewicht zu halten, nimmt man ständig Anpassungen nach links und nach rechts vor. Diese Schwankungen sind die negativen Emotionen, die uns immer wieder aus dem Gleichgewicht bringen. Wenn wir sie aber fühlen und freisetzen, bewahrt uns dies vor einem Sturz. Regelmäßige Meditation und die Bitte um Gottes Hilfe verleihen die Kraft, durch die man Fortschritte macht. Meditation heißt, in die Pedale zu treten.

Gleichgewicht erreicht man dadurch, daß man regelmäßig wieder zur Mitte zurückkehrt. Anfänglich kann man dabei noch recht heftig schwanken, und oft stürzt man und muß wieder neu beginnen. Im Laufe der Zeit lernt man aber, sich ständig mit geringfügigen Anpassungen im Gleichgewicht zu halten.

Aus dem Gleichgewicht zu geraten entspricht einer negativen Emotion. Man hat zwar noch Verbindung zum Selbst, ist aber dabei, sich davon zu entfernen. Die Emotion ist ein Warnsignal, daß man zum Gleichgewicht zurückfinden muß; sie ist ein Hinweis darauf, daß man die Mitte verläßt.

Auf dem Fahrrad kann man nur dadurch das Gleichgewicht halten, daß man Schwankungen nach links oder rechts wahr-

nimmt. Wenn man nach links schwankt, muß man eine Gegenbewegung nach rechts machen, um wieder ins Gleichgewicht
zu kommen, und umgekehrt. Nur durch solche ständigen Korrekturen ist Gleichgewicht möglich. Genauso ist es im Leben.
Der Austausch der Seele mit der Welt ist ein Gleichgewichts-
prozeß. Wenn man aus der Mitte nach links schwankt, entsteht
eine negative Emotion. Steuert man dieser Bewegung entgegen
und kehrt man zur Mitte zurück, gerät man auf die andere
Seite, und es entsteht wiederum eine negative Emotion. Durch
diese neue negative Emotion erkennt man, daß man zu weit
nach rechts geraten ist, und man korrigiert auch diese Bewegung, so daß man wieder zur Mitte zurückkehrt.

Man braucht sich nur einmal vorzustellen, wie schwierig es
wäre, Fahrrad zu fahren, wenn man sich nur nach rechts bewegen könnte. Man könnte niemals das Gleichgewicht halten.
Ebenso kann man das Gleichgewicht nicht halten, wenn man
bestimmte Gefühle unterdrückt und andere zuläßt. Erst die Bewegung nach beiden Seiten erlaubt es, die Mitte zu finden.

Wenn man die Mitte wieder erreicht hat, kann man einige
Zeit dort bleiben. Dann beginnt der Prozeß von neuem. Auf
dem Fahrrad würde man auch nicht erwarten, daß man immer
genau im Gleichgewicht ist. Es genügt, aufrecht zu bleiben und
einigermaßen ruhig dahinzugleiten. Man weiß schon, wie man
Schwankungen ausgleichen kann. Ebenso ist es hinsichtlich negativer Emotionen ein Irrtum zu glauben, daß man nur dann in
der Mitte oder bei seinem wahren Selbst bleiben könne, wenn
man niemals Schmerz oder negative Emotionen empfindet.
Man sträubt sich nur dagegen, weil man nicht weiß, wie man
mit negativen Emotionen umgehen und sein Gleichgewicht
wiederfinden kann.

Wenn man einmal Radfahren gelernt hat, hält man das
Gleichgewicht ganz automatisch. Ebenso kann der Umgang mit
den eigenen negativen Emotionen zu einem selbstverständ-
lichen Bestandteil des täglichen Lebens werden. Um die ganze
Fülle und den ganzen Reichtum seines Lebens erfahren zu

können, muß man in Kontakt mit seinen Emotionen bleiben, und zwar mit all seinen Emotionen. Nur so kann man auch die einfachen Freuden ganz genießen.

## Vier Methoden, negative Emotionen zu verarbeiten

Bei der Verarbeitung negativer Emotionen fällt es manchen schwer, sie zu identifizieren, während andere eher Schwierigkeiten haben, sie freizusetzen. Hier können die vier Methoden zur Verarbeitung von Emotionen helfen. Diese Verfahren sind grundsätzlich gleichwertig. Um herauszufinden, mit welchem von ihnen man am besten zurechtkommt, probiert man sie einfach der Reihe nach aus.

▷ Die Emotion verändern
▷ Den Inhalt verändern
▷ Sich in eine andere Zeit versetzen
▷ Die Perspektive wechseln: Nicht mehr den eigenen Schmerz spüren, sondern den Schmerz anderer Menschen

Die erste Möglichkeit der Verarbeitung besteht darin, ein negatives Gefühl zu spüren, das man hat, und dann zu einer anderen Emotion zu wechseln. Wenn man sich über irgend etwas ärgert, nimmt man sich einige Minuten Zeit, um diese Gefühle aufzuschreiben, dann wendet man sich einer anderen negativen Emotion zu. Dies ist wie beim Fahrradfahren: Man stellt das Gleichgewicht wieder her, indem man eine Gegenbewegung macht, die dazu führt, daß man das Gleichgewicht in die andere Richtung verliert. Diese Hin-und-her-Bewegung zwischen negativen Emotionen löst Blockierungen auf und hilft, ins Gleichgewicht zu kommen.

Während viele Menschen versuchen, ihre Gefühle zu verkleinern, ist es viel besser, negative Empfindungen vorübergehend zu vergrößern oder aufzublähen. Wenn man sich von

142

einer bestimmten Emotion nicht lösen kann, dann liegt dies meist daran, daß man auf diese Weise eine andere Emotion blockiert. Es sind immer mehrere Emotionen im Spiel.

Die zweite Methode, Gefühle zu verarbeiten, ist die Veränderung des Inhalts. Wenn man eine Empfindung hat, die in keinem angemessenen Verhältnis zu dem zu sein scheint, worüber man sich ärgert, dann ändert man einfach den Inhalt. Ärgert man sich zum Beispiel über seinen Chef und kann man diesen Ärger nicht loslassen, dann sollte man eine Liste mit all den Dingen zusammenstellen, über die man sich vielleicht insgeheim ärgert. Stört man sich an etwas, das man nicht ändern kann, dann ist dies bloß ein Hinweis darauf, daß man sich in Wirklichkeit an etwas anderem stört.

Die dritte Möglichkeit besteht darin, sich in eine andere Zeit zu versetzen. Ärgert man sich über etwas und kann man diese Empfindung mit den ersten beiden Methoden nicht auflösen, sollte man sich an eine Zeit in seinem Leben erinnern, zu der man ähnliche Empfindungen hatte. Manchmal werden die gegenwärtigen Empfindungen durch Wunden der Vergangenheit verschärft.

Wenn man sich zum Beispiel als kleines Kind einmal im Stich gelassen fühlte, können diese Gefühle noch in der Gegenwart weiterwirken. Wird man von jemandem auch nur geringfügig zurückgewiesen, empfindet man dies wegen der vergangenen Ereignisse als viel schmerzlicher. Wenn man eine Verbindung zwischen den gegenwärtigen und den früheren Empfindungen herstellt, kann man solche Empfindungen verarbeiten. Man versetzt sich in die Vergangenheit zurück und gibt sich so die Möglichkeit, die Verletzung zu spüren, zu identifizieren und auszudrücken.

Es ist immer einfacher, die Vergangenheit zu verarbeiten als die Gegenwart. Wenn man jetzt vor etwas Angst hat, weiß man nicht, wie es ausgehen wird. Blickt man dagegen in die Vergangenheit zurück, kann man sich immer vergewissern, daß alles gutgegangen ist. Selbst wenn man in der Vergangenheit nicht die Unterstützung bekam, die man brauchte, kann man sich jetzt vorstellen, daß man sie bekommt. In dieser Weise kann man die Wunden der Vergangenheit heilen.

Die vierte Methode besteht darin, eine andere Perspektive einzunehmen. Manchmal bekommt man seinen eigenen Schmerz nicht genügend in den Blick, um ihn spüren und loslassen zu können. Man ist ganz eins mit dem Schmerz. Um eine neue Perspektive zu bekommen, muß man jemanden außerhalb von sich selbst finden und dessen Schmerz empfinden.

Geschichten zu erzählen, sich Freunden mitzuteilen oder in einer Selbsthilfegruppe zu reden sind sehr wichtige Möglichkeiten, aus seinem Schmerz herauszutreten, ohne sich von ihm zu trennen. Hört man von den Schmerzen anderer Menschen und weint, lacht und fühlt man mit ihnen, dann kann man dadurch auch seine eigenen Gefühle wahrnehmen und loslassen. Für Menschen, die ihren Schmerz nicht erreichen und verarbeiten können, ist die vierte Methode oft die schnellste. Sie erlaubt es ihnen, nach innen zu blicken und die Heilung in Gang zu bringen.

## Methode eins: Die Emotion verändern

Viele Menschen versuchen, negative Emotionen sofort in positive zu verwandeln. Dies führt aber sehr oft dazu, daß man sich festfährt. Für das Auflösen von negativen Emotionen muß man sich Zeit lassen.

Hat sich ein Gefühl festgesetzt und ist man noch nicht so sehr darin geübt, das Gleichgewicht wiederzufinden, ist es sehr schwierig, eine andere Emotion wahrzunehmen. Die Kenntnis der zwölf negativen Emotionen (siehe rechts) kann helfen, einen Ausweg zu finden, wenn man feststeckt. Das Arbeiten mit diesen zwölf Emotionen ist wie Radfahren mit Stützrädern: Es hilft, schneller das Gleichgewicht zu erlangen.

144

1. »Ich bin zornig.«
2. »Ich bin traurig.«
3. »Ich habe Befürchtungen.«
4. »Ich fühle Bedauern.«
5. »Ich bin frustriert.«
6. »Ich bin enttäuscht.«
7. »Ich mache mir Sorgen.«
8. »Es ist mir peinlich.«
9. »Ich bin eifersüchtig.«
10. »Ich bin verletzt.«
11. »Ich fühle mich ängstlich.«
12. »Ich schäme mich.«

Wenn man das Gefühl hat, von seinem *Zorn* nicht loszukommen, muß man sich Zeit dafür nehmen, zu fühlen und auszudrücken, worüber man zornig ist, und sich dann fragen, worüber man *traurig* ist. Zorn ist normalerweise eine Reaktion auf etwas, was geschehen ist, Trauer eine Reaktion auf etwas, was nicht geschehen ist. So wird man sofort von seinen Gefühlen des Zorns befreit. Wendet man sich einem anderen Gefühl zu, gelangt man dadurch immer weiter in die Tiefe. Nähert man sich wieder der Mitte, fühlt man sich sofort besser.

Kann man sich von seiner *Trauer* nicht lösen, dann sollte man zu einer Empfindung der *Befürchtungen* übergehen. Ist man auf etwas fixiert, das nicht geschah, dann ist die Ursache darin zu suchen, daß man auf einer tieferen Ebene Befürchtungen bezüglich eines Ereignisses hat, das eintreten könnte. Furcht ist üblicherweise die Reaktion auf etwas Unerwünschtes, das eintreten könnte. Geht man so weiter die Liste durch, erfährt man stets eine dramatische Verlagerung und Erleichterung, indem man ein wenig tiefer blickt. Wenn man bei der zwölften Empfindung angelangt ist, kehrt man wieder zum Anfang der Liste zurück.

*Manchmal muß man zwei oder drei Stufen tiefer gehen, bevor eine vollständige Freisetzung auftritt.*

Manchmal muß man zwei oder drei Ebenen tiefer gehen, bevor eine vollständige Freisetzung eintritt. Ich persönlich gehe grundsätzlich drei Stufen tiefer, sofern nicht schon vorher die Auflösung eintritt. Fühle ich mich zum Beispiel zornig, schreibe ich zuerst die Empfindungen des Zorns auf und gehe dann zunächst zur Trauer über. Dann folgt der Übergang zur Furcht und schließlich ein dritter Übergang zum Bedauern. Zwischen diesen Schritten ist es sehr hilfreich aufzuschreiben, was man möchte, sich wünscht oder braucht. Am Ende des Prozesses sollte man unbedingt die positiven Empfindungen aufschreiben, die nach der Auflösung negativer Empfindungen auftauchen, wie zum Beispiel Liebe, Verständnis, Vertrauen oder Dankbarkeit. Diese Übung bezeichne ich als »Gefühlebrief«, und ich habe hierüber schon in allen meinen bisherigen Büchern geschrieben, insbesondere in »Mars und Venus neu verliebt«. Im Kapitel »Übungen und Heilmeditationen« werde ich ausführlich auf diese Methode eingehen.

Manchmal ist man sich nicht sicher, wo man beginnen soll. In diesem Fall kann man die Liste auch in folgende drei Gruppen fassen:

▷ Erste Ebene: »Ich empfinde Zorn, Frustration oder Eifersucht.«
▷ Zweite Ebene: »Ich empfinde Trauer, Enttäuschung oder Verletztheit.«
▷ Dritte Ebene: »Ich habe Befürchtungen, mache mir Sorgen oder fühle mich ängstlich.«
▷ Vierte Ebene: »Ich empfinde Bedauern, Verlegenheit oder Scham.«

In einer dieser Kategorien sollte das Passende zu finden sein. Wenn sehr viele Gefühle zutreffen, beginnt man einfach irgendwo. Kann man sich wirklich nicht entscheiden, dann beginnt man auf der dritten Ebene mit: »Ich befürchte, daß ich die falsche Ebene auswählen werde.« Man schreibt einige Minuten über diese Ebene und geht dann zur nächsttieferen Ebene über. Beginnt man auf der vierten Ebene und erkundet dort Empfindungen des Bedauerns, der Verlegenheit oder der Scham, dann geht man zur ersten Ebene über. Indem man in dieser Weise wiederum von einer Ebene negativer Emotionen zur anderen wechselt, tritt schließlich die Auflösung ein, und man kann sich wieder positiver und liebevoller fühlen. Wichtig ist immer, auch diese positiven Empfindungen und das aufzuschreiben, was man möchte, insbesondere, wie man sein möchte, was geschehen soll und was man tun und haben möchte.

<o>

*Wichtig ist immer, auch die positiven Empfindungen und das aufzuschreiben, was man möchte.*

<o>

Manchmal ist es notwendig, das Aufschreiben der Gefühle mit einem »Antwortbrief« zu vervollständigen (siehe Kapitel »Übungen und Heilmeditationen«). Nachdem man seine Gefühle aufgeschrieben hat, stellt man sich vor, was ein imaginärer Zuhörer sagen oder tun könnte, damit man sich wieder gut fühlt. Ärgert man sich zum Beispiel über einen anderen Menschen, dann stellt man sich vor, daß man von dem Betreffenden einen Brief bekommt, in dem er sagt, daß er zugehört hat, sich entschuldigt, in dem er großartige Dinge über einen sagt und einem gibt, was man haben möchte.

Indem man einen solchen Brief schreibt, kann man erfahren, wie man sich gefühlt hätte, und man ist wieder im Gleichgewicht. Selbst wenn der Betreffende niemals diese positiven

Dinge sagen würde, kann man durch die Vorstellung, daß man diese Unterstützung bekommen würde, seine negativen Emotionen loslassen und wieder zu seinem wahren liebevollen Selbst zurückkehren. Man kann nicht im entferntesten ahnen, wie wirkungsvoll diese Vorgehensweise ist, solange man es nicht selbst einmal versucht hat. Im Kapitel »Übungen und Heilmeditationen« stelle ich noch weitere Übungen vor, mit denen Sie Emotionen verändern können.

## Methode zwei: Den Inhalt verändern

Wenn man festgefahren ist, ist man nicht nur von seinen negativen Gefühlen getrennt, sondern man blickt auch in die falsche Richtung. Vielleicht glaubt man, sich über jemanden zu ärgern, während man sich in Wirklichkeit über sich selbst ärgert oder sich über irgend etwas am Arbeitsplatz Sorgen macht. Gelingt es nicht, sich von einer bestimmten Emotion zu befreien, dann ist es in den meisten Fällen notwendig, seine Emotionen auf etwas anderes zu richten, das einen belastet.

Kann man sich zum Beispiel nicht von Ärger über einen Geschäftspartner lösen, dann sollte man sich fragen, über wen oder was man sich sonst noch ärgert. Dadurch entdeckt man vielleicht, daß man in Wirklichkeit deshalb gereizt ist, weil man bezüglich eines ganz anderen Projekts in Termindruck geraten ist.

Verändert man den Inhalt seines Ärgers, hat man zwar das Gefühl, auf dem richtigen Weg zu sein, aber der Ärger ist dadurch noch nicht aufgelöst. Dann wechselt man einfach zur ersten Methode und ändert die Emotion, indem man sich fragt, worüber man traurig oder enttäuscht ist. Spürt man seine Trauer oder Enttäuschung, wird der Zorn automatisch weniger, und es stellt sich Verständnis ein. Mehr Verständnis läßt wiederum offener und nachsichtiger denken. Dadurch findet man wieder zur Mitte zurück, und die Negativität ist schon weitge-

148

hend verschwunden. Die Einstellung ändert sich in dem Maße, wie man das Vertrauen gewinnt, eine Lösung finden zu können. Man nimmt dadurch wieder besser wahr, was in Ordnung ist, und bleibt weniger auf das fixiert, was nicht stimmt.

Mit dieser Technik entdeckt man, daß das, worüber man sich zu ärgern glaubt, oft nur die Spitze des Eisbergs ist. Geht man in sich selbst und erkundet man, über welche Dinge man sich sonst noch ärgert, lernt man seinen Widerstand gegenüber Dingen aufzugeben, die man nicht ändern kann. Zugleich erkennt man, daß das, was einen wirklich beunruhigt, durch eine kleine Veränderung der Einstellung oder des Verhaltens leicht geändert werden kann.

## Methode drei: Sich in eine andere Zeit versetzen

Hat man mit den beiden obigen Methoden keinen Erfolg, muß man sich in eine andere Zeit versetzen. Prüfen wir zunächst den Blick zurück. Wenn man eine Verbindung zwischen gegenwärtigen und vergangenen Empfindungen herstellt, kann das zu einer sehr wirksamen Auflösung führen.

Ist man in der Gegenwart zornig, fällt es schwer, sich zu fügen und loszulassen. Denn meist glaubt man, zornig sein zu müssen, damit etwas geschieht. Ist man in der Gegenwart traurig über einen Verlust, hat man noch nicht die Erfahrung gemacht, daß die Zukunft Erleichterung bringen wird. Ist man in der Gegenwart ängstlich, weiß man nicht, was in der Zukunft geschehen wird. Aber wenn man den Blick zurückwendet und sich an Situationen erinnert, in denen man Furcht empfand, dann erinnert man sich auch daran, daß alles nicht so schlimm war, wie man es sich vorstellte, und alles doch in Ordnung kam. Dieser Blick zurück hilft, Negativität aufzulösen.

*Man braucht nur einen Augenblick daran zu denken,
wie oft man sich schon über etwas geärgert hat und
später erkannte, daß alles gar nicht so schlimm war.*

Nachdem man eine solche Verbindung zu früheren Ereignissen hergestellt hat, kann man die Gefühle als Erwachsener, der man heute ist, verarbeiten. Man schreibt auf einigen Ebenen seine Empfindungen auf und verfaßt dann einen Antwortbrief. Man gibt sich selbst die liebevolle Antwort, die man gerne bekommen hätte. Eine solche Erfahrung nochmals zu erleben und positiv zu wenden, indem man einen Antwortbrief schreibt, hilft die negativen Emotionen aufzulösen.

Wenn nichtaufgelöste Empfindungen aus der Vergangenheit an die Oberfläche kommen, geben sie sich meistens nicht klar zu erkennen, z. B. als die Furcht vor Verlassenheit, als man zu Verwandten geschickt wurde. Oft kann man diese auftauchenden Gefühle überhaupt nicht einordnen. Man fürchtet sich vielleicht, aber man weiß nicht wovor. Man ist traurig, aber es ist alles gar nicht so schlimm. Man ist ängstlich, aber es besteht überhaupt keine große Gefahr. Oder man ist neidisch, obwohl man schon viel hat. Oft erscheinen einem die eigenen Gefühle als übertrieben. Man kann mit niemandem über sie sprechen, weil sie allzu negativ erscheinen, und man unterdrückt sie daher. Viel besser ist es aber, sie mit einem Zeitpunkt in der Vergangenheit zu verknüpfen, zu dem sie angemessene Reaktionen waren, und sich dabei klarzumachen, wie man damals die Ereignisse einschätzte und auf welcher Entwicklungsstufe man damals stand.

Aus der Sicht des Verstandes, der alles sinnvoll ordnen muß, paßt es nicht zusammen, wenn man ein glücklicher, erfüllter und erfolgreicher Erwachsener ist und wegen eines geschäftlichen Rückschlags übermäßig lange traurig oder deprimiert ist.

Aber wenn man nicht weiß, daß man letztlich Erfolg haben wird, ist man zwangsläufig über einen bestimmten Mißerfolg beunruhigt. Stellt man die Verbindung zwischen den gegenwärtigen Empfindungen und einem früheren Rückschlag her, dann erlaubt der Verstand dem Herzen automatisch, die Emotionen tiefer zu spüren. Falls dann nicht sofort ein Strom von Gefühlen auftaucht und abfließt, kann man noch weiter in die Vergangenheit zurückgehen, um die Gefühle zu intensivieren.

Je weiter man zurückgeht, desto besser gelingt es, negative Emotionen zu spüren. Je jünger man ist, desto weniger ist man in der Lage, die Welt zu begreifen. Es gibt immer Zeiten, in denen die Emotionen intensiver und negativer sind.

———◦———

*Je weiter man zurückgeht, desto besser gelingt es,*
*negative Emotionen zu spüren.*

———◦———

Wenn Eltern ihr Kind an der Tagesstätte abgeben und das Kind sich mit Händen und Füßen wehrt, dann verstehen wir das als Erwachsene. Wir wissen, daß das Kind es noch nicht begreifen kann, daß seine Eltern wiederkommen werden. Dies ist eine der wichtigsten Erfahrungen, die man beim Erwachsenwerden lernen muß: Wenn die Bezugsperson weggeht, ist man trotzdem in Sicherheit, und der Betreffende wird zurückkommen. Solange man aber dies und viele andere Dinge in der Kindheit nicht gelernt hat, treten sehr starke emotionale Reaktionen auf. Für mich persönlich gab es ein einschneidendes Ereignis im Alter von sechs Jahren, als ich für eine Woche von meiner Familie getrennt war.

Bei einem Sommerurlaub in Kalifornien fragten meine Eltern, wer von uns Kindern Lust hätte, zu Verwandten zu gehen. Jemand hatte mir erzählt, daß sie in der Nähe von Disneyland wohnten, weshalb ich mich sofort dazu bereit erklärte. Ich glaubte, daß wir alle gemeinsam ins Disneyland gehen und nach einem erlebnisreichen Tag am Abend wieder zurückkehren würden. Als ich dann bei meiner Tante war, stellte ich fest, daß außer mir niemand da war, und wir gingen nicht einmal ins Disneyland. Ich blieb dort eine Woche. Ich wußte nicht, ob ich jemals wieder nach Hause kommen würde, und ich war sehr traurig und ängstlich.

Diese Erinnerung benutze ich dazu, Gefühle der Gegenwart mit meiner damaligen Traurigkeit zu verbinden. Diese Verknüpfung meiner gegenwärtigen Empfindungen liefert mir einen passenden Kontext für meine intensiven negativen Emotionen.

Ist man in einem inneren Aufruhr und weiß man nicht warum, dann haben diese Gefühle ganz offensichtlich mit der Gegenwart nichts zu tun. In einem solchen Fall kann man die Emotionen nur dadurch fühlen und freisetzen, indem man einen Kontext schafft, in dem man die Gefühle wahrnimmt und auflösen kann. Sich in eine andere Zeit zu versetzen ist eine Fähigkeit, die sehr hilfreich sein kann. Kann man den wahren Grund für seine Gefühle nicht aufdecken, fängt der Geist an, sich einen Grund zurechtzulegen. Solange die Emotionen nicht freigesetzt werden, wird man immer wieder in Situationen hineingezogen, die eine Rechtfertigung für den Schmerz liefern.

Diese Tendenz wurde mir erstmals vor einigen Jahren bewußt. Ich ging auf und ab, weil ich auf jemanden warten mußte. In mir begann sich Zorn zu regen, aber ich war ein zu netter Mensch, um mir solche negativen Gefühle zu gestatten. Dann geschah etwas Erstaunliches: Ich bekam plötzlich den Drang, zum Waschbecken zu gehen und mir die Hände zu waschen. Ich drehte den Hebel nach links. Ich sah geistesabwesend zu, wie das Wasser immer heißer wurde, und es fiel mir überhaupt nicht auf, daß Dampf aufstieg. Wie in Trance hielt ich meine Hände in den siedendheißen Strahl, um sie zu waschen. Der Schmerz ließ mich laut aufschreien. Nun schmerzten mich zwar meine Hände, aber ein anderer Teil von mir fühlte Erleichterung. Ich hatte unbewußt eine Gelegenheit geschaffen, meinen unterdrückten emotionalen Schmerz zu fühlen. Das siedende Wasser machte mir meinen Schmerz deutlich, und dies bewirkte, daß ich zwar physisch verbrannt war, mich aber emotional besser fühlte.

Dieses Erlebnis zeigt mir, daß wir stets die unterschiedlichsten Erfahrungen anziehen (oder von diesen angezogen werden). Wenn man negative Situationen anzieht, die auch nicht annähernd dem entsprechen, was der Verstand will, dann muß man dahinter den Versuch der Seele sehen, uns in Kontakt mit unserer Negativität zu bringen und diese abzubauen. Die Seele weiß, daß es manchmal keine andere Möglichkeit gibt, eine Verbindung mit dem eigenen wahren Selbst herzustellen, als die Schaffung eines Kontexts, in dem man unterdrückten Schmerz fühlen kann.

### DIE ZUKUNFT VORWEGNEHMEN

Manchmal ist es auch sinnvoll, zur Verarbeitung seiner Gefühle nicht in die Vergangenheit, sondern in die Zukunft zu schauen. Wenn es einem nicht gelingen will, seinem inneren Chaos ein Ventil zu verschaffen, kann eine kleine Verschiebung der Perspektive eine große Veränderung bewirken. Man stellt sich einfach vor, daß das, was jetzt geschieht, noch schlimmer wird. Alles, worüber man sich jetzt ärgert, geht weiter. Die allerschlimmsten Befürchtungen bewahrheiten sich. Man versetzt sich in die Zukunft, in der man diese Erfahrung hat, und betrachtet seine Gefühle. Durch diese kleine Veränderung der Perspektive kann man einen geeigneten Kontext schaffen, der die Gefühle an die Oberfläche kommen läßt. Nun versucht man, diese negativen Emotionen mit der Vergangenheit zu verknüpfen, und verarbeitet sie mit der ersten Methode.

Jack war sehr nervös, weil er in seiner Arbeit eine Präsentation vor sich hatte. Schon Tage vor dem großen Ereignis konnte er nicht mehr schlafen, und er fühlte sich ängstlich und unwohl.

Im Workshop für persönlichen Erfolg lernte er vorauszuschauen, um seine Angst abzubauen.

Er schrieb alles auf, was an schrecklichen Dingen geschehen konnte. Er stellte sich vor, daß alles mißlang. Es fiel ihm leicht zu schreiben, aber es war schmerzlich. Er stellte sich vor, daß er nur Unsinn redete, niemand würde über seine Scherze lachen, niemand würde beeindruckt sein, seine Ideen würden nicht zünden und er bekäme keine zweite Chance, denn es würde ihm gekündigt werden.

Als er seine Befürchtungen so konkret betrachtete, fühlte er sich traurig, verletzt und mutlos. Dann stellte er die Verbindung dieser Traurigkeit und Verletztheit mit einem Zeitpunkt in der Vergangenheit her, als er für jemand anderen einen Vortrag gehalten hatte und, weil er nicht vorbereitet gewesen war, beim Publikum auf Ablehnung gestoßen war. Er verband seine Gefühle mit diesem Zeitpunkt und begann, seine Vergangenheit mit der ersten Methode zu verarbeiten. Dadurch verschwand seine Nervosität. Sie kehrte zwar gelegentlich wieder zurück, aber er wußte jetzt, wie er sich von ihr befreien konnte.

## Methode vier: Die Perspektive wechseln

Die vierte Methode, um sich von einer Blockierung zu befreien und seine negativen Emotionen zu verarbeiten, besteht darin, die Perspektive zu wechseln. Statt sich auf seinen Schmerz zu konzentrieren, sollte man sich den Schmerz anderer Menschen vergegenwärtigen. Die Verlagerung der Aufmerksamkeit von sich selbst auf andere gibt die Freiheit, gegenüber seinem eigenen Schmerz zurückzutreten und ihn schließlich loszulassen. Wenn einem bei einer Filmszene die Tränen in die Augen treten, dann ist einem vielleicht überhaupt nicht klar, warum man eine so starke Reaktion hat, doch hat diese ganz sicher mit einem Ereignis in der eigenen Vergangenheit zu tun. Die Szene hat eine empfindliche Stelle berührt. Es gibt etwas, was das

Herz spüren möchte. Einen ähnlich heilenden Einfluß hat das Lesen. Indem man den Schmerz und die Freude eines anderen Menschen miterlebt, bleibt man besser in Kontakt mit seinen eigenen Freuden und Leiden. In Büchern, Filmen und Theaterstücken durchleben die Protagonisten die Probleme, die wir selbst im Alltag haben. Weil ihre Situationen jedoch oft tragisch oder komisch übersteigert sind, fällt es uns leichter, mit ihnen zu fühlen.

In unserem eigenen Leben unterdrücken wir oft unsere Gefühle, weil der Verstand sie für wertlos erklärt. Filme, Bücher und Theaterstücke helfen uns, unseren Schmerz zu objektivieren. Man nimmt den Schmerz und den Kummer der Figuren an, und indem man sie mit ihren Schmerzen bis zur Auflösung durchlebt, erfährt man selbst die Auflösung.

Musik und Gesang heilen ebenfalls das Herz. Klassische Musik sagt uns auch heute noch etwas, weil die Komponisten die dramatischen Regungen der Seele wie Erhebung, Erlösung, Hoffnung, Niedergeschlagenheit, Zorn und Verzweiflung großartig eingefangen haben. Dasselbe Spektrum der Gefühle können Dichtkunst und Liedtexte ausdrücken.

In meinen Workshops setze ich immer verschiedene Arten von Musik ein, damit die Teilnehmer fühlen können, was zum Vorschein kommen muß. Der Erfolg eines Kinofilms, der durch die verschiedensten Stimmungen hindurchführt, hängt weitgehend auch von der Filmmusik ab. Musik kann ein tragisches Ereignis ankündigen, vor einer Gefahr warnen oder aber Erleichterung auslösen und deutlich machen, daß alles gut werden wird.

Eine andere Möglichkeit, die Perspektive zu wechseln und sich selbst zu helfen, sind Selbsthilfegruppen. Wenn man den Schmerz anderer Menschen dadurch heilt, daß man ihnen Mitgefühl schenkt, kann der eigene innere Schmerz zum Vorschein kommen und wird oft dadurch schon aufgelöst. Wer Schwierigkeiten hat, Verbindung mit seinen früheren Empfindungen aufzunehmen, dem empfehle ich die Teilnahme an einer Selbsthilfegruppe oder an einem Workshop. Meine eigene Fähigkeit, Verbindung zu meinen Gefühlen herzustellen, wurde durch die Gegenwart anderer Menschen außerordentlich gestärkt, die selbst mehr Verbindung zu ihren Empfindungen hatten.

Diese vier Methoden stellen überaus wirksame Werkzeuge zur Verarbeitung von Empfindungen dar. Jeder hat jetzt die Möglichkeit, Verbindung mit negativen Emotionen aufzunehmen und diese aufzulösen. Wenn man diese Fertigkeiten praktiziert, könnte es innerhalb weniger Monate soweit sein, daß man sich einen großen Wunsch erfüllen kann.

# Wie man bekommt,
# was man möchte

Das Geheimnis des inneren Erfolgs liegt darin, sich selbst treu zu sein und nicht aufzuhören, mehr zu wollen. Um inneren Erfolg zu haben, genügt es nicht, glücklich zu sein. Es muß auch das Verlangen nach mehr da sein. Leidenschaft ist Macht: Wenn man wirklich mehr möchte, dann bekommt man es auch. Wer nicht mehr hat, erlaubt es nur nicht, mehr zu wollen. Manche Menschen sind vielleicht nicht abgeneigt, mehr zu haben, aber sie sind nicht konsequent genug, um wirklich mehr zu wollen.

Um äußeren Erfolg zu haben, muß man ihn so sehr ersehnen, daß man darunter leidet, wenn man ihn nicht bekommt. Zugleich muß man lernen, diesen Schmerz abzubauen und zu heilen, so daß man auch inneres Glück erfahren kann. Man muß immer in der Lage sein, innere Freude, Liebe, Selbstvertrauen und Zufriedenheit zu finden, wenn man sich mit der unvermeidlichen Frustration, den Enttäuschungen und anderen negativen Emotionen auseinandersetzt, die das Verlangen nach äußerem Erfolg mit sich bringt.

Diese Erkenntnisse erklären, warum viele Menschen, die großen persönlichen Erfolg erreicht haben, als Kinder arm oder auch Waisen waren. Sie mußten unter schwierigen Umständen lernen, wie man mit weniger glücklich ist, aber sie gaben ihren Wunsch nach mehr nicht auf.

---◄○►---

*Viele Menschen haben außerordentlichen Erfolg im*
*Leben, weil sie mehr wollten und trotzdem alles*
*schätzten, was sie hatten.*

---◄○►---

Es gibt unzählige Geschichten über Menschen, die Erfolg hatten oder bekamen, was sie wollten, und schließlich so geschwächt und verweichlicht wurden, daß es in ihrem Leben und ihrem Aufstieg einen Knick gab. Nach dem äußeren Erfolg, dem »guten Leben«, zogen sie keinen Erfolg mehr an, weil sie den Kontakt zu ihrem Verlangen nach mehr verloren hatten.

Oft aber gelingt Menschen, die alles verloren haben, ein Comeback, weil sie ihr Verlangen nach mehr und alle Gefühle, die mit diesem Verlangen einhergehen, wieder ganz wahrnehmen. Indem sie ihren Schmerz abbauen und wieder lernen, wie man mit weniger glücklich sein kann, können sie neues Verlangen entwickeln.

Wenn man einmal alles verloren hat, schätzt man wieder, was man hat. Zum Glück braucht niemand, der die Geheimnisse des persönlichen Erfolgs durchschaut hat, solche extremen Erfahrungen zu machen. Wer seine negativen Emotionen erkennt und sie verwandeln kann, braucht nicht erst alles zu verlieren, um mehr zu wollen.

## Das Geheimnis des äußeren Erfolgs ist Verlangen

Das Geheimnis allen äußeren Erfolgs ist Verlangen. Man muß wissen, was man möchte, dies intensiv spüren und an den Erfolg glauben. Leidenschaft, Überzeugung und Verlangen sind Macht. Wenn man beharrlich fühlt und verfolgt, was man haben möchte, dann beugt sich die Welt dem eigenen Willen. Je beharrlicher man ist, desto mehr glaubt man an den Erfolg.

Wenn man sein Verlangen ganz zu fühlen vermag, dann ist in diesem Gefühl auch das intuitive Wissen vorhanden, was man zu tun hat, und auch die Überzeugung, daß man Erfolg haben wird. Durch alle Handlungen, die darauf abzielen, das Gewünschte zu bekommen, stärkt man seine Überzeugung. Die Welt glaubt erst an einen, wenn man selbst an sich glaubt. In fast allen großen Erfolgsgeschichten gibt es immer auch Zurückweisung, Frustration, Unsicherheit und Enttäuschung. Man muß immer mit Rückschlägen und Verzögerungen rechnen. Wer sehr viel will, wird auf sehr viele Hindernisse treffen. Mit Geduld und Beharrlichkeit hat man schließlich doch Erfolg. Auch Rom wurde nicht an einem Tag erbaut. Vor allen Dingen aber braucht man Leidenschaft.

Dies erklärt ein weiteres der großen Geheimnisse, wie man anzieht, was man haben möchte: Es kommt nicht darauf an, was man tut, sondern darauf, was man möchte, fühlt und glaubt. Natürlich muß man etwas tun, aber dies braucht durchaus kein Ringen bis zur Erschöpfung zu sein. Das Handeln an sich stärkt die eigene Überzeugung, und dies zieht den Erfolg an.

———◦———

*Die Welt glaubt erst an einen, wenn man selbst an sich glaubt.*

———◦———

Wer das Wagnis eingeht, einen Entschluß faßt und bei diesem bleibt, wer den Sprung in den Abgrund des Unbekannten wagt, der stärkt dadurch den Glauben an sich selbst und erhöht die Wahrscheinlichkeit, daß er bekommt, was er möchte.

Viele Menschen tun nur deshalb zuviel, weil sie nicht an ihre Fähigkeit glauben, Erfolg anzuziehen. Aber indem sie sich überlasten, verbauen sie sich selbst den Erfolg. Weil sie sich ganz auf das Handeln verlassen, um etwas zu erreichen, verlieren sie die grundlegende Überzeugung, daß sie bekommen können, was sie möchten.

———◄○►———

*Weil viele Menschen sich ganz auf das Handeln*
*verlassen, um etwas zu erreichen, verlieren sie die*
*grundlegende Überzeugung, daß sie bekommen*
*können, was sie möchten.*

———◄○►———

Andererseits haben manche Menschen gerade dann Erfolg, wenn sie restlos erschöpft sind. Sie tun alles in ihren Kräften Stehende und opfern alles für ihr Ziel auf. Sie verlangen sich das Äußerste ab, bis sie keine Reserven mehr haben. Dann kommt der Zusammenbruch, und sie geben auf. Sie bitten Gott um Hilfe. Und genau dann, wenn sie ihr Verlangen am intensivsten spüren, wenn sie loslassen und akzeptieren, was sie haben, setzen sie den Mechanismus des Erfolgs in Gang.

Wer die Geheimnisse des inneren Erfolgs anwendet, wird fähig, die Leidenschaft in seinem Herzen zu fühlen, ohne sich restlos verausgaben zu müssen. Man lernt, seinen Glauben an sich selbst unter Beweis zu stellen, ohne immer wieder alles aufs Spiel setzen zu müssen. Man lernt, seinen Erfolg zu stabilisieren, ohne einen völligen Zusammenbruch erleben und in tiefster Verzweiflung neu beginnen zu müssen. Man lernt, seine natürliche Fähigkeit zu nutzen, etwas Gewünschtes auch zu bekommen.

## Die Macht der Unterwerfung

Wenn man sich das Äußerste abverlangt, stößt man irgendwann an seine Grenze: Diese besteht darin, daß man keine positive Einstellung mehr zu seinen Zielen haben kann. Geht man bis an die Grenze und läßt dann los, übergibt man alles in die Hände Gottes, des Geistes oder jener geheimnisvollen Quelle großartiger Ideen – wie man diese höhere Instanz benennt, bleibt jedem selbst überlassen.

160

Erst wenn man losgelassen hat, empfängt man plötzlich, was man haben möchte. Etwas nur ein wenig zu begehren und es dann sein zu lassen, genügt normalerweise nicht. Man muß etwas wirklich haben wollen und voller Vertrauen sein. Die Überzeugung, daß man bestimmt Glück hat oder daß einem die Engel Gottes helfen werden, erleichtert den Erfolg sehr. Als ich lernte, wie man um Hilfe bittet, und diese aus der höheren Quelle bekam, konnte ich meine Produktivität enorm steigern, und dies mit viel weniger Streß. Ich weiß, daß mir bei allem, worum ich bitte, sehr geholfen wird.

Vergegenwärtigt man sich, daß man nicht auf sich allein gestellt ist, kann man alles viel entspannter angehen. Dies macht wiederum deutlich, warum regelmäßige Meditation so wertvoll ist. Nimmt man sich nur fünfzehn Minuten Zeit dafür, sich klarzumachen, daß man nicht auf sich allein gestellt ist, dann hat man sich in der richtigen Weise auf den Tag eingestimmt.

——◄o►——

*Fünfzehn Minuten Meditation genügen für die Erfahrung, daß man Unterstützung hat. So stimmt man sich in der richtigen Weise auf den Tag ein.*

——◄o►——

Regelmäßige Meditation hilft, nicht die ganze Verantwortung tragen zu müssen. Führen Sie ein kleines Experiment durch, um sich dies sofort zu verdeutlichen. Bewegen Sie einen Finger eine halbe Minute lang sehr schnell hin und her. Tun Sie dies dann noch einmal, aber jetzt in dem Bewußtsein, daß eigentlich nicht Sie es sind, der dies tut. Sie sind sozusagen nur der Fahrer eines Autos. Sie sagen Ihrem Finger einfach, was er tun soll, und der Körper tut es. Und Sie haben keine Ahnung, wie er es tut.

Es ist sehr wichtig, sich klarzumachen, daß man derjenige ist, der das Sagen hat. Man lenkt das Auto, aber man braucht nicht die Arbeit der Maschine zu tun und muß nicht schieben.

Man braucht nur den Zündschlüssel umzudrehen und zu lenken.

Erfährt man seine Verbundenheit mit dem Geist, dann kann man sich leichter vergegenwärtigen, daß man nicht allein ist, sondern Hilfe bekommt. Indem man einfach darum bittet, daß bestimmte Dinge eintreten mögen, wird man sich all der Dinge bewußt, die schon für einen geschehen. Man ist so damit beschäftigt, sich gegen das Leben zu wehren, daß man vergißt, wieviel für einen getan wird. Klärt man zu Beginn des Tages seine Absichten, und macht man dann die Erfahrung, daß die Welt auf die eigenen Wünsche reagiert, dann ist man dadurch nicht nur erfolgreicher, sondern man braucht sich auch nicht so sehr anzustrengen. Statt sich drei Jahre um etwas bemühen zu müssen, braucht man dafür vielleicht nur noch drei Monate. Und irgendwann sind es statt der drei Monate nur noch drei Wochen.

## Um Hilfe bitten

Ohne diese Einsicht, daß man sich freiwillig einer höheren Macht unterwerfen muß, müßte man immer ringen und sich das Äußerste abverlangen, um all die Kreativität zu erfahren, die jedem Menschen zugänglich ist. Viele großen Schriftsteller, Dichter, Erfinder, Wissenschaftler, Heiler und Anführer führten ein überaus aufreibendes Leben, das sie zwang, sich zu demütigen, loszulassen und sich zu unterwerfen. Mit Hilfe der wertvollen Einsichten über den persönlichen Erfolg kann man für sich dasselbe tun, aber ohne den ganzen Kampf.

Wer weiß, wie er die Liebesspeicher füllt, um bei seinem wahren Selbst zu bleiben und erfolgreich zu sein, braucht nur die Verbindung mit dem zu halten, was er möchte, und sein Bestes tun – und wie durch einen Zauber werden alle Wünsche erfüllt. Wenn man täglich alles in die Hände Gottes legen kann, aber weiter seine Zielsetzungen hat, braucht man sich nicht allzusehr anzustrengen. Man muß immer noch sein Bestes geben, aber es ist viel einfacher, wenn man weiß, daß eine zusätzliche Kraft hinter einem steht.

———◦———

*Wenn man täglich alles in die Hände Gottes legt, wird die ganze Reise viel einfacher.*

———◦———

Manche Menschen legen alles in die Hände Gottes, aber bekommen trotzdem nicht, was sie in der äußeren Welt haben wollen. Ihr Fehler ist, daß sie *alles* Gott überlassen, und dies kann nicht gelingen: Um Erfolg zu haben, muß man beides tun, Verantwortung übernehmen *und* um Hilfe bitten. Verläßt man sich allzusehr auf Gott, spürt man seine eigenen inneren Bedürfnisse und Wünsche nicht mehr. Wenn dann Dinge nicht eintreten, fühlt man sich nicht enttäuscht und traurig, sondern man vertraut einfach weiter passiv auf Gott.

Aber um anzuziehen, was man haben möchte, muß man auch die negativen Emotionen fühlen und freisetzen können. Und solche Emotionen entstehen natürlich, wenn man etwas haben möchte und es nicht bekommt. Negativität zu fühlen und loszulassen ist sehr wichtig, wenn man in Kontakt mit dem bleiben will, was man möchte. Wenn alle Liebesspeicher gefüllt sind, dann stehen die eigenen Wünsche im Einklang mit dem, was Gott will. Handelt man nach seinen echten Wünschen, dann hat man auch die Fähigkeit, herbeizuführen, was man möchte, ohne letztlich übermäßig viel dafür zu tun.

———◦———

*Gott hilft denjenigen, die sich selbst helfen und erst dann um Hilfe bitten.*

———◦———

Gott hilft denjenigen, die sich selbst helfen und erst dann um Hilfe bitten. Man muß selbst etwas tun – dann schickt er seine Engel oder seine göttliche Energie zu Hilfe. Sooft man Rückenstärkung braucht, kann man einfach die Hände erheben und sich so zusätzliche Unterstützung verschaffen. Die göttliche Energie verleiht Lebenskraft, Klarheit und die Fähigkeit, Verbindung mit seiner inneren Kreativität aufzunehmen.

## Warum positives Denken manchmal nicht genügt

Positives Denken führt dann nicht zum Erfolg, wenn man es dazu benutzt, seine wahren Gefühle und Wünsche zu verleugnen. Versucht man, immer eine positive Haltung zu haben, entsteht die Tendenz, negative Emotionen zu unterdrücken. Man will niemandem schaden, und man will auch selbst keine negativen Empfindungen haben. Statt den Schmerz und die Enttäuschung darüber zu spüren, daß man nicht bekommt, was man möchte, blickt man nur auf das Positive.

Solche Menschen glauben an positives Denken, positive Gefühle, Güte, liebevolle Zuwendung, Großzügigkeit, Erleuchtung, Engel, Karma, Schicksal, den Willen oder die Gnade Gottes. Positives Denken kann durchaus glücklich machen, aber man verzichtet dadurch auf die Erfahrung seiner Fähigkeit, im Leben das anzuziehen und zu bekommen, was man möchte.

Das Bemühen um eine positive Haltung führt häufig dazu, daß die innere Fähigkeit, sein Leben selbst in die Hand zu nehmen, geschwächt wird. Man ist unfähig, ein leidenschaftliches Verlangen nach dem zu entfalten, was man möchte, und versucht statt dessen, positiv zu sein und sich mit dem zufriedenzugeben, was das Leben einem schenkt.

*Die Haltung dieser Menschen ist es, zu akzeptieren*
*und zu lieben, was sie haben, und sie bemühen sich zu*
*wenig, mehr zu wollen.*

———◄○►———

Negative Empfindungen erzeugen bei solchen Menschen
Schuld- und Schamgefühle. Selbstverständlich hat positives
Denken seinen Wert, aber man muß auch die Bedeutung negativer Gefühle anerkennen, die den Weg zu den eigenen Empfindungen und Wünschen ebnen.

Um persönliche Erfüllung zu erlangen, braucht man sowohl
innere Spiritualität als auch äußeren Erfolg. Man muß sicherstellen, daß man durch positives Denken nicht daran gehindert
wird, seine negativen Emotionen und seine intensiven Wünsche zu spüren. Man darf also nicht nur positives Denken praktizieren, sondern muß auch eine positive Haltung gegenüber
negativen Emotionen und Wünschen haben.

# Seinen Zauberstern finden

Ich erinnere mich noch daran, wie meine Tochter Lauren erfuhr, welche magische Wirkung es haben kann, vertrauensvoll um etwas zu bitten, was man haben möchte. Als sie etwa fünf Jahre alt war, machten wir Urlaub auf Hawaii. Dort entdeckte sie in einer kleinen Buchhandlung eine Schachtel mit Zaubersternen. Sie nahm einen heraus und fragte mich, was das sei. Ich las die Gebrauchsanweisung, auf der etwa folgendes stand: »Halte diesen Zauberstern an dein Herz, schließe die Augen und äußere einen Wunsch. Es geht alles in Erfüllung, was du haben willst.«

Sie war natürlich hellauf begeistert. Sie hatte die Entdeckung ihres Lebens gemacht. Sie fragte mich: »Kann ich mir dann alles wünschen?« Ich bejahte das. Sie bat mich, ihr einen solchen Stern zu kaufen. Als wir dann am Strand spazierengingen, strahlte sie über das ganze Gesicht. Sie war überglücklich. Sie drückte den Zauberstern an ihr Herz und wünschte sich Dinge. Es war einfach das Phantastischste, was sie sich vorstellen konnte.

Aber nach einigen Stunden fragte sie: »Papi, wie kommt es, daß meine Wünsche nicht in Erfüllung gehen?« Ich dachte mir: »O Gott, was sage ich jetzt bloß?« Aber meine Frau kam mir zu Hilfe und sagte: »Wenn man sein Herz offenhält und seine Wünsche immer wieder wiederholt, dann werden sie in Erfüllung gehen. Aber dies geschieht nicht immer sofort. Es dauert ein wenig, und man muß Geduld haben.« Lauren war mit dieser Antwort zufrieden, und das Strahlen kehrte auf ihr Gesicht zurück.

Mit diesem einen Satz hatte Bonnie das ganze Geheimnis des äußeren Erfolgs zusammengefaßt, und dies ist wohl der Grund dafür, warum sie in ihrem Leben so erfolgreich ist. Man muß sein Herz offenhalten und nicht von seinen Wünschen ablassen. Dies erklärt auch, warum so viele Menschen ihre schöpferische Kraft verlieren. Wenn sie nicht gleich bekommen, was sie haben wollen, geben sie auf und glauben nicht mehr an die Erfüllung. Das Geheimnis der Erfüllung besteht darin, daß man in seiner Intention nicht nachläßt. Man sagt sich etwa: »Ich will dies unbedingt haben, und ich bin fest davon überzeugt, daß ich es bekommen werde.« So verwandeln sich Wunsch und Vertrauen in eine starke, entschlossene Absicht.

## Wissen, was man wirklich möchte

Man kann seinen eigenen Zauberstern finden, indem man Kontakt mit seinen tiefsten Wünschen aufnimmt und diese Verbindung nicht abreißen läßt. Die ständige Konzentration auf das, was man wirklich möchte, steigert die Fähigkeit, sein Leben selbst zu gestalten. So wird es zunächst im Verstand und im Herzen, dann auch im Handeln immer besser gelingen, seine Ziele zu erreichen.

Aber zu wissen, was man wirklich will, ist nicht so einfach, wie es klingt. Man kann in vielerlei Weise von seinen wahren Wünschen abgelenkt werden. Manchmal tut es einfach zu weh zu fühlen, was man wirklich möchte, weil man glaubt, daß man es niemals erreichen wird. Ängstlichkeit ist einer der Hauptgründe, warum man es sich nicht gestattet zu fühlen, was man möchte. Wenn man etwas nicht bekommt, das einem nicht so wichtig ist, dann ist es weniger schlimm, als etwas sehr Begehrtes nicht zu erlangen.

Als ich vor achtundzwanzig Jahren mit meiner öffentlichen Vortragstätigkeit begann, war ich außerordentlich unsicher und ängstlich. Vor meinen Vorträgen war ich immer sehr aufgeregt, denn ich glaubte, wirklich gut reden zu können, ich hielt es für meine Berufung. Wenn ich hier versagt hätte, wäre dies furchtbar für mich gewesen. Als Programmierer zu versagen wäre nur halb so schlimm gewesen, weil Programmieren eben nicht zu meinen Begabungen zählt. Aber tut man etwas, woran einem persönlich sehr viel gelegen ist, dann ist die Furcht vor einem Scheitern oder Versagen entsprechend größer.

Es ist eine Sache, von anderen Menschen wegen seiner Kleider nicht gemocht zu werden, aber es ist etwas ganz anderes, wegen seiner Überzeugungen abgelehnt zu werden. Steht man für seine inneren Überzeugungen ein, wird man verletzlicher. Erfährt man dann Zurückweisung oder Kritik, dann geht einem dies viel näher. Dies kann unbewältigte Probleme und Gefühle aus der Vergangenheit an die Oberfläche bringen, und genau davor hatte ich Angst. Indem ich schließlich lernte, meine alten Empfindungen der Verlassenheit, des Scheiterns und der Machtlosigkeit zu verarbeiten, befreite ich mich innerhalb weniger Monate von meiner Ängstlichkeit.

Diese Erfahrung machte mir klar, daß die Furcht größer ist, wenn man das Risiko eingeht, sich selbst treu zu sein. Oft spürt man die Wünsche seiner Seele nicht einmal, weil man blockiert ist. Man hält es für zu riskant zu glauben, daß man haben kann, was man möchte, weshalb man dazu neigt, seine wahren Wünsche lieber zu verleugnen. Um zu entdecken, daß man sehr wohl die Fähigkeit hat, zu erreichen, was man will, und um mehr Selbstvertrauen zu gewinnen, muß man sich bewußt machen, in welcher Weise man seine echten Wünsche unterdrückt und verleugnet.

## Vertrauen, Interesse und Verlangen

Hat man ein Verlangen, das nicht erfüllt wird, dann gibt man es oft einfach auf. Man interessiert sich nicht mehr dafür, und man vertraut nicht mehr darauf, das Gewünschte bekommen zu

können. Man gibt die Hoffnung auf. Hoffnung aber ist uner-
läßlich, wenn man seine echten Wünsche fühlen möchte.

Vertrauen, Interesse und starkes Verlangen sind die Ele-
mente der Macht. Alle diese drei Dinge sind wichtig. Um diese
Haltungen zu pflegen, muß man in Kontakt mit seinen Ge-
fühlen und Wünschen bleiben. Wenn man etwas nicht be-
kommt, das man möchte, dann muß man seine tiefe Enttäu-
schung zulassen. Bei der Oscar-Verleihung gibt es gewiß viel
Liebe und guten Willen, aber unter der Oberfläche brodeln
Furcht, ängstliche Erregung und Neid. Nach der Verleihung
herrscht bei einigen wenigen große Freude, bei den meisten aber
Enttäuschung, Traurigkeit, Furcht, Ängstlichkeit und Neid.
Manchmal muß man einen hohen Preis bezahlen, um an die
Spitze zu kommen, und einen noch höheren, um dort zu bleiben.

Aber all diese intensiven Gefühle brauchen nicht zu innerer
Zerrissenheit zu führen. Wenn man weiß, wie man mit seinen
Gefühlen umgehen und negative Emotionen abbauen muß,
können intensive Gefühle überwiegend positiv sein. Natürlich
fühlt man sich verletzt, enttäuscht und traurig, wenn andere bekommen, was man selbst gerne hätte. Wird man von anderen
daran gehindert, etwas Gewünschtes zu bekommen, empfindet
man Eifersucht, Frustration und sogar Zorn. Glaubt man, nicht
bekommen zu können, was man möchte, fühlt man sich beunruhigt und verunsichert. Versagt man oder wird man seinen eigenen Erwartungen nicht gerecht, fühlt man Verlegenheit, Bedauern oder Scham. Diese und viele andere Gefühle sind ganz
natürlich, wenn man wirklich etwas möchte.

## Emotionen fühlen und loslassen

Mit seinen Gefühlen Verbindung aufzunehmen hilft, das Interesse an einer Sache zu stärken, durch das Loslassen baut man
Vertrauen auf. So bleibt man offen für die nächste Gelegenheit,
zu bekommen, was man möchte. Frauen fühlen oft viele ihrer

Emotionen, aber es fällt ihnen schwer, Vertrauen zu haben und loszulassen. Männer wiederum lassen leichter los und wissen eher, was sie möchten, doch fällt es ihnen viel schwerer, ihre Emotionen ganz zu fühlen. Ein Mann kann besser Kontakt mit seinen Gefühlen aufnehmen, wenn er einen großen Teil seiner Energie auf das richtet, was er möchte. Indem er sich Ziele setzt und diese entschlossen anstrebt, kann er eine mögliche Niederlage intensiver fühlen. Damit erreicht er, daß sein Verlangen und seine Gewißheit nur wachsen. Weniger wichtig ist es dagegen für einen Mann, mit anderen über seine Gefühle zu sprechen.

————◄◦►————

*Vernünftige Risiken einzugehen und sein Äußerstes zu geben hilft einem Mann, seine Emotionen zu fühlen.*

————◄◦►————

Frauen wiederum können Vertrauen aufbauen und lernen, ihre negativen Emotionen loszulassen, indem sie sich mehr darauf konzentrieren, die verschiedenen Wünsche und Bedürfnisse hinter ihren schmerzlichen Empfindungen anzuerkennen. Verbindet eine Frau sich mehr mit ihren Wünschen, kommt das innere Wissen an die Oberfläche, wie sie sich diese erfüllen kann, und dies läßt ihre Zuversicht wachsen. Sie fühlt sich weniger als ein Mann gedrängt, Risiken einzugehen und bis an ihre Grenzen zu gehen; dagegen hilft es ihr sehr, ihre Wünsche wahrzunehmen, wenn sie in einer unterstützenden Umgebung über ihre Gefühle sprechen kann.

————◄◦►————

*Einer Frau hilft es sehr, ihre Wünsche wahrzunehmen, wenn sie in einer unterstützenden Umgebung über ihre Gefühle sprechen kann.*

————◄◦►————

Damit eine Frau Vertrauen entwickeln kann, ist es für sie wichtig, ihren eigenen inneren Wert zu erfahren. Spürt sie ihre Emotionen und Wünsche intensiver, dann kommt sie auch zu der Überzeugung: »Ich habe es verdient, mehr zu haben, Erfolg zu haben, in größerem Überfluß zu leben als jetzt.« Nimmt sie sich Zeit für ihre Gefühle, dann gewinnt sie auch Vertrauen und die Fähigkeit, negative Empfindungen loszulassen.

Gelingt einem Mann eine bessere Verbindung zu seinen Gefühlen und Wünschen, wächst dadurch sein Interesse. Kann er seine Wünsche wahrnehmen, dann weiß er auch, daß er bekommen kann, was er haben möchte. Sein Selbstvertrauen wächst, und er fühlt sich seiner Aufgabe gewachsen.

———◦———

*Interesse und Zuversicht stärken die Fähigkeit*
*herbeizuführen, was man möchte.*

———◦———

Je stärker das Verlangen ist, desto besser wird klar, was möglich ist. Wachsen das Vertrauen und das Interesse, dann entsteht Leidenschaft, die wiederum die Fähigkeit stärkt, herbeizuführen, was man möchte. Richtet man dann einfach seine Aufmerksamkeit auf das Gewünschte, beginnt sich dieses Verlangen im eigenen Leben zu manifestieren. Man denkt nicht nur kreativer, sondern es läuft einfach alles wie gewünscht.

Das Geheimnis, wie man seine Fähigkeit steigern kann, seine Wünsche zu erfüllen, besteht darin, seine negativen Emotionen zu spüren, wenn man nicht bekommt, was man haben möchte, und dann diese Emotionen loszulassen. Lernt man, negative Gefühle loszulassen, fühlt man seine wahren Wünsche um so besser. Und dadurch bekommt man wieder die Fähigkeit, das zu erzeugen, was man haben möchte, und das zu begehren, was man hat.

# Der Prozeß der Verleugnung

Wenn man nicht weiß, wie man seine negativen Emotionen freisetzen kann, dann liegt der einfachste Ausweg darin, seine Wünsche zu begraben. Dieser Prozeß der Verleugnung gehorcht einer ganz einfachen Logik: Wenn ich mich darüber ärgere, daß ich etwas nicht bekomme, dann verzichte ich einfach darauf oder dämpfe mein Verlangen danach. Paßt man seine Wünsche stets so an, daß man mit dem zufrieden ist, was man bekommt, dann gibt es auch keine negativen Emotionen. Manche Menschen sind mit dieser Methode ganz glücklich, aber irgendwann fragen sie sich dann doch, warum das Leben keinen Reiz für sie hat oder warum sie nicht mehr von dem bekommen, was sie möchten.

Diese Methode der Verleugnung ist sehr gut in der Fabel vom Fuchs und den Trauben dargestellt: Den Fuchs gelüstet es sehr nach den Trauben, aber als er erkennen muß, daß er sie nicht erreichen kann, leugnet er einfach sein Verlangen, indem er sich sagt: »Ach, ich wollte diese Trauben ohnehin nicht haben.«

Man verleugnet aber gerade seine größten Träume, wenn man nicht erkennt, daß man die Kraft hat, diese Träume wahr werden zu lassen. Jeder Mensch hat einen Zauberstern. Man braucht nur seine Wünsche zu fühlen und zugleich fest darauf vertrauen, daß man die Fähigkeit hat, sich Gewünschtes zu beschaffen.

Wenn man einen Zauberstab hätte und damit alle Verleugnungen zum Verschwinden bringen könnte, wäre man nicht nur glücklicher, sondern man würde auch mehr von dem bekommen, was man haben möchte. Wenn man an seine Zukunft glaubt, öffnet man die Tür, so daß mehr hereinströmen kann. Man muß glauben, und man muß um Dinge bitten. Wenn man um nichts bittet, bekommt man nichts. Das sind die drei wichtigsten Voraussetzungen für den äußeren Erfolg: Glauben Sie daran, daß Sie bekommen, was Sie möchten; Sie wissen, was Sie möchten; Sie haben Kontakt zu Ihren Gefühlen.

## Verlangen und Vertrauen

Die meisten Menschen, die ihre Bedürfnisse verleugnen, sind positive Menschen. Sie glauben, daß Gutes zu einem zurückkehrt, wenn man selbst Gutes tut. Was man sät, wird man ernten. Aber dies ist nur bedingt richtig. Wie konnte ein J. R. Ewing so reich werden? Wie konnte ein Mussolini soviel Macht bekommen? Warum haben dagegen gerade die nettesten Menschen so oft das Nachsehen?

Die Antwort hierauf lautet, daß nette Menschen ihre Wünsche und Bedürfnisse verleugnen, um es allen recht zu machen. Den J. R.s und Mussolinis der Welt dagegen sind die Gefühle anderer Menschen gleichgültig. Sie tun, was sie tun wollen, und ihr Wille ist absolut. Natürlich ist es nicht falsch, nett zu sein, aber diese Haltung darf nicht zur Selbstverleugnung führen. Man kann nett sein und trotzdem bekommen, was man möchte.

Starkes Verlangen beinhaltet immer auch das Wissen, wie man bekommen kann, was man haben möchte. Dabei spielt es keine Rolle, ob man an Gott glaubt oder nicht. Wenn man daran glaubt, daß man bekommen kann, was man möchte, dann bekommt man es auch. Diese feste Überzeugung verleiht Vertrauen, das wiederum die Grundlage für Entschlossenheit und Beharrlichkeit ist. Muß man Rückschläge und Enttäuschungen hinnehmen, dann hilft dieses Vertrauen, negative Gefühle loszulassen, sich aufzuraffen und weiterzumachen. Aber wie wir schon erörtert haben, heißt äußerer Erfolg nicht immer, daß man Verbindung zu seinem inneren Selbst hat.

Wenn man sich selbst untreu wird, um äußeren Erfolg zu erlangen, dann wird man mit nichts zufrieden sein. Bemüht man sich jedoch darum, die verschiedenen Arten von Liebe in seinem Leben zu bekommen, dann kann man sein Gleichgewicht wiederfinden. Es ist nie zu spät für den inneren Erfolg. Man braucht lediglich Schritt eins und zwei für den inneren Erfolg durchzuführen (siehe »Einleitung«). Sobald man sich die Bedeutung des inneren Erfolgs bewußt macht, bekommt man auch, was man braucht. Man muß nur seine Liebesspeicher auffüllen, und schon stellt sich Überfluß ein.

Gott um Hilfe für den äußeren Erfolg zu bitten, macht das Ganze erfüllender und weniger anstrengend. Es bleibt aber immer noch ein Abenteuer und eine Herausforderung. Wie kluge und liebevolle Eltern kann Gott für einen Menschen nur tun, was man selbst nicht tun kann. Solange die Kinder klein sind, tun die Eltern mehr für sie; wenn sie älter werden, überlassen sie ihnen selbst mehr, damit sie Selbstvertrauen und Unabhängigkeit entwickeln können. Gott hilft am meisten, wenn man sich selbst nach Kräften bemüht.

## Es gibt keine Zufälle

Lassen Sie mich ein Beispiel für Gottes kleine Wunder geben. Als »Männer sind anders. Frauen auch.« in den USA als Spiel herauskam, flog ich zu einer Promotionsveranstaltung nach New York. Ich wollte schon seit Monaten mit den Chefs von Mattel über einige Promotionsideen sprechen. Wegen beiderseitiger Terminschwierigkeiten kam es jedoch bis dahin nicht dazu.

Auf dieser Reise nach New York wurde eines meiner Interviews verschoben. Da ich nun etwas Zeit übrig hatte, beschloß ich, mir bei der Spielzeugmesse die Auslagen anzusehen. Während der zwanzig Minuten, die ich dort war, kamen der Präsident von Mattel vorbei, dann der Vorstandsvorsitzende und der Vizepräsident. Als die Haupteinkäufer von Toys »R« Us vorbeikamen, konnte ich mit ihnen allen persönlich über einige Marketingideen sprechen. Diese Begegnung hätte man unmöglich vorher so organisieren können. Es geschah einfach durch Zufall. Ich hatte meine Absichten geklärt und mich darauf konzentriert, und so kam es einfach.

Meine Frau Bonnie nennt dies die »Korrektur Gottes«. Wenn es einmal einen Rückschlag oder eine Enttäuschung gibt, dann weiß sie, daß alles immer so angepaßt wird, daß genau dann die Dinge eintreten, wenn sie eintreten sollen. Wenn mein Interview nicht verschoben worden wäre, dann wäre ich den Leuten von Mattel nicht begegnet. Diese Begegnung erwies sich als viel wichtiger als das abgesagte Interview.

Einige Wochen davor hatte ich einige Tage lang abends nach der Meditation eine großartige Begegnung mit allen leitenden Persönlichkeiten von Mattel visualisiert. Ich war enttäuscht darüber gewesen, daß die Begegnung wegen Terminschwierigkeiten nicht zustande kam. Dann kam es ganz ohne mein Zutun doch dazu.

Am Tag dieser zufälligen Begegnung hatte ich ebenfalls meine Absichten geklärt. Ich wollte, daß meine Werbemaßnahmen ein großer Erfolg werden sollten und die Einkäufer auf der Spielzeugmesse motivieren würden, das neue Spiel für das Weihnachtsgeschäft in großen Stückzahlen zu ordern. Ich stellte mir vor, daß mir alle bestätigen würden, daß das Spiel großartig sei.

An diesem Tag erfüllten sich durch »Zufall« meine vergangenen Absichten und die Absichten dieses Tages über alle Erwartungen. Aber so etwas geschieht immer wieder. Nach einiger Zeit erkennt man, daß es eigentlich keine Zufallsbegegnungen gibt. Das, was als Zufall erscheint, ist die direkte Folge davon, daß man seine Absichten klärt und sich von seiner Intuition leiten läßt, so daß man genau das bekommt, was man haben möchte.

◄◦►

*Glaube und Vertrauen wachsen, wenn man die*
*Erfahrung macht, daß die Absichten in Erfüllung*
*gehen.*

◄◦►

Klärt man seine Absichten und tritt regelmäßig das Gewünschte ein, dann wächst das Vertrauen. Das Geheimnis besteht darin, mit kleinen Dingen zu beginnen. Zunächst richtet man seine Absicht auf Dinge, von denen man annimmt, daß sie sicher eintreten werden. Dann nimmt man immer mehr dazu, damit auch mehr eintreten kann. Wenn dies dann geschieht, wird man sich seiner Fähigkeit bewußt, die Zukunft so zu gestalten, wie man sie haben möchte.

## Grünes Licht und rotes Licht

Mit zunehmender Erfahrung ändert man seine Haltung. Man spürt ein ungeheures Selbstvertrauen in sich. Statt überall Stoppschilder zu sehen, beginnt man mehr auf das grüne Licht zu achten. Statt sich über Menschen Gedanken zu machen, die einem Widerstand entgegensetzen, denkt man an Menschen, die einen lieben. Statt sich darauf zu konzentrieren, was einem fehlt, sieht man wieder das, was man alles bekommt. Man ärgert sich nicht mehr nur über seine Fehler, sondern denkt mehr an seine Vorhaben. Man fühlt sich nicht mehr blockiert, sondern genießt die Bewegung und Freiheit in seinem Leben. Man wälzt sich nachts nicht mehr im Bett, sondern schläft tief und gut. Wenn überall im Leben grünes Licht ist, stört man sich nicht daran, wenn die Ampel einmal auch auf Rot steht.

Ich fuhr einmal mit meiner Tochter Juliet, die damals noch ein Teenager war, durch die Stadt. Als wir an einer Ampel anhalten mußten, fragte sie mich, warum alle Ampeln in der Stadt immer auf Rot stünden. Ich sagte zu ihr: »Schauen wir doch einmal, ob dies wirklich so ist.«

Als wir weiter durch die Stadt fuhren, stellten wir fest, daß wir viel öfter Grün als Rot hatten. Wir achteten einfach nicht auf das Grünlicht, weil wir dann ja zügig weiterfahren konnten. An Grünlicht fährt man in wenigen Sekunden vorbei, während man Rotlicht viel länger ansehen muß.

———◄o►———

*Man neigt dazu, das Grünlicht zu übersehen, und nur*
*auf das Rotlicht zu achten.*

———◄o►———

Dieses Beispiel zeigt sehr gut, wie die meisten Menschen ihr Leben betrachten. Sie fragen sich, warum es so viele rote Ampeln geben muß. Dies nimmt ihnen das Vertrauen, bekommen zu können, was sie wirklich haben möchten. Aber indem man einmal mehr auf die grünen Ampeln achtet und für das dankt, was man tagtäglich erlebt, gewinnt man das Vertrauen zurück, daß man bekommen kann, was man haben möchte. Aus einer Haltung der Dankbarkeit erwachsen Vertrauen und Zuversicht.

Noch wirksamer als eine allgemeine Haltung der Dankbarkeit ist Dankbarkeit für etwas Bestimmtes, um das man gebeten hatte. Um die Anspannung aus dem Leben zu nehmen, wenn man mehr haben möchte, bittet man einfach Gott um das Gewünschte. Menschen, die an sich selbst glauben, haben Macht, aber sie leben auch unter einem enormen Druck. Wenn sie täglich um Hilfe bitten, wird ihr Leben leichter. Gott hilft gerne, wenn man ihn bittet, aber man muß ihn bitten. Auch dies ist wiederum eine Sache des freien Willens. Die Engel im Himmel warten nur darauf, daß man bittet, damit sie aktiv werden können.

———◄o►———

*Die Engel im Himmel warten nur darauf, daß die*
*Menschen bitten, damit sie aktiv werden können.*

———◄o►———

Viele Menschen bitten nicht um Hilfe, weil sie Gott nicht lästig sein wollen. Wenn man aber an Gott oder an eine göttliche Energie von unendlicher Macht glaubt, dann erkennt man, daß es keine Grenzen gibt. Gottes Macht ist grenzenlos und unerschöpflich.

Man kann gar nicht um zuviel bitten, und man fällt Gott niemals lästig. Gott will, daß man bittet. Alle liebevollen Eltern wollen ihren Kindern helfen. Der Unterschied zwischen Gott und den Eltern besteht darin, daß Gott allmächtig und ohne Grenzen ist.

———◄○►———

*Gott braucht von uns nichts weiter als eine*
*Aufforderung und eine Bitte.*

———◄○►———

Man verzichtet auf Gottes Hilfe und seine eigene innere Kraft, wenn man sein inneres Verlangen unterdrückt. Wachsen das Selbstgewahrsein und die Verbundenheit mit Gott, dann wird der Unterschied zwischen Gottes Willen und dem eigenen Willen sehr gering. Man vermehrt seine Macht, wenn das Herz offen ist und die Liebe strömt. Dann wird Gottes Willen zum eigenen Willen, und der eigene Willen wird eins mit Gottes Willen. Je mehr der eigene Wille mit demjenigen Gottes in Einklang steht, desto mehr Macht hat man buchstäblich in seinen Fingerspitzen.

## Die Verleugnung erkennen

Wenn man das Gefühl hat, keine Unterstützung zu bekommen, reagiert man oft automatisch damit, daß man seine wahren Bedürfnisse und Gefühle unterdrückt und seine Wünsche verleugnet. Wenn Kinder keine Zuwendung bekommen, ziehen sie sich nach einiger Zeit in sich selbst zurück und verlangen nicht mehr, was sie brauchen. Sie können den Schmerz nicht mehr ertragen, nicht zu bekommen, was sie brauchen, also unterdrücken sie ihre Gefühle und werden apathisch.

Kinder wissen noch nicht, was sie möchten. Sie spüren nur, daß sie darunter leiden, daß sie es nicht bekommen. Haben sie liebevolle Eltern, die wissen, was sie brauchen, und ihnen dies geben, dann lernen sie allmählich ihre wahren Bedürfnisse und Wünsche kennen. Wenn sie nicht bekommen, was sie brauchen, bekommen sie niemals eine klare Vorstellung von ihren Bedürfnissen.

*Wenn man nie bekommt, was man braucht, kann man auch nicht wissen, was man braucht.*

Meine Tochter Lauren hing einmal als Sechsjährige dauernd an mir und wollte meine Aufmerksamkeit. Ihre ältere Schwester Sharon sagte: »Lauren, hör auf, deinen Vater zu plagen.« Und Lauren antwortete: »Ich habe heute keinen guten Tag; ich brauche einfach jemanden, der mich in den Arm nimmt und eine Geschichte vorliest.« Wir waren alle erstaunt, wie erwachsen sie sich ausdrückte. Ich sagte ihr, daß ich gleich Zeit für sie hätte. Dann konnte sie geduldig warten, weil sie das Vertrauen hatte, daß ich ihr Anliegen wahrgenommen hatte. Oft sind Kinder wütend, weil man ihnen nicht gibt, was sie haben möchten, und sie glauben, daß man nicht versteht, was sie brauchen. Wenn sie ihre Bedürfnisse nicht genau kennen, ist es noch schlimmer. Aber dieses Wissen können sie nur dann entwickeln, wenn man ihnen immer wieder gibt, was sie brauchen.

Hat man in seiner Jugend und Kindheit entsprechende Unterstützung erhalten, dann kann man auch später seine wahren Bedürfnisse und Wünsche fühlen und artikulieren. Fehlt eine solche Unterstützung, ist man frustriert, und man unterdrückt und verleugnet schließlich seine Bedürfnisse. Dies ist wiederum ein Grund, warum es so wichtig ist, sich über etwas zu ärgern, dann kann man etwas tiefer blicken und herausfinden, was man wirklich will und braucht.

179

Lernt man, seine Liebesspeicher zu füllen, indem man sich die Liebe beschafft, die man braucht, dann bekommt man seine wahren Wünsche in den Blick. Die Tendenz, seine Bedürfnisse zu verleugnen, hört auf, und man schärft sein Bewußtsein dafür, wann der Prozeß der Verleugnung einsetzt. Die bloße Wahrnehmung, daß man anfängt, eine Empfindung oder einen Wunsch zu verleugnen, genügt schon, diese an die Oberfläche zu bringen, wo man sie verarbeiten kann.

# Widerstand aufgeben

Wie kommt es, daß einen etwas, das man nicht will, durch das ganze Leben verfolgt? Oft wird man gerade das, wogegen man sich wehrt, einfach nicht los. Man glaubt, Unerwünschtes dadurch loswerden zu können, daß man sich dagegen wehrt. Leider funktioniert das nicht. Oft schafft man sich erst dadurch, daß man seinen Widerstand aufgibt, die Freiheit, etwas Erwünschtes herbeizuführen.

Sich gegen etwas Unerwünschtes zu sträuben ist so, wie wenn man Öl in ein Feuer gießt. Aktiver Widerstand verleiht Menschen oder Situationen nur noch mehr Kraft. Man richtet seine ganze Aufmerksamkeit auf das Unerwünschte, weil man im Grunde davon überzeugt ist, daß bestimmte Umstände außerhalb von einem selbst daran schuld sind, daß man nicht bekommt, was man möchte.

Veranschaulichen wir uns dies an einigen Beispielen. Am Arbeitsplatz lehnt man oft gerade diejenigen Menschen ab, mit denen man regelmäßig zusammenarbeiten muß. Ärgert man sich über die Empfindungen seiner Kinder, dann werden diese dadurch nur verstärkt. Wehrt man sich gegen den Appetit auf ein süßes Dessert, dann wird er dadurch nur um so stärker. Sträubt man sich dagegen, seine Rechnungen zu bezahlen, dann wachsen sie ins Uferlose. Ärgert man sich über den Verkehr, dann gerät man immer auf die verstopfteste Straße. In geheimnisvoller Weise scheint sich immer gerade das zu verstärken, was man nicht haben will.

Widerstand schwächt die eigene innere Kraft, Erwünschtes anzuziehen. Die Konzentration auf das, was man nicht will, schwächt die Fähigkeit zu bekommen, was man will. Man kann kaum das Vertrauen entwickeln, daß man seine Träume wahr werden lassen kann, wenn man sich auf das konzentriert, was man nicht bekommt. Der Zustand des inneren Glücks, der Liebe und der Zufriedenheit kann sich nicht einstellen, wenn man ihn im Äußeren sucht.

Es geht aber keineswegs darum, Unerwünschtes zu ignorieren. Es geht vielmehr darum, sich gegen diese Dinge nicht zu sträuben, sondern diese und die negativen Empfindungen, die sie wachrufen, zu nutzen, um besser zu spüren, was man möchte. Die Fähigkeit, seine Zukunft selbst zu gestalten, hängt ausschließlich von der eigenen Haltung ab. Statt Widerstand aufzubieten, sollte man seine negativen Emotionen spüren und loslassen und sich dann auf das konzentrieren, was man möchte.

Glaubt man, daß man mehr haben könnte, und bekommt man trotzdem nicht mehr, dann deckt die genauere Betrachtung der eigenen Gefühle meist auf, daß es immer noch Teile von einem selbst gibt, die diesen Glauben nicht haben. Dadurch, daß man auch in Zeiten der Hoffnungslosigkeit seine Bedürfnisse fühlt, stärkt man seine Überzeugung und seinen Willen. Ist man fest überzeugt, dann wird man durch Herausforderungen nur stärker und sicherer.

———◄○►———

*Neunzig Prozent dessen, was im Leben geschieht, ist durch Denken verursacht, nur zehn Prozent durch Handeln.*

———◄○►———

Beginnt Hoffnungslosigkeit das innere Vertrauen zu untergraben, dann entwickelt man unnötigen Widerstand gegenüber der Welt. Statt offen gegenüber dem zu sein, was man hat, und daran zu arbeiten, daß man bekommt, was man nicht hat, verbraucht man seine ganze Kraft für den Widerstand gegen das

Vorhandene. Widerstand gegen eine Person oder eine Situation ist Vergeudung der eigenen Ressourcen.

Statt Frieden und Zusammenarbeit mit einem Menschen will man diesen Menschen loswerden. Statt ein Projekt abschließen zu wollen, verbraucht man sehr viel Energie dafür, das Projekt nicht durchführen zu müssen. Statt am Erfolg einer Beziehung zu arbeiten, reibt man sich damit auf, einem Partner ein bestimmtes Verhalten abzugewöhnen. Man konzentriert sich auf das Unerwünschte und denkt immer nur an alles, was man jemals nicht bekam. Man sollte sich aber vielmehr auf das konzentrieren, was man möchte und was man alles schon bekommen hat.

Man lehnt das Verhalten des Partners ab, indem man sich einredet, daß dieser einen nicht liebt. Statt seine Energie dafür aufzuwenden, daß der Partner glücklich und an einem interessiert ist, wartet man nur darauf, daß man wieder enttäuscht wird.

———◀◦▶———

*Der eigentliche Ursprung des Widerstandes ist Hoffnungslosigkeit. Sie tritt auf, wenn man davon überzeugt ist, Erwünschtes nicht bekommen zu können.*

———◀◦▶———

Nehmen wir an, Sie erwarten mit der Post einen dicken Scheck. Wenn Sie statt dessen lauter Rechnungen bekommen, würden Sie sich nicht dagegen sträuben, sie zu bezahlen. Sie würden sie vielmehr gelassen akzeptieren und zu gegebener Zeit begleichen. Sie würden keinen Widerstand entwickeln, weil Sie das Vertrauen hätten, genug zu haben.

Oder nehmen wir an, Ihr Partner ist krank, Sie wissen aber, daß es ihm bald bessergehen wird. Dann würden Sie das Heft in die Hand nehmen und sich um ihn kümmern. Sie würden es nicht persönlich nehmen, daß Sie jetzt nicht seine Aufmerksamkeit haben. Sie wehren sich nicht gegen die Krankheit, und Sie fühlen sich auch nicht belastet. Der Widerstand verschwindet, weil Sie wissen, daß Ihre eigenen Bedürfnisse später wieder befriedigt werden. Das Vertrauen auf das Kommende bewahrt davor, in eine starre Widerstandshaltung zu geraten.

Nur wenn man seinen Widerstand aufgibt, ist man bereit für positive Entwicklungen und damit für Erfolg. Beginnt man damit, Erfolg zu haben, ist das wie ein Schneeball, der einen Hügel hinabrollt: Er wird immer größer. Je mehr Erfolg man erlebt, desto fester wird die Überzeugung, daß man immer noch mehr haben kann. Mit dem Selbstvertrauen wächst die Begeisterung, und man strotzt vor positiver Energie und Selbstsicherheit.

Wenn man einmal in Schwung gekommen ist, trägt dieser einige Zeit. Nichts fördert den Erfolg mehr als der Erfolg. Wenn man dies einmal verstanden hat, weiß man auch, warum es so wichtig ist, täglich seine Absichten zu klären. Formuliert man einen Wunsch und geht dieser in Erfüllung, wird man sich begeistert seiner inneren Fähigkeit bewußt, in seinem Leben Ergebnisse zu erzielen. Ist man dagegen für die kleinen Wunder nicht offen, dann kann man auch die großen Wunder nicht anziehen. Statt dessen verzettelt man sich im Kampf gegen die Dinge, die man nicht will.

————◄○►————

*Nichts fördert den Erfolg mehr als der Erfolg.*

————◄○►————

Um persönlichen Erfolg haben zu können, muß man seine wirklichen Wünsche spüren und verfolgen. Die meisten Wünsche entstehen aber tagtäglich aus dem Widerstand gegen etwas, was man nicht will. Dies sind natürlich nicht die echten Wünsche, es sind »falsche« Wünsche. Statt anzuziehen, was man wirklich will, verbrauchen falsche Wünsche nur Energie und verstärken die Überzeugung, daß man nicht bekommen kann, was man wirklich möchte.

184

―――◦―――

*Sich auf das Unerwünschte zu konzentrieren verstärkt*
*nur die Überzeugung, daß man nicht bekommen kann,*
*was man möchte.*

―――◦―――

Nehmen wir an, man steckt in einem Verkehrsstau. Wenn man
es eilig hat, möchte man, daß es endlich weitergeht. Durch die
Auflehnung gegen den Verkehr richtet man die Aufmerksamkeit auf etwas, was man nicht möchte. Man richtet all seinen
Widerstand gegen die anderen, langsamen Autos. Als Folge fä-
delt man sich instinktiv in die langsamste Spur ein. Und selbst
wenn es nicht die langsamste Spur ist, glaubt man es zumindest.

Warum steht man im Supermarkt immer gerade dann, wenn
man es eilig hat, an der Kasse, an der es am langsamsten vor-
angeht? Dies ist vorhersehbar. Wenn man nicht in sich ruht
und die Zeit drängt, erwischt man immer die langsamste War-
teschlange.

―――◦―――

*Wenn man es im Supermarkt eilig hat, erwischt man*
*immer die langsamste Kassenschlange.*

―――◦―――

Es ist unvermeidlich, daß Auflehnung neue Möglichkeiten der
Auflehnung schafft. Konzentriert man sich nur auf den
Wunsch, nicht warten zu müssen, dann wird man mit Sicher-
heit warten müssen.

185

# Warum sich die Vergangenheit wiederholt

Wenn man bei einem Geschäft oder in einer Beziehung enttäuscht wurde, nimmt man künftig eine Haltung ein, durch die man sicherstellen möchte, daß dies nicht noch einmal passiert. Aber gerade diese Abwehrhaltung gegenüber Enttäuschungen zieht neue Enttäuschungen an. Wenn man dagegen noch keine Erfahrungen mit Enttäuschungen gemacht hat, denkt man nicht weiter darüber nach. Man konzentriert sich vielmehr auf das, was man will, und genau dies zieht man dann auch in seinem Leben an.

*Wenn man eine Abwehrhaltung gegen Enttäuschungen einnimmt, zieht man genau solche Enttäuschungen wieder an.*

Wenn einem etwas Schlimmes zustößt, fällt es natürlich sehr schwer, keine Abwehrhaltung einzunehmen. Es ist nur allzu verständlich, daß man dies nicht wieder erleben möchte. Aber indem man sich zu sehr auf das Ereignis konzentriert und Maßnahmen ergreift, damit es nicht wieder eintreten kann, zieht man es in gewisser Weise erneut in sein Leben herein. Nur dann, wenn man seine Vergangenheit geheilt hat, wird man nicht mehr von den Gespenstern dieser Vergangenheit heimgesucht. Solange man den mit einem vergangenen Ereignis verbundenen Schmerz nicht loslassen kann, befindet man sich in einem starren, negativen Verhaltensmuster, durch das man bestimmte Aspekte dieses Ereignisses wiederholt.

Wenn man zum Beispiel krampfhaft versucht, nicht allein sein zu müssen, bewirkt man dadurch genau dies. Wenn man nicht zurückgewiesen oder ignoriert werden will, erreicht man gerade das Gegenteil. Will man es unbedingt vermeiden, in irgendeiner Sache zu scheitern, tritt genau dies ein. Hat man Widerwillen gegen seine tägliche Arbeit, dann wird man ständig darunter leiden. Kann man mit jemandem absolut nicht zusammenarbeiten, dann wird man gerade mit dem Betreffenden immer wieder zu tun haben.

———◄o►———

*Je heftiger man etwas ablehnt,*
*desto mehr zieht man es an.*

———◄o►———

Erst wenn der Schmerz der Vergangenheit geheilt ist, weicht die Angst, daß das Ereignis sich wiederholen könnte. Dann bekommt man den Blick wieder frei für die Dinge, die man tun möchte. Die Macht der positiven Wünsche nimmt zu, sobald man fähig ist, vergangene Verletzungen loszulassen.

Solange man der Vergangenheit nicht ins Antlitz sehen will, wird man von ihr immer wieder heimgesucht. Weigert man sich, seine Gefühle wahrzunehmen, dann wird man zwangsläufig immer wieder in Situationen hineingezogen, die diese Gefühle wachrufen. Eine Abwehrhaltung schmälert nicht nur die Chancen, zu bekommen, was man wirklich möchte, sondern kostet auch Kraft. Es ist, wie wenn man seine Liebesspeicher durchlöchern würde, so daß sie niemals voll werden können. Man verliert dauernd Kraft, statt sie in einer konstruktiven und bewußten Weise einzusetzen.

Schreiben Sie einmal alle negativen Gedanken und Überzeugungen auf, die Sie im Laufe eines Tages äußern. Sie werden erstaunt sein, wieviel Abwehr man im Laufe eines Tages spürt. Und die Äußerungen sind ja nur die Spitze des Eisbergs.

Negative Bemerkungen sind Ausdruck der inneren Widerstände. Auch wenn die eigentliche Herausforderung darin besteht, diese inneren Gefühle und Überzeugungen zu heilen, sollte man zunächst damit beginnen, auf seine Worte zu achten. Kommt man im Laufe der Zeit zu der Einsicht, daß man sein Leben selbst erzeugt, dann wird klarwerden, daß eben genau das geschieht, was man sagt. Worte haben eine außerordentliche Macht, insbesondere, wenn sie ein echtes Verlangen ausdrücken.

## Das Abwehrspiel

Das Abwehrspiel kann Spaß machen. Ich spiele es manchmal mit meiner zwölfjährigen Tochter Lauren. Wir gingen einmal miteinander einkaufen und achteten dabei einfach auf alle unsere negativen Äußerungen. Dann versuchten wir, den dahinterstehenden Gedanken anders zu formulieren. Nachfolgend einige unserer Äußerungen als Beispiel:

Ich sagte: »Wahrscheinlich gibt es keine guten Parkplätze mehr; ich parke also gleich hier.« Ich hätte auch sagen können: »Schauen wir mal, ob wir noch einen guten Parkplatz finden.« Wir fuhren dann dorthin, wo wir eigentlich parken wollten, und fanden einen Platz.

Lauren sagte: »Ich hoffe, daß wir nicht so lange warten müssen; ich habe so viele Hausaufgaben.« Dann formulierte sie dies anders: »Ich hoffe, daß alles schnell geht und wir gleich wieder draußen sind. Ich hätte gerne viel Zeit für meine Hausaufgaben.«

Als wir mit den Einkäufen fast fertig waren, sagte ich: »Bonnie wird ungehalten sein, wenn wir zu spät kommen.« Wir formulierten dies um: »Wenn wir jetzt gleich zu Hause sind, wird Mama sich freuen.«

Als wir zu Hause waren, sagte ich im Auto: »Vergiß die Einkaufstasche nicht«, was wir änderten in: »Schauen wir, daß wir alles dabeihaben.«

# Die Abwehrhaltung gegenüber dem Partner aufgeben

Dasselbe gilt für Beziehungen. Statt sich darauf zu konzentrieren, was der Partner nicht tun soll oder was er nicht empfinden soll, sollte man sich mehr mit den Verhaltensweisen und Reaktionen befassen, die man gerne hätte. Statt sich darüber zu ärgern, daß der Partner schlecht gelaunt ist, sollte man sich mehr auf seinen Wunsch konzentrieren, daß der Partner wahrnimmt, welche Vorzüge man selbst hat: »Ich möchte, daß mein Partner mich liebt und mich großartig findet.« Statt zu denken: »Mein Partner hilft mir nie mehr«, sollte man daran denken, wie er einem half und wie man sich dabei fühlte. Dann faßt man den Entschluß, daß man dieses Gefühl wiederhaben will, und sagt sich: »Ich möchte, daß mir mein Partner seine Hilfe anbietet.« Indem man in dieser Weise seine Haltung ändert, sind schon neunzig Prozent des Problems gelöst. Durch diese positive Einstellung weckt man seine innere Überzeugung, daß man bekommen kann, was man möchte. Je mehr man daran glaubt, desto eher geschieht es.

*Wenn man in einer positiven Weise um etwas Erwünschtes bittet, dann bekommt man es.*

Auf der Ebene der Kommunikation sollte man sich um positive Äußerungen bemühen, statt sich zu beklagen, zu kritisieren oder Forderungen zu stellen. Vermeiden Sie Äußerungen wie: »Tue dies nicht...«, »Du tust niemals das...«, »Du tust immer dies...«, »Warum hast du nicht...«, »Warum hast du...«
Man kann richtig Spaß daran bekommen, seine Äußerungen in einer positiven Weise oder als konkrete Bitte umzuformulieren! Statt zu sagen: »Wir gehen nie mehr miteinander aus«,

sollte man etwa sagen: »Unternehmen wir doch am Wochenende gemeinsam etwas Schönes!« Statt zu sagen: »Du hast den Müll schon wieder nicht hinausgetragen«, sollte man sagen: »Würdest du dich nächstes Mal wieder um den Müll kümmern? Der Eimer war so voll, also habe ich ihn hinausgetragen.«

Das Geheimnis, in der richtigen Weise um mehr zu bitten, liegt darin, daß man es ohne Vorwürfe tut. Am einfachsten gelingt dies, wenn man einen neutralen Ton wählt, wie wenn man den Partner bittet, daß er einem die Butter reicht. Man braucht nicht zu glauben oder zu befürchten, daß der Partner einen nicht verstehen wird.

———◄○►———

*Wenn man etwas mit der Vorstellung sagt, daß der Partner ohnehin nicht zuhört, dann wird er auch nicht zuhören.*

———◄○►———

Wenn man bestimmte Verhaltensweisen nicht ausstehen kann, bittet man in einem Augenblick, in dem man sich positiv fühlt, freundlich um das Gewünschte und bleibt dann geduldig dabei. Man fragt weiterhin gelegentlich danach, aber immer in einer Weise, als ob es das erste Mal wäre. Irgendwann wird dem Partner klarwerden, daß er etwas nicht gibt, was man von ihm erwartet, und er wird es sehr zu schätzen wissen, daß man so geduldig war. Dies macht es ihm leichter, Widerstände abzubauen und mehr für einen zu tun. Genauso kann man am Arbeitsplatz oder in der Schule vorgehen.

## Die Macht der Erinnerung

Wie negative Erfahrungen die Abwehrhaltung im Leben verstärken, so verstärkt die Erinnerung an Positives das Selbstvertrauen. Wenn man unbedingt möchte, daß ein bestimmtes Ereignis eintritt, dann erinnert man sich daran zurück, wie dies schon einmal gelang. Als ich mit der Arbeit an diesem Buch begann, dachte ich einen Augenblick bewußt darüber nach, wie ich bisher meine Termine eingehalten hatte. Ich erinnerte mich daran, welche Befriedigung es mir gab, daß ich meine Arbeit gut machte. Ich dachte an die positiven Kommentare der Menschen. Dies verstärkte meine Überzeugung, daß ich es diesmal auch schaffen würde. Und ich schaffte es!

Hält man sich das Positive nicht vor Augen, dann können Zweifel und Ängste auftauchen. Dies ist zwar inzwischen mein zehntes Buch, aber trotzdem bin ich immer noch unsicher, wenn ich ein neues Projekt in Angriff nehme. In mir baut sich ein Widerstand gegen das Schreiben auf. Ein Teil von mir befürchtet, daß meine besten Jahre schon vorüber sind. Ich habe Bedenken, daß dieses Buch nicht so gut sein wird wie die bisherigen. Diese Ängste sind sehr konkret und könnten mich vom Schreiben abhalten, wenn ich nicht wüßte, wie ich mit ihnen umgehen muß.

Jeder Autor, ob erfolgreich oder nicht, ob Anfänger oder sehr erfahren, kennt dieses Gefühl. Man weiß nicht, ob das neue Projekt gelingt und wie es gelingt. Und dann geschieht es doch! Ich bin jedesmal wieder erstaunt. Natürlich ist es eine Gabe, aber man ist auch durch Jahre der Übung, der Beharrlichkeit, der Frustration, der Enttäuschung, der Bedenken und der Ängstlichkeit gereift. Mit jedem Erfolg wachsen das Selbstvertrauen und die schöpferische Kraft. Natürlich kann man es nicht alleine schaffen. Aber man tut sein Bestes, und Gott tut das übrige. Es ist sehr wichtig, sich an seine positiven Erfahrungen zu erinnern, denn dadurch baut man Vertrauen und Selbstvertrauen auf. Es ist so, wie wenn man auf die grünen Ampeln achtet und nicht nur auf die roten. Wenn man nur die roten Ampeln sieht, sperrt man sich gegen den Strom des Lebens. Sieht man auch die Tausende von grünen Ampeln in seinem Leben, dann gewinnt man Selbstvertrauen.

Wenn man zu wenig grüne Ampeln hat, dann kann man

diese erzeugen, indem man seine Vergangenheit heilt. Verbindet man gegenwärtige negative Empfindungen mit früheren Situationen, kann man seine Vergangenheit wiedererleben und diese mit seiner reiferen und liebevolleren Haltung heilen.

Wenn man sich als Kind im Stich gelassen fühlte, wußte man nicht, daß man sich eines Tages die Liebe würde beschaffen können, die man brauchte. Weil man als Kind diese Einsicht noch nicht hatte, entstanden Überzeugungen wie »Ich werde niemals geliebt werden«, »Ich kann die Liebe nicht bekommen, die ich brauche«, »Mit mir ist etwas nicht in Ordnung« usw. Aus rationaler Sicht sind diese Überzeugungen falsch, sie prägen aber weiterhin das Leben. Sie lassen sich beheben, indem man zurückgeht und die Vergangenheit mit Hilfe der im Kapitel »Negative Emotionen loslassen« beschriebenen Verarbeitungstechniken einer Neubewertung unterzieht.

## Lernen, sich selbst zu lieben

Emotionaler Schmerz ist in gewisser Weise immer eine Erfahrung einer negativen und falschen Überzeugung. Fühlt man Schmerz, dann glaubt der Geist etwas, und die Seele sagt, daß dies nicht wahr sei. Um diese Überzeugung ändern zu können, muß man in die Vergangenheit zurückkehren und den Schmerz wiedererleben. Ist die Ursache des Schmerzes die Überzeugung, daß man niemals geliebt werden wird, dann kann der reife Geist dies korrigieren.

————<o>————

*Fühlt man Schmerz, dann glaubt der Geist etwas, und die Seele sagt, daß dies nicht wahr sei.*

————<o>————

Fühlte man sich einmal ungeliebt und setzte sich die Überzeugung fest, daß man nicht liebenswert sei, dann verschwindet der Schmerz automatisch, wenn man zurückkehrt und die Situation nochmals durchlebt. Wenn man als Kind ignoriert, vernachlässigt oder in irgendeiner Weise schlecht behandelt wurde, wußte man noch nicht, wie großartig und wertvoll man ist. Dies nimmt einem die Möglichkeit, Verbindung mit seinem wahren Selbst aufzunehmen. Selbst heute vergesse ich manchmal noch, was für ein großartiger Mensch ich bin. Aber zum Glück weiß ich jetzt, wie ich mit Empfindungen des Zweifels oder des Unwerts umgehen muß. Wenn sie auftauchen, kann ich sie schnell zum Verschwinden bringen.

Dazu stelle ich einfach die Verbindung mit einem Ereignis her, das ich als Siebenjähriger hatte. Ich erlaube es mir, mich wie ein kleiner Junge zu fühlen, der glaubte, daß er niemals mehr nach Hause kommen würde und daß ihn seine Familie vergessen hätte. Einige Minuten lang versetze ich mich in diese Zeit zurück und spüre die Ängste, die ich damals hatte. Dann umarme ich mich selbst und erinnere den kleinen Jungen daran, daß er geliebt wird, daß er nicht vergessen wurde und daß mit ihm alles in Ordnung ist.

Ich versichere mir, daß ich bald wieder geliebt werde. Nach nur wenigen Minuten der Verbindung mit diesem kleinen Teil von mir, der in der Kindheit verletzt wurde, habe ich sofort wieder das Gefühl, die Liebe aller Menschen verdient zu haben. Man braucht nur einige wunde Stellen in seiner Vergangenheit aufzufinden; dann kann man jederzeit zu diesen zurückkehren und seine ersten vier Liebesspeicher auffüllen. Um in seinem Leben immer mehr zu bekommen, muß man ständig die Erfahrung neuer Ebenen der Selbstliebe und des Vertrauens machen. Man kann immer noch mehr bekommen, dieser Prozeß hat kein Ende.

# Alle Wünsche ernst nehmen

Sein wahres Selbst kann man nur finden, wenn man alle seine Wünsche ernst nimmt und anerkennt. Die Wünsche der Seele sind die Grundlage des inneren Erfolgs, aber man hat auch noch andere Wünsche, die ebenfalls berücksichtigt werden müssen: Die des Geistes, die des Herzens und die des Körpers.

Wer mit seinen Wünschen in Verbindung bleibt und sie ernst nimmt, hat eine klare Richtung im Leben und stellt den inneren Erfolg sicher. Ein Verlangen ernst zu nehmen heißt nicht, daß man ihm sofort nachgeben muß. Hören Sie auf alle Ihre Wünsche, und nehmen Sie sie ernst. Dann werden sie im Laufe der Zeit harmonischer, und wenn ein Wunsch mit allen Ebenen harmoniert, dann ist es ein echter Wunsch.

———◦———

*Ein Verlangen ernst zu nehmen heißt nicht,*
*daß man ihm sofort nachgeben muß.*

———◦———

Man kann die Verbindung zu seinen wahren Wünschen leicht verlieren. Weil man unterschiedliche Wünsche hat, können diese manchmal auch widersprüchlich sein. Der Geist möchte etwas, wodurch man Macht gewinnt, während die Seele sich nach Liebe und Glück sehnt. Wenn man nicht das Ganze sehen kann, dann möchte vielleicht der Geist sofort Geld, und es ist ihm gleichgültig, ob er dabei glücklich oder liebevoll ist. Wird jedoch der Wunsch der Seele nach Glück und Liebe unterdrückt, erzeugt dies einen inneren Konflikt.

Im materialistischen Westen gewinnt meist der Geist den Kampf. Er sagt: »Es ist mir gleichgültig, ob ich jetzt glücklich oder liebevoll bin. Ich möchte einfach Geld, und dann werde ich glücklich sein.« In den östlichen Traditionen geht dagegen meist die Seele als Siegerin aus dem Kampf hervor. Der Geist möchte glücklich sein und unterwirft sich der Weisheit der Seele, denn er glaubt, daß wahres Glück nur von innen kommen kann. Er unterdrückt seinen eigenen leidenschaftlichen Wunsch nach äußerem Erfolg. In diesem Fall wird das Verlangen der Seele nach Glück und Liebe erfüllt, aber der Geist bekommt nicht, was er in der äußeren Welt haben möchte.

Heute sind wir zum Glück soweit, daß diese Auseinandersetzung unnötig geworden ist. Wir wissen, daß etwas nicht unbedingt besser oder schlechter ist, nur weil es anders ist. Ebenso ist ein Verlangen nicht besser als ein anderes. Die Wünsche der Seele sind nicht besser als die des Geistes, des Herzens oder des Körpers. Sie sind verschieden, aber sie können nebeneinander existieren und wirksam sein. Ein »Sieg« ist in dieser Auseinandersetzung nur dann möglich, wenn man alle vier Ebenen berücksichtigt, die des Körpers, des Herzens, des Geistes und der Seele. Hat man Verbindung zu all seinen Wünschen, dann hat man auch die Möglichkeit, seine wahren Wünsche zu fühlen.

————◄○►————

*Ein echtes Verlangen erkennt man immer daran, daß es*
*in Harmonie mit allen vier Ebenen ist, mit Körper,*
*Herz, Geist und Seele.*

————◄○►————

Es gibt zwölf Arten, wie man sich selbst an der Wahrnehmung aller seiner Wünsche hindert. Achtet man auf diese Neigungen, kann man den Unterschied erkennen zwischen dem, was man zu wollen glaubt, und dem, was man wirklich möchte. Die zwölf Haltungen sind:

1. Rachegefühle
2. Festhalten
3. Zweifel
4. Ausreden
5. Trotz
6. Nachgeben
7. Ausweichen
8. Rechtfertigung
9. Zurückweisung
10. Zurückhalten der Liebe
11. Reaktion
12. Opfer

# 1. Sich ärgern, aber sich nicht rächen

Wenn man wütend ist und nicht weiß, wie man seinen Ärger abreagieren kann, dann versucht man oft, sich an dem Betreffenden zu rächen. Solche Rachegefühle befinden sich aber nicht in Harmonie mit dem Verlangen der Seele nach einer liebevollen Haltung. Wenn man einerseits liebevoll sein und andererseits jemandem weh tun möchte, lähmt man sich selbst.

Rache zu üben steht immer im Widerspruch zum Verlangen der Seele. Weil Rachegefühle intensiv sind, ist man vielleicht erfolgreich, aber man wird über diesen Erfolg nicht glücklich sein. Man hat letztlich Zeit und Energie vergeudet, die man besser auf seine eigentlichen Bedürfnisse hätte verwenden können.

Man hat nicht unbegrenzt Zeit, Energie und Aufmerksamkeit. Und wenn es das wirkliche Ziel im Leben ist, liebevoll und glücklich zu sein, dann ist es eine große Verschwendung von Zeit und Energie, Rache zu üben. Schon der bloße Wunsch, daß jemandem etwas Böses geschehen möge, nimmt einem unnötig Kraft. Sobald man sich nicht mehr davon lösen kann, anderen Vorwürfe zu machen, schwächt man dadurch seine innere Überzeugung, bekommen zu können, was man möchte.

———◄o►———

*Rache schafft Erleichterung – aber sie heilt nichts.*

———◄o►———

Statt an sich selbst und an Gott zu glauben, verzichtet man auf seine innere Kraft. Man beginnt zu glauben: »Diese Person ist schuld daran, daß ich nicht glücklich sein kann, daß ich nicht bekommen kann, was ich möchte. Ich kann erst wieder liebevoll sein, wenn sich der oder die Betreffende ändert, wenn diese Person nicht mehr da ist oder erleidet, was ich erlitten habe.« Selbst wenn es gelingt, sich an jemandem zu rächen, ist diese Befriedigung doch nur von kurzer Dauer. Rache schafft Erleichterung – aber sie heilt nichts. Mit Rachegelüsten verleugnet man nicht nur das Verlangen der Seele, liebevoll zu sein, sondern auch seine Fähigkeit, sich zu beschaffen, was man möchte.

Lernt man, Vorwürfe durch eine verzeihende Haltung abzubauen, dann befreit man sich dadurch von seiner energievergeudenden Tendenz, es jemandem heimzahlen zu wollen. Solange man an seinem Wunsch festhält, mit jemandem abzurechnen oder ihm eine Lektion zu erteilen, gibt man dem Betreffenden unnötigen Raum im eigenen Kopf. Man verschwendet die Energie, die eigentlich dafür da ist, die eigenen Träume zu verwirklichen. Läßt man seine Rachegelüste einfach los, kann man in seinem Inneren wieder glücklich und erfüllt sein, ohne von der Außenwelt abhängig zu sein.

## 2. Fixierungen aufgeben

Wenn man jemanden oder etwas verliert, spürt man meist Trauer, Furcht, Bedauern und Frustration. Diese Emotionen zu fühlen ist heilsam und ein notwendiges Element des Loslassens. Weiß man aber nicht, wie man solche negativen Gefühle verarbeitet und losläßt, verlangt man weiterhin nach etwas, was man nicht mehr haben kann.

Solange das Herz nicht geheilt ist, hält man an unerreichbar Gewordenem fest. Durch die Fixierung auf die Vergangenheit versperrt man sich unbewußt den Weg in eine großartige Zukunft. Im Grunde ist Verbundenheit ja nichts Schlechtes. Sie kann reiner Ausdruck der Liebe sein. Wenn man jemanden liebt, möchte man ihn festhalten. Das Geheimnis, wie man seine Liebesfähigkeit erhält, besteht aber darin, auch loslassen zu können, wenn es an der Zeit ist.

Das Festhalten wird krankhaft, wenn man sich weigert, etwas loszulassen, das absolut nicht mehr erreichbar ist. Lernt man loszulassen und Veränderungen vertrauensvoll zu akzeptieren, dann macht man sofort die Erfahrung, daß jede Veränderung, wie schmerzlich sie auch sein mag, immer gleichzeitig die Tür zu einer Bereicherung öffnet.

———◄○►———

*Jede Veränderung, wie schmerzlich sie auch sein mag, öffnet immer gleichzeitig die Tür zu einer Bereicherung.*

———◄○►———

Erleidet man in seinem Leben einen Verlust oder einen Rückschlag, dann ist die Ursache des Leidens das Festhalten. Um loszulassen, muß man in seinem Herzen wieder Liebe finden können. Man glaubt fälschlicherweise, daß man einen bestimmten Menschen oder eine bestimmte Sache braucht; doch in Wirklichkeit braucht man das, was einem dieser Mensch oder diese Sache gab. Ein besonderer Mensch ist etwas Besonderes, aber letztlich bekam man von diesem Menschen Liebe, und diese kann man auch von anderen Menschen bekommen. Indem man losläßt, gibt man Neuem in seinem Leben eine Chance. Eine Veränderung ist nur dann schmerzlich, wenn man nicht loslassen kann.

*Wirklich tragisch wird ein Verlust oder ein Rückschlag*
*nur dann, wenn man sein Herz nicht mehr für eine*
*neue Liebe öffnen kann.*

―――◄○►―――

Um loslassen zu können, muß man sich zunächst klarmachen, warum überhaupt diese feste Bindung entstanden ist. Ist man es gewöhnt, von jemandem Liebe und Unterstützung zu bekommen, dann verliert man die Bindung zu seinem inneren Selbst, wenn diese Unterstützung wegfällt. Man glaubt, daß man diese betreffende Person braucht, um die Empfindung der Liebe haben zu können. Doch man vergißt, daß man letztlich doch nur die Liebe und Unterstützung braucht, die man von der betreffenden Person bekam. Die Unterstützung, durch die man wieder Verbindung zu sich selbst bekommen kann, findet man auch anderswo. Natürlich kann niemand die betreffende Person ersetzen, aber es gibt immer anderweitige Möglichkeiten, seine Liebesspeicher wieder aufzufüllen. Solange dies aber nicht gelingt, spürt man schmerzlich seine innere Leere.

Man kann sich natürlich auch auf sein Verlangen nach mehr Sachen fixieren. Man muß bestimmte Dinge haben, um glücklich sein zu können. Aber der Glaube, etwas haben zu müssen, verleugnet die Wahrheit, daß man in seinem Inneren schon glücklich ist. Man glaubt, daß man durch mehr Geld oder ein neues Fernsehgerät mit Großbildschirm glücklich werden würde. Man will das Fernsehgerät unbedingt haben, weil man meint, sonst nicht glücklich sein zu können.

Ein solches heftiges Verlangen entsteht, wenn man noch nicht gelernt hat, wie man Verbindung mit seinem wahren Selbst herstellt, indem man sich die Liebe verschafft, die man braucht.

Wenn man bloß rational versucht, eine solche starke Bindung aufzugeben, besteht die Gefahr, daß man seine innere

Leidenschaft und sein inneres Begehren verleugnet. Man verzichtet auf seine Fähigkeit, seine Träume zu verwirklichen, wenn man aufhört zu träumen. Seine innere Leidenschaft muß man fühlen, Fixierungen jedoch aufgeben.

Lernt man, seinen ersten Liebesspeicher durch Gebet und Meditation aufzufüllen, dann erfährt man eine geistige Erhebung. Wenn man das Glück, das man nur durch das neue Fernsehgerät zu erlangen glaubte, unmittelbar erfährt, ist man nicht mehr so abhängig. Man möchte zwar das Fernsehgerät immer noch, aber es ist nicht so, daß man es haben muß, um glücklich zu sein. Diese Art eines unabhängigen Begehrens ist voller Leidenschaft und stellt viel Energie bereit.

## 3. Seine Zweifel in Frage stellen

Jeder hat die Fähigkeit, Probleme zu lösen und herbeizuführen, was er haben möchte. Doch um mehr Wissen und Einsicht zu gewinnen, muß man zunächst ein gewisses Maß an Nichtwissen oder Unsicherheit haben. Damit ist nicht der Zweifel gemeint, der »etwas nicht glauben« bedeutet, sondern einfaches Nichtwissen. Aus der Haltung des Nichtwissens kann man immer noch glauben, daß etwas möglich ist.

Wenn man eine Befürchtung hat, sagt man: »Ich weiß es nicht. Vielleicht geschieht es, vielleicht auch nicht. Aber auf alle Fälle *kann* es geschehen.« Man glaubt an positive Möglichkeiten. Wenn man meint, etwas nicht zu glauben, während man sich in Wirklichkeit nicht sicher ist, dann sollte man den Blick darauf richten, was möglich sein könnte.

———◀◦▶———

*Geht man nicht von Zweifel, sondern von Ungewißheit aus, kann man an positive Möglichkeiten glauben.*

———◀◦▶———

Erfährt man Ungewißheit ohne Zweifel, dann öffnet man sich wieder seinem schöpferischen Selbst. Wenn man etwas schon weiß, ist man nicht mehr offen. Wo es aber noch Fragen gibt, kann es auch neue Antworten geben. Die Herausforderung bei der Unsicherheit besteht darin, daß man nicht aufhört, um Antworten zu bitten. Eines meiner Lieblingsgebete lautet: »Zeige mir den Weg.« Wenn ich nicht weiß, was ich als nächstes tun soll, frage ich danach; dann kommt die Erkenntnis, und ich bekomme, was ich haben möchte.

Wenn ich Ängstlichkeit empfinde, kann ich mich von dieser befreien, indem ich mich daran erinnere, daß ich zu zweifeln begonnen habe, statt zu akzeptieren, daß ich einfach nichts weiß. Ich habe durch Erfahrung gelernt, daß auf Ungewißheit immer eine neue Antwort, mehr Einsicht oder irgend etwas Großartiges folgt.

Um mich von Ängstlichkeit zu befreien, wende ich das folgende Verfahren an. Ich frage mich zunächst, was mich besorgt macht. Dann frage ich mich: »Weiß ich sicher, daß diese Ereignisse eintreten werden?« Dies macht den Weg zu der Einsicht frei, daß ich, wenn ich unsicher bin, auch nicht sicher sein kann, daß irgend etwas Schlimmes geschehen wird. Ängstlichkeit beruht meist darauf, daß man seinen Befürchtungen glaubt, statt daran zu denken, daß man letztlich gar nichts weiß. Indem man den Geist für alle Möglichkeiten offenhält, erlangt man Zugang zu seiner inneren Führung und kann man wieder Vertrauen verspüren.

———◁o▷———

*Wenn man unsicher ist, dann hat man auch keine*
*Sicherheit, daß etwas Schlimmes geschehen wird.*

———◁o▷———

Wenn man nicht daran glaubt, daß etwas möglich ist, dann unterdrückt man automatisch diesen Wunsch. Zweifel töten die Leidenschaft und unterbrechen den Strom der Gefühle. Eine einfache Möglichkeit, Zweifel abzulegen, besteht in der Einsicht, daß man nichts wissen kann, aber daß man für alle Möglichkeiten offen ist.

Wenn ich durch Handauflegen heile, bleibt manchmal der starke Energiestrom aus, der in den Betreffenden übergehen soll. Die natürliche heilende Energie ist blockiert, weil etwas in diesem Menschen keinen Glauben hat und er zweifelt. Wenn ich den Betreffenden bitte, laut auszusprechen, was er möchte, beginnt die Energie sofort zu fließen. Wenn man sagt und fühlt, was man haben möchte, dann stellt man automatisch Verbindung mit dem Teil von einem selbst her, der weiß, daß man haben kann, was man haben möchte.

## 4. Seine Ausreden erkennen

Oft blockiert man seine wahren Wünsche auch dadurch, daß man versucht, sie mit rationalen Begründungen zu verleugnen. Selbst wenn das Herz sagt, daß man etwas Bestimmtes nicht möchte, setzt sich der Geist durch, indem er Begründungen vorschiebt, warum man es doch tun muß. So sagt man etwa: »Das ist eben meine Aufgabe« oder: »Ich hatte den Befehl.« Als man die Kriegsverbrecher der Nazizeit fragte, wie sie zu so unmenschlichen Taten fähig waren, antworteten sie: »Ich habe nur Befehle ausgeführt.« Durchschnittliche Menschen sind keine eiskalten Mörder, und doch tun Menschen bedenkenlos Dinge, die ihren eigentlichen Empfindungen widersprechen, indem sie ihre Gefühle dem Diktat des Verstandes unterwerfen.

Etwas Ähnliches geschieht, wenn man nicht daran glaubt, daß man etwas Bestimmtes tun oder erreichen kann. Statt an dem festzuhalten, was man möchte, redet man sich seinen Wunsch aus. Ist man etwa darüber enttäuscht, daß man ein bestimmtes Ziel nicht erreicht hat, dann schiebt man rationale Begründungen vor. Man sagt sich etwa: »Mach dir nichts draus«, »Man kann nicht alles haben«, »Das ist eben nichts für dich«,

»Du hattest unrealistische Ziele«, »Es ist noch nicht soweit« oder: »Es war nicht der richtige Zeitpunkt.«

Mit sich selbst zu reden kann sehr hilfreich sein, aber man muß vorher seine Emotionen fühlen und freisetzen. Man kann negative Emotionen nicht loslassen, indem man sie sich ausredet. Langfristig geht dies nicht gut. Entweder man intensiviert dadurch diese Emotionen, oder man unterdrückt sie und damit zugleich seine Fähigkeit zu fühlen, was man haben möchte. Viele Menschen wissen nicht mehr, was sie wollen, weil sie jahrelang Gefühle unterdrückt haben. Sie sind schlicht unfähig geworden, ihre Bedürfnisse und Wünsche zu erfühlen und zu erfüllen.

Dabei genügt es oft schon, sich negativer Emotionen bewußt zu werden und sie anschließend zu fühlen, um sie aufzulösen. Alle kleinen Kinder haben diese Fähigkeit. Kinder kehren automatisch wieder zu positiven Empfindungen zurück, wenn sie die Möglichkeit haben, ihre negativen Emotionen gemeinsam mit einem liebevollen und verständnisvollen Zuhörer zu fühlen und mitzuteilen.

Als Erwachsene können wir negative Emotionen auch ohne die Hilfe anderer auflösen. Etwa mit einundzwanzig Jahren ist das Potential vorhanden, um sich selbst mit Liebe und Verständnis zuzuhören. Dies ist sehr wichtig, weil andere Erwachsene normalerweise keine negativen Emotionen hören wollen. Als Erwachsener kann man seine Gedanken, Gefühle und Wünsche beispielsweise aufschreiben und dadurch herausfinden, was in einem vor sich geht. Lernt man, ohne Werturteil und ohne Widerstand seinem Inneren zu lauschen, dann wird man von seinen negativen Emotionen direkt wieder zu seinem wahren positiven Selbst zurückgeführt.

Sobald man versucht, sich seine Negativität mit dem Verstand auszureden, unterdrückt man dadurch seine wahre Natur und verliert die Verbindung zu ihr. Man kann sich damit vorübergehend Erleichterung verschaffen, aber letztlich ist dies kontraproduktiv. Man entfernt sich nicht nur von seinem wahren Selbst, sondern büßt auch seine Lebenskraft ein, was zur Krankheit, Langeweile und Apathie führt. Emotionen zu unterdrücken raubt immer Energie.

Vor allen Dingen aber können rationale Erklärungen die Empfindung der Reue verdecken, die wichtig zur Selbstkorrektur ist. Man tut vielleicht etwas, das andere verletzt, und durch eine Ausrede verleugnet man das Bedürfnis der Seele, Mitleid zu empfinden. Man sagt sich etwa: »Anders hätte ich nicht bekommen können, was ich wollte« oder: »Ich brauche mich nicht zu schämen. Es war nicht meine Schuld.«

Durch das Leugnen verliert man aber die Verbindung zu seinem mitleidvollen Selbst. Auch wenn man nicht für ein schlimmes Ereignis verantwortlich ist, ist es doch nur natürlich, Bedauern zu empfinden und sich zu wünschen, daß dieses Ereignis nicht eingetreten wäre. Rationale Erklärungen verhärten das Herz und erschweren die Verbindung mit der Welt.

Sehr oft tut man etwas, obwohl das Herz nein sagt. Als ich sechzehn war, erlebte ich zum ersten Mal diesen Konflikt. Ich fuhr mit meinem Auto Zeitungen aus. Plötzlich hörte ich einen dumpfen Schlag. Ich hielt an, stieg aus und sah, daß ich einen Hund angefahren hatte. Im ersten Augenblick tat es mir sehr leid, und ich dachte: »Was mache ich jetzt?« Dann kam die Furcht, daß man mich wegen des verletzten Hundes zur Rechenschaft ziehen könnte. Ich zog den Hund also an den Straßenrand, stieg wieder ein und fuhr weiter.

Später sah ich ein, daß ich mich falsch verhalten hatte. Ich hatte auf meinen Verstand gehört, nicht auf mein Herz, das dem Tier helfen wollte. Ich hätte zumindest an einigen Türen klingeln können, um die Anwohner über den Unfall zu informieren und in irgendeiner Weise zu helfen. Aber ich tat es nicht.

Sehr viel später in meinem Leben wurde mir klar, warum ich so gehandelt hatte. Als der Unfall geschehen war, dachte ich: »Ich bin nicht zu schnell gefahren, ich habe den Hund nicht gesehen, und ich wollte ihn gewiß nicht verletzen.« Indem ich mich so auf rationale Erklärungen verlegte, brachte ich mein Bedauern zum Verschwinden. Ich fühlte mich gewissermaßen schuldlos, stieg wieder in mein Auto und fuhr weiter. Ich habe mir inzwischen verziehen, aber ich habe diese Lehre nicht vergessen. Ich achte heute darauf, mir meine natürlichen Empfindungen des Bedauerns nicht auszureden, die die Tür zum Gewissen sind. Mitleid für andere bringt sehr viel Energie und Motivation. Es weckt das innere Verlangen, zu helfen und in der Welt etwas Gutes zu tun.

## 5. Seinem Trotz trotzen

Es gibt Menschen, über die man sich wirklich ärgert. Man widersetzt sich ihnen oder weigert sich, das zu tun, was sie von einem erwarten. Oft ist es eine Autoritätsgestalt, die einen zu gängeln versucht. Man sträubt sich gegen etwas, und zwar nicht deshalb, weil man es nicht möchte, sondern deshalb, weil es eine bestimmte Person von einem verlangt. Man handelt nicht deshalb, weil man etwas Bestimmtes möchte, sondern aus einer Trotzhaltung. Dies entspringt nicht einem echten inneren Wunsch.

Kann man jemanden nicht ausstehen und verlangt der Betreffende von einem etwas, dann tut man es zum Trotz nicht. Es kann sehr befriedigend sein, das Gegenteil dessen zu tun, was der Betreffende will, aber man vergeudet damit seine Kraft. Man glaubt, es dem Betreffenden zu zeigen, aber man zeigt nur, daß der Betreffende eben doch die Macht hat, das eigene Handeln zu beeinflussen. Man selbst ist der Verlierer, wenn man nicht tut, was man eigentlich will. Man glaubt, seine Unabhängigkeit zu beweisen, aber in Wirklichkeit wird man doch von einem anderen kontrolliert. Stärke hingegen demonstriert man dadurch, daß man tut, was man selbst will.

*Eine Trotzhaltung ist nur scheinbar der Beweis der*
*Unabhängigkeit: In Wirklichkeit beugt man sich einem*
*fremden Einfluß.*

————‹○›————

Ich kenne jemanden, der seinen Vater nicht ausstehen konnte.
Sein Vater hatte immer zu ihm gesagt, daß er es nie zu etwas
bringen würde, weshalb er ihm das Gegenteil beweisen wollte.
Er wurde tatsächlich Millionär, weil er es mit aller Macht
wollte. Sein intensiver Trotz verlieh ihm die Kraft zum Erfolg;
weil aber sein Herz verhärtet war, konnte er letztlich all sein
Geld gar nicht genießen.

Manchmal möchte man Dinge einfach deshalb tun, um sich
jemandem zu widersetzen oder jemandem zu beweisen, daß er
unrecht hat. Aber es ist eine große Vergeudung von Zeit und
Energie, jemandem, den man nicht einmal liebt, soviel Einfluß
auf das eigene Verhalten zu gestatten. Aber diese Tendenz ist
heute überall in unserer Gesellschaft zu beobachten. Wieviel
Energie wird in Prozessen vergeudet! Natürlich kann ein Prozeß auch gerechtfertigt sein, aber ein großer Teil ist völlig
unnötig. Statt Geld, Zeit und Energie für einen Rechtsstreit aufzuwenden, sollte man seiner Wege gehen und sein Leben so gestalten, wie man es möchte.

Regt sich in einem der Drang, zum Trotz etwas zu tun, was
man eigentlich gar nicht tun wollte, bis man sich über jemanden ärgerte, dann muß man diesem Drang widerstehen. Man
muß seinem Trotz trotzen. Fragen Sie sich: »Möchte ich darauf
wirklich meine Zeit verwenden? Wie würde ich mich fühlen,
wenn der Betreffende nett zu mir wäre? Wie würde ich dann
reagieren?«

## 6. Nachgeben, nicht aufgeben

Wenn man eine Enttäuschung erleidet, fügt man sich manchmal nicht einfach in das Geschehen, sondern man gibt ganz auf. Man glaubt nicht mehr an sich und an Gott und verzichtet auf sein Verlangen. Aber es besteht ein feiner Unterschied zwischen Nachgeben und Aufgeben. Gibt man nach, dann gibt man seinen Widerstand gegenüber den Gegebenheiten auf. Man gibt sich mit dem zufrieden, was man hat, und akzeptiert, was man nicht ändern kann. Dies bedeutet aber nicht, daß man auf seine Wünsche verzichtet.

———◀◦▶———

*Sich fügen heißt, seinen Widerstand gegenüber den*
*Gegebenheiten aufzugeben.*

———◀◦▶———

Fügt man sich, dann paßt man lediglich seine Erwartungen den Möglichkeiten an, wie schnell man etwas Gewünschtes bekommen kann. Sich zu fügen befreit von der Erwartung, daß man das Gewünschte in einer ganz bestimmten Verpackung bekommt. Sich zu fügen ist eine Übung in Geduld, schließt aber Beharrlichkeit und Festigkeit nicht aus.

Heilt man seine Vergangenheit, muß man sich vielleicht von der Hoffnung verabschieden, daß man von seinen Eltern jemals so geliebt wird, wie man es möchte, aber man muß deshalb nicht auf seinen Wunsch verzichten, reine und unbedingte Liebe zu empfangen. Sich zu fügen befreit und öffnet in verschiedener Weise für das, was man möchte. Was macht es letztlich aus, von wem man etwas bekommt, das man sich wünscht? Hauptsache ist doch, man bekommt es. Dann findet man wieder zu seinem wahren Selbst zurück und kann seine wahren Wünsche wieder fühlen.

Gibt man nach und akzeptiert man die Reaktion der äußeren Welt, dann entdeckt man oft, daß die kurzfristigen Erwartungen unrealistisch sind und man sich anpassen muß. Anpassung bedeutet nicht den Verzicht auf seine Wünsche. Man akzeptiert vielmehr, was man hat, und denkt weiter darüber nach, was man wirklich möchte und wie man es bekommen kann.

Das folgende Gebet verdeutlicht dies sehr schön: »Gott, gib mir die Gelassenheit, die Dinge hinzunehmen, die ich nicht ändern kann, den Mut, zu ändern, was ich ändern kann, und die Weisheit, das eine vom anderen zu unterscheiden.«

## 7. Dem Ausweichen ausweichen

Sieht man keine Möglichkeit, zu bekommen, was man braucht und haben möchte, dann ersetzt man seine Wünsche oft durch sekundäre Wünsche. Wenn ich zum Beispiel an einem Buch arbeite, gibt es Tage, an denen ich nicht schreiben möchte. Dann bin ich immer darüber erstaunt, wie viele andere Dinge ich plötzlich zu tun habe. Ich habe Lust, meinen Schreibtisch aufzuräumen, meine Faxmitteilungen zu lesen, einkaufen zu gehen oder sonst irgend etwas zu tun, das mich am Schreiben hindert. Ich »möchte« all dies tun, aber es ist nicht das, was ich wirklich möchte. Es sind Ersatzwünsche.

Oft glaubt man, etwas wirklich tun zu wollen, während man in Wirklichkeit damit nur versucht, etwas anderes nicht tun zu müssen, was man eigentlich will. So könnte man zum Beispiel Angst vor einem Versagen haben und schiebt deshalb Dinge beiseite. Aber solange man keine Klarheit darüber hat, was man wirklich möchte, kann man seine inneren Fähigkeiten nicht wirklich zielstrebig nutzen. Man geht vielleicht in seinem Leben sehr lange in die falsche Richtung, obwohl nur einige wenige Anpassungen und einige Schritte in die richtige Richtung nötig wären, um alles nach Wunsch gehen zu lassen.

———◄o►———

*Übernimmt man nur einige wenige Anpassungen, die*
*den wahren eigenen Bedürfnissen entsprechen, dann*
*geht alles wie gewünscht.*

———◄o►———

Oft sucht man einen Partner, während man in Wirklichkeit nur das Gefühl der Einsamkeit loswerden will. Extremes Erfolgsstreben kann bedeuten, daß man vor Empfindungen des Versagens und der Unzulänglichkeit, die noch geheilt werden müssen, davonläuft. Ist man müde oder möchte man ein Schläfchen machen, möchte man vielleicht für etwas keine Verantwortung übernehmen. So können in unzähligen Varianten Wünsche ein Versuch sein, den eigenen inneren Empfindungen auszuweichen. Dadurch schwächt man aber seine Fähigkeit, das zu schaffen, was man möchte.

Wünsche, mit denen wir etwas vermeiden wollen, sind nicht rein, kraftvoll und positiv. So fühlen sich zum Beispiel viele Menschen am Arbeitsplatz unter Streß und träumen von einer anderen Arbeit. Was sie aber wirklich möchten ist, in der Arbeit glücklich zu sein, eine Stelle zu haben, an der sie gerne arbeiten und die eine Herausforderung darstellt, und sie möchten jeden Tag etwas Sinnvolles tun. Wenn dieser Unterschied nicht klar ist, verliert man seine Kraft. Läuft man vor seinen Problemen davon, wird man überall schon von ihnen erwartet. An einem Ersatzwunsch festzuhalten bedeutet eine Schwächung der wahren Wünsche, von denen viel mehr Kraft ausgeht.

———◄o►———

*Läuft man vor seinen Problemen davon, wird man*
*überall schon von ihnen erwartet.*

———◄o►———

Seelische Kraft entfaltet sich dann am besten, wenn die bewußten Wünsche im Einklang mit dem sind, was man wirklich möchte. Versucht man, Situationen auszuweichen, statt konzentriert auf das zuzugehen, was man wirklich möchte, dann macht man selbst die Gelegenheit zunichte, die Wünsche seiner Seele zu erfüllen.

Durch Verzögern geht außerordentlich viel Energie verloren. Eine Technik, um es zu überwinden, besteht darin, sich ständig vorzustellen, daß man das tut, was man hinauszögert. Man stellt sich vor, wie man sich fühlt, wenn man es schließlich erreicht hat. Man hält sich vor Augen, wie man es leicht und mühelos tut. Man stellt sich vor, daß man die Aufgabe in Angriff nimmt und sie abschließt, und daß man bei beidem zufrieden und glücklich ist. Führt man dies einige Zeit durch und bittet man Gott um Hilfe, dann beginnt man plötzlich tatsächlich, die Dinge in Angriff zu nehmen. Sobald man seine Aufmerksamkeit von dem, was man nicht will, auf das verlagert, was man will, setzt man großes schöpferisches Potential frei.


# 8. Keine Rechtfertigungen

Manche Menschen verlieren den Kontakt zu dem, was sie wirklich möchten, weil sie ihre Haltung in einer übertriebenen Weise verteidigen und rechtfertigen. Statt nach einer Auseinandersetzung um Versöhnung bemüht zu sein und zu prüfen, inwieweit man selbst Anteil am Streit hatte, beharrt man darauf, daß der andere sich zuerst entschuldigen muß. Macht man sein Bedauern und seine Verantwortlichkeit davon abhängig, daß man eine Entschuldigung bekommt, verleugnet man seinen inneren Wunsch, aus allem zu lernen und dadurch zu wachsen. Man rechtfertigt sein Tun, statt Mitgefühl oder Bedauern zu empfinden.

Wenn man etwas Falsches tut, dann kann man dies natürlich immer erklären. Es gibt immer gute Gründe dafür, und natürlich war es keine Absicht. Dies ist alles richtig, aber ein Fehler bleibt ein Fehler. Erkennt man seinen Fehler nicht an, findet man kaum Zugang zu seinen inneren Empfindungen des Bedauerns und der Reue. Aber ohne solche Empfindungen ist eine Korrektur von Verhaltensweisen nicht möglich. Nur wenn man sich seine Neigung, sich zu verteidigen, bewußt macht, kann man einer Abwehrhaltung vorbeugen.

Nehmen wir an, Sie haben einem Bekannten einen freundschaftlichen Klaps auf den Oberarm gegeben. Ein paar Tage später sehen Sie ihn wieder. Sie wissen nicht, daß er sich inzwischen eine Verletzung am Oberarm zugezogen hat, weil man es nicht sehen kann. Sie begrüßen ihn und geben ihm wieder einen freundschaftlichen Klaps auf den Oberarm, genau wie beim letzten Mal. Diesmal aber tut es weh, und er schreit auf.

Die große Frage lautet nun: »Haben Sie jetzt etwas falsch gemacht?« Ich bin immer wieder darüber erstaunt, wie viele Menschen dies verneinen. Sie rechtfertigen ihr Verhalten und bestreiten, einen Fehler gemacht zu haben, in dem sie etwa sagen:

▷ »Es tut mir leid, wenn ich einen Fehler gemacht habe.«
▷ »Es tut mir leid, wenn ich Ihnen weh getan habe.«
▷ »Ich wußte nicht, daß Ihr Oberarm verletzt ist.«
▷ »Woher hätte ich es wissen sollen?«
▷ »Sie hätten es mir sagen müssen, daß Sie eine Verletzung haben.«
▷ »Ich kann nichts dafür; das hätte jedem passieren können.«
▷ »Ich wollte nur eine freundschaftliche Geste machen.«
▷ »Man darf doch einem Freund wohl noch einen Klaps auf den Arm geben?«
▷ »Es tut mir leid, daß ich Ihnen weh getan habe, aber ich konnte es ja wirklich nicht wissen.«

All diese Aussagen verhindern die notwendigen Selbstkorrekturen. Sie sind Beispiele dafür, wie der Geist die inneren Empfindungen des Bedauerns verleugnet und es verhindert, daß man das Verlangen seiner Seele spürt, sein Verhalten zu ändern und aus allen Fehlern zu lernen. Solche Abwehrhaltungen entstehen aus der Angst, daß man für seine Fehler bestraft werden könnte. Erfolg hängt aber immer von der Fähigkeit ab, sich zu berichtigen und unzweckmäßige Verhaltensweisen aufzugeben.

Betrachten wir einige dieser Rechtfertigungsversuche näher. Wenn jemand sagt: »Es tut mir leid, wenn ich einen Fehler gemacht habe«, dann übernimmt er damit nur scheinbar die Verantwortung für seinen Fehler. Ansonsten müßte der Satz etwas anders klingen: »Es tut mir leid, *daß* ich einen Fehler gemacht habe«, nicht: »Es tut mir leid, *wenn* ich einen Fehler gemacht habe.« Ebenso geht die Aussage: »Es tut mir leid, *wenn* ich Ihnen weh getan habe«, völlig darüber hinweg, *daß* man jetzt jemandem weh getan hat und daß man es wiedergutmachen möchte.

Erkennt man an, daß man einen Fehler begangen hat, dann verlangt das Herz immer danach, dies in angemessener Weise wiedergutzumachen. Dadurch stellt man eine wichtige Verbindung zu seinem Gewissen her und schafft man die Motivation, es künftig besser zu machen.

Wenn man sagt: »Ich wußte ja nicht, daß Sie eine Verletzung hatten« oder sonstige Entschuldigungen vorbringt, verleugnet man nicht nur sein natürliches Bedauern, sondern man unterdrückt auch seinen Wunsch, aufmerksamer und liebevoller zu sein. Aus dem Eingeständnis von Fehlern kann man immer etwas lernen. Wenn man sich entschuldigt, indem man sagt, daß man es nicht wissen konnte, dann redet man sich damit ein, daß man keinen Fehler begangen hätte. Aber statt sich von Schuld freizusprechen, muß man sich selbst vergeben und das Vertrauen haben, daß einem auch von anderen vergeben wird.

## 9. Zurückweisung zurückweisen

Wenn Kinder keine Zärtlichkeit bekommen, führt dies oft dazu, daß ihnen im späteren Leben Berührungen unangenehm sind. Wird in der Jugend ein wichtiges Bedürfnis nicht befriedigt, hört man auf, dieses Bedürfnis wahrzunehmen, um den großen Schmerz der Entbehrung nicht spüren zu müssen. Wenn man dann im späteren Leben von jemandem etwas angeboten bekommt, das man braucht, weist man es zurück. Wenn man so lange seine inneren Bedürfnisse verleugnet hat, bemüht sich die Seele weiter um die Liebe und Unterstützung, die man braucht, aber der Verstand weist sie zurück. Man bekommt Hilfe angeboten, aber man ist nicht daran interessiert.

Um sich von dieser Neigung zu befreien, Dinge zurückzuweisen, die man in Wirklichkeit gerne haben möchte und braucht, muß man sich von jemandem, zu dem man Vertrauen hat, etwas geben lassen, das man braucht, aber nur ungern annimmt. Wenn der Betreffende freundlich auf seinem Angebot beharrt, erlaubt man es sich, sich dagegen zu sträuben, und erkundet und verarbeitet die auftauchenden Empfindungen. Wenn man einmal die Gelegenheit hat, die mit der Ablehnung verbundenen negativen Gefühle durchzuerleben und aufzulösen, kann man wieder beginnen, die Dinge zu schätzen, die man braucht.

Oft weist man gerade die Menschen zurück, die haben, was man braucht. Man möchte hingegen von Menschen geliebt werden oder mit Menschen zusammenarbeiten, die gerade nicht haben, was man braucht. Aber wenn man zurückweist, was man braucht, zieht man dadurch Situationen an, in denen sich nichtverarbeitete Verletzungen der Kindheit spiegeln.

*Eifersucht ist eine sehr wichtige Emotion, weil sie das
Gefühl dafür wieder lebendig werden läßt, was man
wirklich möchte und braucht.*

Wird ein Bedürfnis nicht befriedigt, empfindet man natür-
licherweise Eifersucht, wenn ein anderer bekommt, was man
selbst braucht. Eifersucht ist eine sehr wichtige Emotion, weil
sie das Gefühl dafür wieder lebendig werden läßt, was man
wirklich möchte und braucht. Oft ist man auf Menschen neidisch, die etwas haben, was man selbst gerne hätte. Wenn man
diese Empfindungen der Eifersucht nicht bewußt zuläßt oder
abbaut, weist man letztlich ebendas zurück, was man im Leben
verdient hätte.

Viele Menschen beneiden die Reichen. Das ist gar nicht
schlecht, denn es ist ein Zeichen dafür, daß ein Teil von einem
tatsächlich reich sein möchte. Läßt man es zu, daß man die
Eifersucht und sein Verlangen spürt, stärkt man dadurch seine
Fähigkeit, das Gewünschte zu bekommen. Fühlt man seine
ernsthaften Wünsche nicht, kann man den Überfluß nicht anziehen, den man sich so sehr wünscht.

Lehnt man irgendeinen Ausdruck äußeren Überflusses ab,
der für etwas steht, was man in Wirklichkeit selbst gerne hätte,
dann sagt man Dinge wie: »Wer will denn so etwas schon
haben? Wahrscheinlich sind die Leute unglücklich, und ihre
Kinder können sie nicht ausstehen. Was soll man denn mit soviel Geld?« Aber wenn man seine Eifersucht loslassen würde,
könnte man mit einem offenen Herzen sagen: »Das wäre auch
etwas für mich; was macht es, wenn diese Leute vielleicht unglücklich sind? Ich möchte das haben und zugleich glücklich
sein.«

Sooft man Eifersucht verspürt, sollte man einfach sagen:
»Das wäre auch etwas für mich.« Sich über den Erfolg anderer

Menschen zu freuen und sich den gleichen Erfolg zu wünschen ist ein Zeichen dafür, daß man schon bald haben könnte, was man möchte.

## 10. Die Liebe nicht zurückhalten

Eines der größten Hindernisse für die Wahrnehmung seines echten Bedürfnisses, zu lieben und geliebt zu werden, ist das Entziehen der Liebe. Wenn man verletzt wird, reagiert man oft mit Liebesentzug. Man möchte damit entweder den anderen bestrafen oder sich selbst davor schützen, nochmals verletzt zu werden. Aber in beiden Fällen schadet man sich nur selbst. Der größte Schmerz, den man sich zufügen kann, ist das Zurückhalten der Liebe, die man in seinem Herzen spürt. Hält man seine Liebe zurück, unterdrückt und verleugnet man das tiefste Verlangen seines Herzens. Man gibt die Verbindung zu seinem eigenen wahren Selbst auf. Man kann im Leben nur Fortschritte machen, wenn man lernt, nach einer Verletzung zu verzeihen und wieder zu lieben.

―――◄o►―――

*Der größte Schmerz, den man sich zufügen kann, ist das Zurückhalten der Liebe, die man in seinem Herzen spürt.*

―――◄o►―――

Wenn man von jemandem verletzt wurde, muß man natürlich Vorkehrungen treffen, daß dies nicht wieder geschieht. Aber um sich künftig zu schützen, braucht man nicht aufzuhören, liebevoll zu sein. Jemanden zu lieben heißt ja nicht, daß man alles tun muß, was der Betreffende verlangt. Es bedeutet nicht einmal, überhaupt etwas tun zu müssen. Es bedeutet einfach, daß man sein Herz für den Betreffenden öffnet. Man kann das Gute in diesem Menschen sehen und ihm wohlwollend gesinnt sein.

Besteht eine Tendenz, die Liebe zurückzuhalten, dann muß man sich dessen bewußt werden und diese Haltung auflösen. Eine gute Methode ist es, sich ein Ventil zu verschaffen, indem man alle Empfindungen bezüglich des Betreffenden oder der Situation aufschreibt. Nach jedem Satz schreibt man: »Ich möchte dich nicht mehr lieben.« Sooft man dies tut, wächst die Einsicht, daß man nur sich selbst weh tut. Haben Sie keine Angst, daß Sie sich mit dieser Übung allzusehr auf das Negative konzentrieren. Denn es ist besser, dies zehn Minuten lang zu tun, als zehn Jahre lang die Liebe zurückzuhalten.

Durch das Aufschreiben findet man wieder zu dem Bewußtsein zurück, daß man letztlich nichts anderes will, als den Betreffenden glücklich zu sehen, als zu verzeihen oder sich wieder zu versöhnen. Zumindest wünscht man dem Betreffenden nichts Böses mehr. Manchmal ist eine Versöhnung nicht möglich, weil z. B. das Gegenüber nicht zu einer Versöhnung bereit ist. Aber man kann immer verzeihen und dem Betreffenden wünschen, daß es ihm wohl ergehen möge.

## 11. Bewußt handeln, nicht reagieren

Manchmal möchte man etwas für jemanden tun, aber der Betreffende verlangt in einer so groben Weise mehr, daß man es sich anders überlegt. Man denkt mit aufrichtiger Entrüstung: »Wenn er mich höflich gebeten hätte, hätte ich es ihm nicht abgeschlagen.« Man fühlt sich im Recht – und doch ist dies eine sehr beschränkende Haltung, mit der man sich selbst schadet.

Reagiert man einfach nur, läßt man sich von anderen sein Handeln vorschreiben. Einer der Wünsche der Seele ist Großzügigkeit. Ist man wirklich bereit, jemandem zu helfen, dann kann man sich durch das Verhalten des Betreffenden nicht daran hindern lassen, sich selbst treu zu sein.

Als ich mit meinen Workshops begann, kamen anschließend Leute zu mir und beklagten sich. Die einen sagten, daß ich zuviel redete, während andere fanden, daß ich zuwenig redete. Meine innere Reaktion bestand dann darin, dieses Verhalten zurückzugeben. Ich sagte mir: »Wenn diese Leute mich nicht mögen, dann mag ich sie auch nicht. Wenn ihnen meine Seminare nicht gefallen, dann halte ich eben keine mehr ab.« Zum Glück konnte ich meine Reaktionen erkennen und es vermeiden, ihnen nachzugeben.

Ich habe viele aufrichtige Menschen erlebt, die etwas für die Welt tun wollten oder in der Arbeit ihr Bestes gaben, aber durch ständige Kritik mürbe gemacht wurden. Sie hatten schließlich keine Lust mehr zu helfen, weil ihr Engagement nicht geschätzt wurde. So büßt man aber seine Kraft ein. Um kraftvoll sein zu können, muß man solche Herausforderungen überwinden und sich davon nicht abhalten lassen, zu fühlen und zu tun, was man wirklich tun möchte.

Um meine negativen Reaktionen in positive zu verwandeln, denke ich: »Wenn ich höflicher gefragt worden wäre, was hätte ich dann getan?« Dann tue ich, was ich tun wollte. Um seine Souveränität zu behalten, darf man sich nicht von anderen Leuten, die kein Benehmen haben, auf ihre Ebene herabziehen lassen. Man bewahrt seine Würde und Stärke dadurch, daß man deren Energie nicht genauso zurückschickt. Man bleibt sich selbst treu, indem man nicht auf ihr Verhalten reagiert. Man trifft statt dessen selbst die Entscheidung, wie man sie behandeln möchte. Die Seele möchte immer voller Liebe, Achtung und Mitgefühl sein, aber auch stark.

——◄○►——

*Man bewahrt seine Würde und Stärke dadurch, daß man negative Energie nicht genauso zurückschickt.*

——◄○►——

Wenn man von jemandem zornig angefahren wird, dann reagiert man automatisch ebenfalls mit Zorn. Man paßt sich an die Emotion an und gibt sie zurück. Solche automatischen Reaktionen sind jedoch ein Grund dafür, warum man in Negativität festgefahren bleibt und sich nicht mehr von ihr lösen kann. Wenn man mit Zorn reagiert, antwortet der andere erneut mit Zorn und Negativität. So setzt sich dies endlos fort.

Möchte man dies in seinem Leben nicht mehr haben, dann muß man den Zyklus von Reaktionen unterbrechen. Wird man von jemandem verletzt, ist die übliche Reaktion, den Betreffenden ebenfalls verletzen zu wollen. Dies fordert aber den Betreffenden und andere erst recht heraus. Es ist also eine Illusion, daß man dadurch etwas bewirken könnte, daß man anderen mit gleicher Münze heimzahlt.

Viele Menschen haben eine falsche Vorstellung von Gerechtigkeit. Ihr Motto lautet: Auge um Auge. Tust du mir weh, dann habe ich das Recht, dir ebenfalls weh zu tun. Aber eine bessere Auffassung von Gerechtigkeit lautet: »Du hast mich verletzt, aber ich habe Besseres verdient. Und ich habe die Fähigkeit, etwas Besseres herbeizuführen.« Mit einer solchen Haltung verleiht man dem Vertrauen in seine Fähigkeit Ausdruck, sich das zu beschaffen, was man haben möchte, statt sein Glück davon abhängig zu machen, daß man es einem anderen mit gleicher Münze heimzahlt. Die Seele hat nie das Verlangen, jemanden zu verletzen. Sobald man lernt, daß man das Leben nach seinen Wünschen gestalten kann, kann man sich von einer Haltung der Vergeltung befreien.

In aller Regel ist es besser, negative Emotionen für sich zu behalten. Man nimmt sie wahr, lernt aus ihnen und befreit sich von ihnen, indem man zu einer positiven Haltung zurückkehrt, die man dem anderen deutlich macht (siehe Kapitel »Negative Emotionen loslassen«). Über negative Emotionen zu reden kann höchstens dann hilfreich sein, wenn der Zuhörer nicht der ist, auf den man reagiert.

## 12. Das Opfer der Liebe bringen

Wenn man einen Menschen liebt, bringt man für diesen gerne einmal ein Opfer. Man genießt es, seine Liebe in dieser Weise zeigen zu können. Aber ein Opfer zu bringen kann nur dann ein Akt der Liebe sein, wenn die Liebesspeicher gefüllt sind. Hat man kein Übermaß an Liebe zur Verfügung, hat es auch keinen Sinn, im Namen der Liebe Opfer zu bringen.

————◄○►————

*Hat man kein Übermaß an Liebe zur Verfügung, hat es auch keinen Sinn, im Namen der Liebe Opfer zu bringen.*

————◄○►————

Weil Opferbereitschaft zu einer liebevollen Haltung gehört, opfern sich viele liebevolle Menschen für andere auf, bis sie völlig leer sind oder sogar krank werden. Sie gehen so sehr in ihrer Aufgabe auf, andere glücklich zu machen und anderen etwas zu geben, daß sie ihre eigenen Bedürfnisse überhaupt nicht mehr wahrnehmen. Wenn man sie fragt, glauben sie sogar, daß ihre Bedürfnisse in nichts anderem bestehen, als andere glücklich zu machen.

Es ist schön, andere Menschen glücklich machen zu wollen, aber dies ist nur ein Teil der eigenen Bedürfnisse. Um seine übrigen Wünsche zu erkennen, muß man sich immer wieder selbst fragen, was man möchte, um glücklich zu sein. Dazu ist es hilfreich, einmal ganz selbstsüchtig zu sein und sich Empfindungen wie Zorn, Habgier, Eifersucht oder Frustration zu gestatten. Machen Sie sich eine Liste mit Dingen, über die Sie sich ärgern. Spüren Sie die negativen Gefühle, und sehen Sie sie sich genau an. Auf diese Weise treten Sie in Verbindung mit Ihren Bedürfnissen und erhalten ein besseres Bewußtsein dafür, was Sie möchten.

## Alles bekommen, was man möchte

Sobald man einmal erkannt hat, wie leicht man in unterschiedlicher Weise die Verbindung zu seinen wahren Wünschen verliert, dann ist es nicht schwierig, die notwendigen kleinen Anpassungen vorzunehmen, durch die man seine positiven Wünsche fühlen kann. Dann beginnt man, alles anzuziehen, was man möchte. Die Basis des äußeren Erfolgs ist nichts weiter als eine positive, klare Absicht. Möchte man etwas aus ganzem Herzen, glaubt man daran, daß man es bekommen kann, und richtet man seine ganze Aufmerksamkeit darauf, dann entdeckt man in sich auch die Kraft, seine Träume zu verwirklichen und das Leben zu führen, zu dem man geboren wurde.

# Die zwölf Blockierungen aufheben

Bekommt man nicht, was man braucht, oder hat man keine Verbindung zu seinen wahren Wünschen, dann gerät man in eine Erstarrung. Man verliert die Fähigkeit, die Verbindung mit seinem wahren Selbst aufzunehmen und die positiven Empfindungen zu spüren. In einem solchen Fall ist es notwendig, seine Blockierung zu erkennen. Damit kann man herausfinden, in welche Richtung man gehen muß, um mit Hilfe verschiedener Werkzeuge und Prozesse loslassen und bekommen zu können, was man braucht. Es genügt nicht mehr, zu fühlen, was man fühlt, und zu erkunden, was man möchte.

Hat man es mit einer der zwölf Blockierungen gegenüber dem persönlichen Erfolg zu tun, dann verschwinden diese nicht schon dadurch, daß man sie spürt. Blockierungen bloß zu spüren macht sie nur stärker. Diese zwölf Blockierungen sind: Vorwürfe, Niedergeschlagenheit, Ängstlichkeit, Gleichgültigkeit, Kritik, Entschlußlosigkeit, Zaudern, Perfektionismus, Groll, Selbstmitleid, Verwirrung und Schuldgefühle. Für die Aufhebung dieser Blockierungen sind jeweils unterschiedliche Vorgehensweisen erforderlich.

Eine Blockierung zu fühlen ist etwas anderes, als eine negative Emotion zu fühlen. Es gibt grundsätzlich zwölf reine negative Emotionen: Zorn, Trauer, Furcht, Bedauern, Frustration, Enttäuschung, Besorgnis, Verlegenheit, Eifersucht, Verletztheit, Panik und Scham (siehe Kapitel »Negative Emotionen loslassen«). Alle übrigen Emotionen lassen sich auf diese zwölf Grundempfindungen zurückführen. Einige dieser negativen Emotionen zu fühlen, führt zum eigenen wahren Selbst zurück.

Nimmt man dagegen bloß seine Blockierungen wahr, bleibt man unverändert festgefahren. Der Hauptgrund, warum man blockiert ist, liegt darin, daß man seine negativen Emotionen nicht im ganzen Umfang fühlt und losläßt.

*Um eine Blockierung aufzuheben, muß man mehr tun,*
*als sie nur zu fühlen.*

Um eine Blockierung aufzuheben, muß man mehr tun, als sie nur zu fühlen. Suhlt man sich zum Beispiel in Vorwürfen, dann fühlt man sich nur um so mehr als Opfer, das nicht bekommt, was es braucht. Versinkt man in seiner Depression, bestätigt man sich dadurch nur, daß man keinen vernünftigen Grund hat, glücklich zu sein. Eine Blockierung zu fühlen, führt in keiner Weise zu einem selbst zurück. Es ist also äußerst wichtig, sich dieser möglichen zwölf Blockierungen bewußt zu werden.

Sobald man weiß, inwieweit man die Verantwortung dafür trägt und was man tun kann, dann ist man bereit, das zu tun, was notwendig ist, um die Blockierung aufzuheben. Man kann dann die Blockierungen anerkennen und sich darauf konzentrieren, zu seinem wahren Selbst zurückzugelangen.

Sich mit Negativität zu befassen und sie zu fühlen, ist nur dann hilfreich, wenn man seine negativen Emotionen fühlt. Reine negative Emotionen führen zurück zum Gleichgewicht, wenn man sich von seinem wahren Selbst entfernt hat. Blockierungen sind aber etwas anderes als negative Emotionen, und dieser Unterschied ist ganz entscheidend.

Kennt man diesen Unterschied nicht, sieht man Gefühle in einem schlechten Licht. Man fühlt seine Blockierungen, und fühlt sich nur um so schlechter. Deshalb scheuen sich viele Menschen, ihre Gefühle zu betrachten, oder meinen, dies sei nutzlos. Sie haben sich einmal darauf eingelassen, ihre Blockierungen zu fühlen, und es ging ihnen prompt schlechter statt besser.

*Kennt man den Unterschied zwischen Blockierungen*
*und Emotionen nicht, sieht man Gefühle in einem*
*schlechten Licht.*

———◄○►———

Negative Emotionen machen deutlich, daß man aus dem Gleichgewicht geraten ist. Sie verweisen auf die wirklichen Wünsche und führen einen zurück zu dem, was man wirklich möchte. Findet man dann sein Gleichgewicht wieder und verbindet man sich mit seinem wahren Selbst, verschwindet die negative Emotion von selbst, und es stellen sich wieder positive Gefühle ein. Negative Emotionen zeigen, daß man aus dem Gleichgewicht ist; Blockierungen machen deutlich, daß man schon gestolpert und gestürzt ist.

———◄○►———

*Negative Emotionen zeigen, daß man aus dem*
*Gleichgewicht ist; Blockierungen machen deutlich, daß*
*man schon gestolpert und gestürzt ist.*

———◄○►———

Ist man gestürzt, muß man sich wieder aufrappeln. Eine Blockierung zu erkennen ist deshalb so wichtig, weil man dadurch wahrnimmt, daß man gestolpert ist und etwas unternehmen muß, um wieder auf die Beine zu kommen.

Wenden wir uns also den zwölf Blockierungen im einzelnen zu und prüfen wir, wie man sie aufheben kann. Bevor man sich von einer Blockierung emotional lösen kann, muß man sie erst intellektuell verstanden haben. Deshalb geht es in diesem Kapitel zunächst darum, die verschiedenen Blockierungen zu verstehen. Im nächsten Kapitel befassen wir uns dann mit verschiedenen Übungen, wie man sich emotional von ihnen lösen kann.

# 1. Vorwürfe loslassen

Wer anderen Vorwürfe dafür macht, daß er nicht glücklich ist, der verzichtet dadurch auf die Möglichkeit, sich selbst zu heilen. Durch Vorwürfe gegenüber anderen gibt man die Eigenverantwortung für sein Leben auf und bekräftigt, daß man selbst hilflos ist. Macht man andere oder Umstände, auf die man keinen Einfluß hat, für seine eigenen Empfindungen bezüglich der Vergangenheit, der Gegenwart oder der Zukunft verantwortlich, kann man keine Veränderungen herbeiführen. Man verliert das Vertrauen in sich selbst und in alles um einen herum.

———◦———

*Solange man andere für seine Gefühle verantwortlich macht, beraubt man sich der Fähigkeit, sein Leben zu ändern.*

———◦———

Es ist nicht grundsätzlich falsch, jemandem Vorwürfe zu machen. Vorwürfe sind nötig, um die äußere Ursache seines Schmerzes festzustellen und sich klarzumachen, was man tun kann, um etwas Erwünschtes zu bekommen. Sobald man aber weiß, wer oder was den Schmerz verursacht hat, muß man die Vorwürfe loslassen. Solange man glaubt, daß ein anderer Einfluß darauf hat, wie man sich selbst fühlt, kann man die innere Kraft, sich zu heilen oder seinen Schmerz loszulassen, nicht entdecken.

Schlägt mich jemand auf den Arm, mache ich ihm mit Recht dafür Vorwürfe. Er hat mich geschlagen, und ich habe einen blauen Fleck davongetragen. Aber dann muß ich mich davon lösen, den anderen weiter verantwortlich zu machen. Ich muß erkennen, daß der andere mich zwar verletzte, daß es aber in meiner Macht liegt, das Geschehene wiedergutzumachen. Es liegt in meiner Macht, die Prellung zu heilen. Solange ich erwarte, daß der andere sich mit mir versöhnt, kann es mir erst dann bessergehen, wenn der andere dies tut. Die Prellung wird aber dadurch nicht besser.

———◄○►———

*Solange man sich von anderen abhängig macht, ist man unfähig, selbst dafür zu sorgen, daß es einem wieder bessergeht.*

———◄○►———

Wenn ein anderer mir Geld stiehlt und mir dadurch finanziellen Schaden zufügt, sind Vorwürfe insoweit nützlich, als ich dadurch erkennen kann, was geschehen ist; dies versetzt mich in die Lage, vorbeugende Maßnahmen zu ergreifen. Mache ich dagegen weiter dem anderen Vorwürfe dafür, daß ich keinen Erfolg habe, dann bleibe ich bei der Überzeugung stehen, daß der andere mich daran hindern kann, mir das Gewünschte zu beschaffen. Ich beraube mich mit dieser beschränkten Vorstellung der Möglichkeit, meine Zukunft selbst zu gestalten.

———◄○►———

*Solange man an Vorwürfen festhält, ist man nur eingeschränkt in der Lage, sein Schicksal selbst zu bestimmen. Ein anderer gestaltet das eigene Schicksal.*

———◄○►———

Solange man in einer Vorwurfshaltung steckt, vermag man dies kaum einzusehen. Es ist deshalb wichtig, sich für einen Augenblick von dieser Haltung zu lösen. Man stellt sich dazu vor, daß man den vollständigen persönlichen Erfolg erreicht hat. Man vertraut darauf, daß man über alles verfügt, was man braucht, und sich jederzeit beschaffen kann, was man haben möchte. Man weiß aus Erfahrung, daß man bekommt, woran man glaubt. Man weiß, daß Dinge zu neunzig Prozent deshalb eintreten, weil man sein liebevolles wahres Selbst verwirklicht hat und leidenschaftlich begehrt, was man haben möchte. Aus dieser positiven Haltung des persönlichen Erfolgs sieht man plötzlich keine Notwendigkeit mehr, anderen weiterhin Vorwürfe zu machen.

Oder nehmen wir ein anderes Beispiel: Wenn man im Jahr zweihunderttausend Mark verdient und um zehn Mark bestohlen wird, dann würde man sich nicht lange darüber ärgern. Man würde den Dieb nicht verfolgen oder in irgendeiner Weise Vergeltung fordern. Man würde ohne weiteres loslassen und sich sagen. »Na und? Was soll es? Ich habe Wichtigeres zu tun.«

Wenn man dagegen nur zehn Mark hat und diese gestohlen werden, würde man sich außerordentlich ärgern, weil einem alles genommen wurde. Dann würde man eher zu der falschen Überzeugung neigen, daß der Dieb dafür verantwortlich ist, wie man sich fühlt. Gibt man sich solchen Vorwürfen hin, vergißt man seinen Selbstwert und denkt nicht mehr daran, daß man sich doch alles Gewünschte beschaffen kann. Man glaubt, daß der eigene Wert zehn Mark beträgt, nicht zweihunderttausend. Wird man um zehn Mark betrogen oder bestohlen, ist es natürlich in Ordnung, negative Emotionen zu haben, die man dann abbauen kann, aber es ist nicht gesund, an Vorwürfen festzuhalten. Man muß weitermachen und sich nicht weiter mit dem Betreffenden aufhalten.

Verzeihen heißt, sich von der Neigung zu lösen, andere für seine Probleme in dieser Welt haftbar zu machen. Solange man in einem anderen Menschen oder in den Umständen den Grund für ausbleibenden Erfolg sieht, blockiert man seine Fähigkeit, diesen Erfolg selbst zu erzeugen. Erhebt man den Finger des Vorwurfs, weisen immer drei Finger zurück auf einen selbst. Diese drei Finger erinnern daran, daß man selbst alles wieder in Ordnung bringen kann. Durch Verzeihen gewinnt man seine Fähigkeit zurück, sich zu beschaffen, was man braucht und haben möchte.

———◄o►———

*Verzeihen heißt, sich von der Neigung zu lösen, andere*
*für seine Probleme in dieser Welt haftbar zu machen.*

———◄o►———

Fühlt man sich nicht in der Lage, seine Bedürfnisse zu befriedigen, kommt man von seinen Vorwürfen nicht los. Man denkt: »Wenn ich ihm verzeihe, tut er es gleich wieder.« Man glaubt, daß Verzeihen der eigenen Macht schadet. Aber diese Art von Macht, Menschen zu manipulieren oder zu bestrafen, ist eine falsche Macht. Sie hängt von anderen ab, nicht von einem selbst. Je mehr man seine Fähigkeit erfährt, Dinge zu bewirken, desto leichter kann man verzeihen. Und was noch wichtiger ist: Je mehr man verzeiht, desto mehr wächst die eigene Fähigkeit, etwas zu bewirken.

———◄o►———

*Je mehr man lernt, rasch zu verzeihen, desto mehr*
*wächst die Fähigkeit, Dinge zu bewirken.*

———◄o►———

Wenn sie verletzt werden, neigen manche Menschen dazu, sich zu rächen, indem sie ihre Liebe zurückhalten. Aber wie wir schon gesagt haben, ist dies niemals ein wahres Bedürfnis der Seele. Es führt nur von der eigenen Fähigkeit weg, Dinge zu bewirken. Der einzige, dem man durch Rache wirklich schadet, ist man selbst.

Zu verzeihen bedeutet nicht, daß alles beim alten bleibt. Verzeihen heißt, die Verletzung loszulassen, nicht aber, sich erneut einer Verletzung auszusetzen. Jemanden zu lieben bedeutet in keiner Weise, es dem Betreffenden zu gestatten, einen wiederholt zu verletzen. Man sollte es sich sehr wohl überlegen, ob man künftig noch etwas mit diesem Menschen zu tun haben möchte.

227

*Jemanden zu lieben bedeutet nicht, es dem*
*Betreffenden zu gestatten, einen zu verletzen.*

Manchmal verzeiht man jemandem und möchte weiterhin die Beziehung aufrechterhalten, während es in anderen Fällen klüger ist, dem Betreffenden künftig aus dem Weg zu gehen. Tut man dies mit der Weisheit eines offenen Herzens, dann hat man wirklich verziehen. Ärgert man sich und will man sich nicht mehr öffnen, dann ist es in den meisten Fällen sinnvoll, sich zu beruhigen, die vorwurfsvolle Haltung aufzugeben und dann die Beziehung neu zu überdenken.

Eine nachsichtige Haltung öffnet Herz und Seele für die Einsicht, daß jeder Fehler macht, aber trotzdem noch Liebe verdient hat. Fehlverhalten macht niemanden der Liebe unwürdig. Durch Verzeihen findet man den Weg zurück zu seiner liebevollen Natur, und zugleich bietet sich dadurch die Gelegenheit zu prüfen, wie man künftig die Beziehung zu dem Betreffenden gestalten will.

Eine der Möglichkeiten, sich von Vorwürfen zu befreien, ist die Erkenntnis, daß man in der falschen Richtung sucht. Macht man seinem Partner Vorwürfe, weil man etwas Erwünschtes nicht bekommen kann, dann sollte man sich einem anderen Liebesspeicher zuwenden und diesen auffüllen. Versucht man, seine Bedürfnisse anderswo zu befriedigen, öffnet man sich den Weg zurück zu seinem liebevollen Selbst, so daß man seinem Partner verzeihen kann.

Die negative Überzeugung, die mit einer vorwurfsvollen Haltung einhergeht, lautet: »Wegen dieser Sache bekomme ich nicht, was ich brauche oder möchte.« Die Erkenntnis, daß dies nicht richtig ist, schenkt die Freiheit, anderen und sich selbst Fehler zu verzeihen. Statt zu glauben, daß man von der Vergangenheit gelähmt wird, erkennt man, daß die Vergangenheit gerade helfen kann, seinen Weg klarer zu sehen, und die Fähigkeit stärkt, durch Verzeihen wieder liebevoll zu werden.

## 2. Niedergeschlagenheit loslassen

Niedergeschlagenheit stellt sich ein, wenn man die Verbindung zu seiner inneren Fähigkeit verloren hat, die vielen positiven Dinge in seinem Leben wahrzunehmen, zu schätzen und zu genießen. Wenn das Herz nicht für das offen ist, was man schon bekommen hat, kann man sich auch nicht auf eine großartige Zukunft freuen. Niedergeschlagenheit raubt die Fähigkeit, zu fühlen und das anzuziehen, was man in seinem Leben wirklich möchte. Man verliert die natürliche Fähigkeit, sich über die kleinen Dinge des Lebens zu freuen.

Bei Frauen entsteht Niedergeschlagenheit meist aus dem Gefühl der Einsamkeit. Hat eine Frau das Gefühl, nicht bekommen zu können, was sie braucht, wächst die Niedergeschlagenheit. Sind die übrigen Liebesspeicher leer, treten Depressionen auf, weil ihre Bedürfnisse nicht befriedigt werden. Eines der Hauptsymptome einer solchen Niedergeschlagenheit ist das Gefühl der Leere und Machtlosigkeit. Richtet man dann seine Aufmerksamkeit auf einen anderen Liebesspeicher, bekommt man plötzlich wieder, was man braucht, und die Niedergeschlagenheit verfliegt. Für viele Frauen ist in einem solchen Fall Meditation sehr hilfreich.

―――◄o►―――

*Bei Frauen ist die Hauptursache für*
*Niedergeschlagenheit das Gefühl der Einsamkeit*

―――◄o►―――

Bei Männern ist die Hauptursache für Niedergeschlagenheit das Gefühl, nicht gebraucht zu werden. Ist ein Mann arbeitslos oder hat er das Gefühl, in seiner Arbeit oder in einer Beziehung nicht geschätzt zu werden, kann er in eine Depression geraten. Er fühlt sich kraftlos, und er empfindet sein Leben als flach. Manche Männer wissen nicht einmal, daß sie eine Depression haben, weil sie von ihrem fühlenden Selbst abgeschnitten sind. Die wichtigsten Symptome für eine Depression sind Motivationsmangel und das allgemeine Gefühl, daß alles irgendwie gleichgültig ist.

———◄○►———

*Bei Männern ist die Hauptursache für
Niedergeschlagenheit das Gefühl, nicht gebraucht zu
werden.*

———◄○►———

Um seine Niedergeschlagenheit zu überwinden, muß man den Blick in eine andere Richtung wenden. Was man bisher tat, blieb erfolglos, weil man Liebe, Unterstützung oder Glück in der falschen Richtung suchte. Indem man ein anderes Bedürfnis befriedigt, kann man sich aus seiner Lähmung befreien. Man wird nur dadurch am Erfolg gehindert, daß man gerade die Dinge zurückweist, die man am dringendsten braucht.

Ist man niedergeschlagen, weil man sich in einer Beziehung zurückgestoßen fühlt, dann muß man sich woanders nach Liebe umsehen. Man darf sich nicht dem Irrtum hingeben, daß es nur einen einzigen Menschen gibt, der einen glücklich machen kann. Man muß deshalb nicht unbedingt den Partner wechseln, aber man muß sich Unterstützung aus einem anderen Liebesspeicher holen.

Ist man wegen eines beruflichen Mißerfolgs niedergeschlagen, muß man sich klarmachen, daß es viele Möglichkeiten gibt, sein Ziel doch noch zu erreichen. Häufig ist man nur deshalb niedergeschlagen, weil man glaubt, daß man etwas nur auf eine einzige Art erlangen könne. Aber es führen immer viele Wege zum Ziel. Wendet man sich einem anderen Liebesspeicher zu, der gefüllt werden muß, und bekommt man dort, was man braucht, dann findet man dadurch zu seinem wahren Selbst zurück, das klug und selbstbewußt genug ist, einen neuen Weg zum Ziel zu entdecken.

Mit Niedergeschlagenheit geht immer die negative Überzeugung einher, daß man die Liebe und Unterstützung, die man braucht, nicht bekommen könne. Kennt man aber die zehn Liebesspeicher, hat man dadurch mehr Möglichkeiten, etwas zu bekommen, was man braucht. Die neue Erkenntnis besteht darin, daß man bestimmte Dinge nur deshalb nicht bekommt, weil man in die falsche Richtung blickt. Was man braucht, steht immer auch zur Verfügung. Bei Niedergeschlagenheit ist man auf Liebe in einer bestimmten Form fixiert und nimmt andere Möglichkeiten, das Gewünschte zu bekommen, nicht wahr.

## BILL UND SUSAN

Bill war niedergeschlagen, weil seine Frau Susan nicht so aussah, wie er sich seine Traumfrau vorstellte. Er hatte ein bestimmtes Bild vor Augen, dem sie aber nicht entsprach. Am Anfang war dies nicht wichtig, aber im Laufe der Zeit deprimierte ihn die Vorstellung immer mehr, daß er niemals seine Traumfrau haben würde. Diese Niedergeschlagenheit verschwand, als Bill seine Aufmerksamkeit dem Liebesspeicher S (Selbstliebe) zuwandte.

Statt sich weiter zu grämen, konzentrierte er sich auf Dinge, die er gerne tat. Nach einiger Zeit ging es ihm besser, und die Liebe zu seiner Frau erwachte wieder. Sobald er sich selbst wieder liebte, suchte er seine Erfüllung nicht mehr in einem bestimmten Äußeren seiner Frau.

Man ist immer dann deprimiert, wenn man ganz bestimmte Erwartungen an das Leben hat, die nicht erfüllt werden. Durch solche Fixierungen hindert man sich aber selbst daran, sich über das zu freuen, was man bekommt. Befreit man sich von seiner starren Vorstellung, wie bestimmte Dinge aussehen sollen, dann kann man alles anziehen, was man möchte und braucht.

*Sich an Äußerlichkeiten zu klammern erzeugt*
*Niedergeschlagenheit und hält gerade das fern, was*
*man braucht.*

Von einer solchen fixen Vorstellung kann man sich ganz einfach lösen: Stellen Sie sich zunächst vor, daß Sie das Gewünschte bekommen. Dann versetzen Sie sich in die Empfindung, die dies auslösen würde. Diese Empfindung genießen Sie, und Sie machen sich klar, daß Sie letztlich nur dieses Gefühl haben möchten. Dann stellen Sie sich vor, daß Sie diese Empfindung auch auf andere Weise erreichen können. Durch diese Haltung öffnen Sie Ihren Geist und Ihr Herz, so daß Sie anziehen können, was möglich ist.

### CAROLS FIXE VORSTELLUNG

Die sechsundzwanzigjährige Carol kam wegen Depressionen in die Beratung. Mit Hilfe der im nächsten Kapitel beschriebenen Techniken machten wir rasch Fortschritte, und sie fühlte sich wesentlich besser. Im nächsten Januar kam sie jedoch wieder wegen Depressionen zu mir. Ich fragte sie, was vorgefallen sei.

Sie sagte: »Ich war so verletzt: Meine eigene Mutter lud mich nicht zum Weihnachtsfest ein. Meine Schwester lud sie ein, mich aber nicht.«

Ich fragte, was sie zu Weihnachten dann getan habe. Sie erzählte mir, daß ihre Tante Ruth sie zum Feiern eingeladen habe. Sie berichtete, wie schön es gewesen sei, aber sie fühlte sich dadurch nur noch tiefer darüber enttäuscht, daß ihre eigene Mutter ihr nicht gab, was sie von ihrer Tante bekam.

Ich erklärte ihr, wie große Fortschritte sie doch gemacht habe. Ihre Mutter hatte sie zurückgestoßen, aber sie hatte ihr Herz geheilt und dieselbe Liebe von jemand anderem empfangen. Dies war für Carol eine große Erkenntnis. Sie sah ein, daß es sich tatsächlich so verhielt.

Ihr Leben lang hatte sie versucht, von ihrer Mutter Liebe zu bekommen, aber diese war dazu einfach nicht fähig. Indem Carol ihren Ärger und ihr Bedürfnis nach der Liebe ihrer Mutter losließ, hatte sie in ihrer Tante einen idealen Mutterersatz gefunden. Ruth liebte Carol nicht nur, sie verstand auch sehr gut, wie belastend es für Carol gewesen war, mit dieser Mutter aufzuwachsen.

Als Carol erkannte, daß sie das Gewünschte in einer anderen Form bekommen hatte, konnte sie sich von ihrer Niedergeschlagenheit befreien. In schwierigen Lebenssituationen reagierte Carol oft mit Depressionen. Doch nun hatte sie die Erinnerung an eine konkrete Erfahrung, daß sie bekommen konnte, was sie wollte, und sie sah Herausforderungen mit größerer Gelassenheit entgegen. Persönlicher Erfolg war für sie jetzt eine erlebte Wirklichkeit. Es war ihr bewußt geworden, daß eine heraufziehende Depression immer damit zu tun hatte, daß sie die Erfüllung ihrer Bedürfnisse von der falschen Seite erwartete.

## 3. Ängstlichkeit loslassen

Man empfindet Ängstlichkeit, wenn man die Verbindung zu seinem angeborenen Vertrauen verloren hat, daß alles gutgehen wird. Wenn man sich von bestimmten Ereignissen seiner Vergangenheit nicht geheilt hat, ist man in der Gegenwart ängstlich. Dabei blockiert man sehr oft die eigene schöpferische Energie. Aber eines Tages werden Situationen, durch die man jetzt nervös oder ängstlich wird, Begeisterung, Gelassenheit und Selbstvertrauen erzeugen.

Ängstlichkeit führt dazu, daß man entweder seine Fähigkeit einbüßt, das Leben zu genießen, oder daß man sich diesem unangenehmen Gefühl nicht mehr aussetzen will und sich zurückzieht. Wenn man aber keine Risiken eingeht, kann man nicht wachsen, und das Leben verflacht. Man verleugnet sein inneres Verlangen nach mehr und beschneidet seine eigene Macht. Wenn man andererseits trotz der Ängstlichkeit Risiken eingeht, riskiert man Mißerfolge. Aber es gibt noch eine andere Möglichkeit: Risiken eingehen, die Angst an die Oberfläche kommen lassen und dann seine negativen Emotionen verarbeiten.

◄○►

*Durch Ängstlichkeit büßt man seine Fähigkeit ein,*
*Risiken einzugehen und das Leben zu genießen.*

◄○►

Ich selbst litt unter schrecklichem Lampenfieber. Als ich vor fast dreißig Jahren meinen ersten Vortrag hielt, begannen plötzlich meine Beine zu zittern, und ich fiel in Ohnmacht. Das Publikum glaubte, daß ich vor seinen Augen gestorben sei. Der Titel meines Vortrags war: »Wie man sein volles geistiges Potential durch Meditation entwickelt.« Nachdem ich wieder zu mir gekommen war, setzte ich den Vortrag fort.

Jahrelang litt ich vor meinen Auftritten unter einer solchen Ängstlichkeit und Nervosität. Ich begann zu glauben, daß dies vielleicht doch nicht die richtige Tätigkeit für mich sei, bis ich ein Interview mit John Lennon las. Darin sagte er, daß er keine Konzertreisen mehr macht, weil er vor jedem Auftritt so nervös war, daß er sich übergeben mußte. Da sagte ich mir: »Wenn sogar ein John Lennon Lampenfieber hat, dann brauche ich mich wohl nicht zu schämen.«

John Lennons Äußerung half mir über die irrige Vorstellung hinweg, daß ich ein Versager sei, weil ich nervös war. So wurde mir – auch durch meine Tätigkeit als Berater – allmählich klar, daß es Millionen überaus kompetenter und fähiger Menschen gab, die trotzdem nervös oder ängstlich waren. Ängstlichkeit hat überhaupt nichts mit der fachlichen Kompetenz oder bevorstehenden Ereignissen zu tun.

*Ängstlichkeit hat überhaupt nichts mit der fachlichen Kompetenz oder bevorstehenden Ereignissen zu tun.*

—◄◦►—

So hielt ich noch sechzehn Jahre lang Vorträge und litt unter unsäglicher Nervosität, bis ich entdeckte, daß ich meine unverarbeiteten Emotionen heilen mußte. Damit verschwanden fünfundneunzig Prozent meiner Nervosität, und zwar für immer. Die restlichen fünf Prozent tauchen nur manchmal auf, wenn ich unter großem Druck etwas völlig Neues in Angriff nehme, aber sie verschwinden ebenso spontan wieder. Wenn ich nur zwanzig Minuten meine Emotionen verarbeite, öffnen sich die Kanäle, die mich die heitere Gelassenheit großer Macht fühlen lassen. Wo Nervosität ist, ist jetzt Ruhe und ein großes Vertrauen.

## 4. Gleichgültigkeit loslassen

Gleichgültigkeit bewirkt, daß man das Verlangen seiner Seele nicht mehr spüren kann. Man weiß nicht mehr, was möglich ist und was man haben möchte. Man verliert das Vertrauen, daß man sich seine Wünsche erfüllen kann, oder man gibt seine Wünsche überhaupt auf. Wenn dieses Vertrauen blockiert ist, verleugnet oder unterdrückt man fortan seine wahren Wünsche.

Gleichgültigkeit läßt die natürliche Motivation und Fähigkeit erlöschen, die Umstände so zu ändern, daß man das Gewünschte bekommt. Das Leben verliert seinen Reiz und seinen Sinn, nach und nach breitet sich Gefühllosigkeit aus, und man weiß nicht einmal mehr, daß einem etwas fehlt. Weil man das Gefühl hat, seine Wünsche nicht verwirklichen zu können, verleugnet man seine wahren Bedürfnisse und Empfindungen. Damit verliert man den Zugang zu seinem intuitiven Wissen, wie man etwas Gewünschtes erlangen kann.

———◄○►———

*Gleichgültigkeit läßt die natürliche Motivation und die*
*Fähigkeit erlöschen, die Umstände zu ändern.*

———◄○►———

Gleichgültigkeit ist eine automatische Reaktion, wenn man das Gefühl hat, seine Bedürfnisse nicht befriedigen zu können. Man glaubt, daß das Gewünschte einfach nicht zu bekommen ist. Bei einem Mann besteht die erste Reaktion sehr oft darin, daß er sich verschließt und kein Interesse mehr zeigt. Dies raubt ihm aber seine Kraft und seine Zielstrebigkeit. Um den Schmerz zu vermeiden, wagt er sich nicht mehr aus seiner Gleichgültigkeit heraus.

———◄○►———

*Glaubt ein Mann das Gewünschte nicht bekommen zu*
*können, verschließt er sich und zeigt kein Interesse*
*mehr.*

———◄○►———

Glaubt eine Frau, daß sie ihre Bedürfnisse nicht befriedigen kann, ist die erste Reaktion oft Mißtrauen. Sie wurde verletzt, weil sie sich auf andere Menschen oder die Umstände verließ, und sie will keine neue Verletzung riskieren. Durch diesen Selbstschutz bleibt sie zwar sicher, aber ihre Liebe und ihr Mitgefühl mit sich selbst und anderen können nicht mehr wachsen. Sie wird kalt, mißtrauisch und unnahbar. Ohne sich dessen bewußt zu sein, hat sie sich damit gerade den Weg zu dem versperrt, was sie braucht.

*Wenn eine Frau gleichgültig wird, schenkt sie kein
Vertrauen mehr.*

─────◄○►─────

Gleichgültigkeit bringt das große Problem mit sich, daß man oft
nicht mehr sieht, daß im Leben mehr erreichbar ist. Man hat
das Gefühl, Dinge nicht ändern oder verbessern zu können,
und fügt sich in sein Schicksal. Man versucht, sein Verhalten
und seine Bedürfnisse beziehungsweise das Fehlen von Bedürfnissen rational zu begründen, und sagt sich: »Das ist es
zwar nicht, was ich möchte, aber mehr ist eben nicht erreichbar; was soll ich mich darüber ärgern?« In dieser Weise stumpft
man gegenüber seinen wahren Gefühlen und Wünschen ab.

─────◄○►─────

*Gleichgültigkeit bringt das große Problem mit sich, daß
man oft nicht mehr sieht, daß im Leben mehr
erreichbar ist.*

─────◄○►─────

Aber selbst wenn man scheinbar nichts tun kann, ist es möglich, seine Empfindungen bezüglich einer Situation zu verarbeiten und sich so wieder besser zu fühlen. Man braucht seine
Wünsche und seine Gefühle nicht zu verleugnen. Viele Menschen wissen nicht, wie man negative Empfindungen abbaut,
und unterdrücken sie, wenn sie ein Problem nicht lösen können. Sie wissen nicht, daß man Gefühle heilen kann.

Wie schlimm alles auch zu sein scheint, so kann man doch
immer seine negativen Emotionen verarbeiten, so daß man sich
wieder besser fühlt – unabhängig von den äußeren Umständen.
Dann tritt ein Wunder ein: Die Dinge entwickeln sich in eine
Richtung, die man niemals erwartet hätte. Das geschieht aber
immer erst dann, wenn man sich von der Vorstellung gelöst hat,

daß man diese Veränderung braucht, um wieder zu positiven Gefühlen zurückzufinden.

———◄o►———

*Wenn man sich von Gleichgültigkeit löst, tritt stets zumindest ein kleines Wunder in der äußeren Welt ein.*

———◄o►———

Fühlt man sich gleichgültig, dann ist dies ein klares und eindeutiges Zeichen dafür, daß ein kleines Wunder auf einen wartet. Gibt man seiner Empfindung nicht nach, sondern versucht statt dessen, seine Emotion zu verarbeiten und in einer Meditation seine Absichten zu klären, wird man freudig überrascht feststellen, daß man immer noch mehr bekommen kann.

Oft tritt in Paarbeziehungen Gleichgültigkeit auf. Wenn zwei Menschen miteinander viele Enttäuschungen und Mißverständnisse erlebt haben, geben sie nach einiger Zeit einfach auf. Weil sie keine Hoffnung mehr haben, können sie auch die Liebe nicht mehr fühlen, die sie einmal empfanden. In einem solchen Fall besteht der erste Schritt wie bei allen Blockierungen darin, zunächst andere Liebesspeicher aufzufüllen. Wenn man sich dann wieder besser fühlt, kann man sich wieder seiner Beziehung zuwenden und daran arbeiten, Vorwürfe abzubauen. Gelangt man dadurch zu einer Haltung des Verzeihens, beginnt das Eis der Gleichgültigkeit zu schmelzen.

## 5. Kritik loslassen

Man wird überkritisch, wenn man die Verbindung zu seiner Fähigkeit verliert, das Gute in anderen Menschen und in den Umständen zu sehen. Eine kritische Haltung kann nützlich sein, um positive Veränderungen zu bewirken, aber wenn man dadurch die Fähigkeit verliert, das Gute an einer Situation zu sehen, ist sie nicht mehr hilfreich. Setzt sich eine urteilende

Haltung fest, ärgert man sich über Situationen, die man nicht ändern kann, und übersieht das Positive, das es immer gibt.

Um die mit einer kritischen Haltung verbundenen Gefühle verarbeiten zu können, muß man den Inhalt ändern, denn meist ärgert man sich über etwas ganz anderes. Hinter dem Ärger über den Partner kann beispielsweise der Ärger über den Chef oder eine berufliche Situation stecken.

———◄○►———

*Fixiert man sich auf etwas, das man nicht ändern kann, dann ärgert man sich in Wirklichkeit immer über etwas anderes.*

———◄○►———

Eine solche Verschiebung der Gefühle entspringt immer einem Widerstand gegenüber Situationen, die man nicht ändern kann. Richtet man den Blick auf die tieferen Empfindungen hinter seinen Urteilen oder heftigen Reaktionen, wird man den wahren Grund für seinen Ärger entdecken. Diese Emotionen kann man auflösen und damit die Situation ändern.

### KRITIK ALS SPIEGEL

Kritisiert man andere Menschen, dann kritisiert man auf einer tieferen Ebene oft sich selbst. Man blickt in einen Spiegel und ist nicht zufrieden mit dem, was man sieht. Diese Einsicht ist nicht selbstverständlich; man muß sie sich erarbeiten. Ich verurteilte früher andere Menschen, weil sie arrogant waren. Ich konnte selbstherrliche Menschen nicht ausstehen. Später entdeckte ich die Ursache für die Empfindung: Tief in meinem Inneren befürchtete ich, daß andere mich als arrogant betrachten und ablehnen könnten. Weil ich mich mit diesen inneren Befürchtungen nicht auseinandersetzte, vermied ich es peinlichst, irgendwie arrogant zu wirken.

Nachdem mir diese tieferen Emotionen bewußt geworden

waren und ich sie verarbeitet hatte, geschahen zwei Dinge. Zum einen hörte ich auf, mich über arrogante Menschen zu ärgern. Ich erkannte, daß meine Kritik mich nur elend machte und keinen praktischen Zweck hatte. Es war nach wie vor möglich, daß ich jemanden nicht ausstehen konnte oder unterschiedlicher Meinung war, aber ich konnte den Betreffenden jetzt trotzdem akzeptieren. Indem ich mich von meiner verurteilenden Haltung befreite, hatte ich nicht mehr das Gefühl, diese Menschen kritisieren zu müssen, aber ich mußte sie auch nicht mögen.

*Durch eine urteilende Haltung fühlt man sich nur elend.*

Die zweite Folge war, daß ich mich jetzt frei fühlte, meinen eigenen Erfolg und meine eigenen Fähigkeiten anzuerkennen. Wenn man sich gut verkaufen will, muß man den Menschen zeigen, wer man ist und was man kann. Man muß Selbstvertrauen haben, darf aber nicht die Überzeugung ausstrahlen: »Ich bin besser als ihr.« Man muß sich vielmehr in der Haltung präsentieren: »Seht her, was ich kann; ihr könnt mir vertrauen.« Indem ich Arroganz nicht mehr verurteilte, konnte ich mich der Welt positiv darstellen.

Bei meinen Bemühungen, mich gut zu verkaufen, habe ich viele Fehler gemacht, und manchmal habe ich mich tatsächlich arrogant verhalten. Aber weil ich andere, die arrogant waren, nicht mehr verurteilte, konnte ich mir selbst verzeihen und in meiner Haltung und an meinem Auftreten die notwendigen Anpassungen vornehmen

Wenn man sich die ganze Zeit zurückgehalten hat und dann ins Rampenlicht wagt, macht man zwangsläufig Fehler. Ohne Selbstliebe gelingt es nicht, aus diesen Fehlern zu lernen. Mit dem Festhalten an Urteilen hemmt man sich nur selbst. Der

Grat zwischen Arroganz und Selbstbewußtsein ist schmal. Nimmt man anderen gegenüber eine verurteilende Haltung ein, nimmt das Selbstbewußtsein eine arrogante Färbung an. Aber man kann sich darin üben, die Schwelle der Arroganz zu überschreiten.

——◦——

*Indem man sich von Urteilen befreit, gewinnt man die Freiheit, Fehler zu machen und daraus zu lernen.*

——◦——

Viele Menschen, die wenig Geld haben, urteilen negativ über reiche Menschen. Manche haben sogar eine schlechte Meinung vom Geld selbst. Aber durch solche Haltungen hindern sie sich selbst daran, in ihrem Leben zu Geld zu kommen. Um Herz und Seele für den Überfluß zu öffnen, muß man sich vollständig von seiner verurteilenden Haltung lösen. Wird man sich solcher negativer und beschränkender Überzeugungen und Urteile bewußt, kann man beginnen, sie allmählich abzubauen. Hinter einer ablehnenden Haltung gegenüber Geld verbirgt sich immer die Scham darüber, daß man selbst nicht mehr hat. Löst man sich von diesem Gefühl, gewinnt man die Freiheit, mehr zu wollen und zu bekommen.

——◦——

*Hinter einer ablehnenden Haltung gegenüber Geld verbirgt sich immer die Scham darüber, daß man selbst nicht mehr hat.*

——◦——

Verurteilt man andere Menschen, enthält man ihnen seine Liebe vor. Dies tut man deshalb, weil man glaubt, daß man nicht liebenswert wäre, wenn man selbst so wäre. Wirft man aber einen Blick auf seine Urteile über andere Menschen, gewinnt man sehr wichtige Erkenntnisse über sich selbst. Die meisten kritiksüchtigen Menschen legen an sich selbst sehr strenge Maßstäbe an. Sie sind unfähig, loszulassen und einfach der zu sein, der sie sind. Sie haben Angst, Fehler zu machen, weil sie befürchten, dann selbst kritisiert zu werden.

———◄◊►———

*Wirft man einen Blick auf seine Urteile über andere Menschen, gewinnt man sehr wichtige Erkenntnisse über sich selbst.*

———◄◊►———

Andere zu kritisieren verstärkt die Furcht, daß man keine Liebe verdient hat, wenn man nicht bestimmten Normen entspricht. Ich war einmal in einem Konzert und bemerkte, wie ich mich immer mehr über einige Leute ärgerte, die sehr laut waren, sich aber großartig amüsierten. Als ich mich fragte, warum ich so kritisch war, blickte ich ein wenig tiefer in mich selbst und entdeckte, daß ich mir eigentlich nur wünschte, genauso loslassen zu können.

Ich dachte während des Konzerts sehr viel darüber nach, aber es gelang mir einfach nicht, loszulassen und unbeschwert zu sein. Nachdem ich einige Zeit meine Gefühle verarbeitet hatte, entdeckte ich die Ursache: In meiner Jugend hatte ich es nie gewagt, ausgelassen und hemmungslos zu sein. Ein Teil von mir befürchtete, kritisiert, verspottet oder sogar bestraft zu werden.

Ich ging in die Vergangenheit zurück, fühlte meine Furcht und stellte mir dann vor, daß ich die Unterstützung bekam, die ich wollte und brauchte. Indem ich meinen Liebesspeicher für Freude und Freunde auffüllte, konnte ich mein negatives Urteil über andere auflösen, die sich amüsierten.

Danach fand ich viele sichere Gelegenheiten, mich frei zu äußern. Meine spontane und ungebärdige Seite kam zum Vorschein, und niemand kritisierte mich. Nach dieser Erfahrung wurde ich in meinem Leben viel weniger ernsthaft und viel verspielter. Ich wurde selbstbewußter, ja sogar dreist. Wie oft hatte ich mich in der Vergangenheit zurückgehalten, weil ich die Reaktion anderer fürchtete! Jetzt kann ich unbeschwert sagen: »Na und? Ist doch gleichgültig, was andere denken!« Dies bedeutet natürlich nicht, daß mir andere Menschen gleichgültig wären. Es bedeutet aber, daß ich es nicht zulasse, mich durch ihr negatives Urteil einschränken oder beschämen zu lassen.

———◦———

*Wenn man von jemandem kritisiert wird, sagt man sich einfach: »Na und? Ist doch gleichgültig, was andere denken!«*

———◦———

Hört man auf, über andere zu urteilen, macht man sich frei. Man vergeudet sehr viel Kraft mit Kritik an anderen Menschen. Es ist nichts dagegen zu sagen, wenn man nicht in Ordnung findet, was andere tun, aber wenn man andere verurteilt, verliert man die Verbindung zur Liebe in seinem Herzen. Oft verurteilt man andere, weil sie nicht in derselben Weise denken, fühlen oder reagieren wie man selbst. Dadurch wird man ungeduldig und frustriert. Dies schwächt die Fähigkeit, zu lieben und Mitleid zu haben. Kritik an anderen Menschen führt von der Geduld des eigenen wahren Selbst weg. Man schadet sich damit selbst, und dies verstärkt wiederum die Neigung zur Kritik.

Auch wenn man mit dem Verhalten anderer nicht zufrieden ist, verurteilt man sie dadurch. Es ist zwar wichtig zu wissen, was man selbst möchte und für richtig hält, aber es ist nicht richtig, dies anderen aufzuzwingen. Die Menschen sind nun einmal unterschiedlich, aber deshalb sind nicht die einen besser und die anderen schlechter.

———◦———

*Was für den einen gut ist, muß nicht für alle gut sein.*

———◦———

Wenn man andere verurteilt, konzentriert man sich nicht mehr darauf, wie man etwas Benötigtes bekommen kann, sondern glaubt, daß die unterschiedliche Art der Menschen die Ursache für das eigene Mißbefinden sei. Man glaubt, daß man selbst alles richtig macht und die anderen alles falsch. Man wird halsstarrig und negativ.

Es ist oft erstaunlich zu sehen, wie manche Menschen im Alter milder werden. Sie haben das Leben hinter sich und konnten entdecken, wer sie sind. Sie fühlen sich von anderen Menschen nicht mehr bedroht. Aber man braucht nicht auf die Weisheit des Alters zu warten: Wenn man lernt, seine Bedürfnisse aus seiner eigenen inneren Kraft zu befriedigen, kann man sich auch von seiner Kritiksucht befreien.

## 6. Entschlußlosigkeit loslassen

Durch Entschlußlosigkeit verliert man den Anschluß an seine innere Führung; man braucht andere, um einen Entschluß fassen zu können oder herauszufinden, was man will. Der eigene Wille ist zu schwach, um eine Entscheidung treffen zu können. Man hat keine Kraft, etwas durchzuhalten. Die innere Fähigkeit, Dinge dadurch zu verwirklichen, daß man sein Wort gibt oder etwas verspricht, ist verlorengegangen.

Die Hauptursachen für Entschlußlosigkeit sind Entmutigung und Enttäuschung. Steht man vor einer großen Herausforderung, und es fällt einem schwer, eine Entscheidung zu treffen und voranzuschreiten, hat man sich in der Vergangenheit meist mit Rückschlägen nicht erfolgreich auseinandergesetzt. Der Schmerz über vergangene Fehler oder Treubrüche steckt noch in einem. Wenn man einmal eine Entscheidung gefällt hat, die negative Folgen hatte, ist es nur natürlich, daß man künftig mit Entscheidungen vorsichtiger ist.

———◄◊►———

*Entschlußlosigkeit bedeutet, daß noch der Schmerz über vergangene Fehler oder Treubrüche in einem steckt.*

———◄◊►———

Hat man einmal auf andere vertraut und wurde enttäuscht, fällt es einem schwer, sich dazu zu entschließen, wieder Vertrauen zu schenken. Oder man hat einmal auf sich selbst vertraut und einen Reinfall erlebt: Wenn man dann wieder einmal soweit ist, eine feste Verpflichtung einzugehen, dann macht man plötzlich doch einen Rückzieher und zweifelt wieder an seiner Entscheidung.

Mit solchen Tendenzen kann man sich um jeglichen Erfolg bringen. Sooft man sicher zu sein glaubt, scheut man plötzlich doch zurück und kann sich nicht entschließen. Und wenn man unschlüssig ist, ist es für andere Menschen schwierig, sich auf einen zu verlassen. Um nicht das Risiko eines Scheiterns einzugehen, verzichtet man lieber auf eine Enscheidung.

Ich selbst habe in meinem Leben irgendwann einmal den Entschluß gefaßt, lieber viele Mißerfolge in Kauf zu nehmen, als es gar nicht erst zu versuchen. Ich sagte mir: Wenn ich mich um eine Entscheidung drücke, bin ich damit auch nicht glücklich. Und statt mich passiv unglücklich zu fühlen, wollte ich lieber den Sprung wagen. Ich fällte eine Entscheidung, und zwar nicht deshalb, weil ich mir ganz sicher gewesen wäre, sondern weil ich einfach irgend etwas tun mußte. Man hat dann zwar nicht die Gewißheit, das Richtige zu tun, aber zumindest ist man dann, wenn sich die Entscheidung als falsch herausstellen sollte, um eine Erfahrung reicher und kann es künftig besser machen.

*Es ist besser, gescheitert zu sein, als es nicht versucht*
*zu haben.*

―――◄○►――

Geht das Publikum nicht mit, dann pflegen sich Komiker zu sagen, daß jede Vorstellung eine Probe ist, bis man zur *Tonight Show* kommt. Man weiß erst, ob etwas klappt, wenn man es versucht hat. Und wenn man es herausgefunden hat, dann kommt der Anruf von der *Tonight Show*. Als ich dies vor langen Jahren hörte, war es eine Offenbarung für mich.

Ich beschloß, es nicht mehr so wichtig zu nehmen, ob alle Menschen von mir oder von dem, was ich zu sagen hatte, begeistert waren. Ich folgte meinem Herzen, und die Reaktionen zeigten mir, was ankam und was nicht.

Als ich in den achtziger Jahren meine Idee entwickelte und zu lehren begann, daß Männer vom Mars und Frauen von der Venus sind, sah ich mich vielen Angriffen ausgesetzt. Es gab Zeiten, an denen ich an mir zweifelte, aber meine Beharrlichkeit kehrte wieder, und ich fand die Kraft, mich der Arbeit zu widmen, die ich, wie ich glaubte, zu tun hatte.

Sechs Jahre lang profitierten viele Menschen außerordentlich von meinen Gedanken, aber es kamen doch immer noch relativ wenig Leute zu meinen Seminaren.

Um die Entmutigung zu überwinden, mußte ich einfach um so stärker an meine Ideen glauben. Mir wurde langsam klar, daß ich zunächst einmal an mich selbst glauben mußte, bevor andere an mich glaubten. Gerät man in Entschlußlosigkeit, verliert man seine Kraft, und man kann nicht erwarten, daß andere einem noch das volle Vertrauen schenken.

---◄○►---

*Man muß zunächst einmal an sich selbst glauben,*
*bevor andere an einen glauben.*

---◄○►---

Als sich endgültig herausstellte, daß die Erkenntnisse aus
»Männer sind anders. Frauen auch.« wirklich Ehen retten
konnten, fanden meine Gedanken plötzlich bei Millionen An-
klang. Dies ist ein Beispiel dafür, welche entscheidende Rolle
Beharrlichkeit und der Glaube an sich selbst für den Erfolg
spielen. Und so gibt es unzählige weitere Beispiele, wie sich
nach Jahren der Beharrlichkeit und durch die Überwindung
von Mutlosigkeit schließlich großer Erfolg einstellt.

Ohne meine innere Führung hätte ich niemals durchgehal-
ten. Ich spürte eine schmerzliche Unsicherheit und betete zu
Gott, daß er mir den Weg zeigen möge, den ich dann immer
klarer erkannte. Ich danke Gott für jede neue Erkenntnis.

### ENTSCHEIDUNGEN FÄLLEN

Bevor man Erfolg in der äußeren Welt hat, muß man viele Entscheidungen fällen. Dies kann sehr schwierig sein, wenn man
nicht gelernt hat, gelassen mit Fehlern umzugehen.

Der nächste Schritt besteht in der Einsicht, daß man nicht
immer sofort über alles Klarheit haben muß. In meiner Firma
muß ich ständig viele Entscheidungen treffen. In der Regel
nehme ich anstehende Entscheidungen zur Kenntnis, überlege
mir, was ich tun will, und schlafe dann einige Tage darüber.
Irgendwie kommt dies in den »kosmischen Intuitionscompu-
ter«, der dann die Antwort ausspuckt.

Selbst wenn man Fehler macht, kann man durch Entscheidungen, zu denen man dann auch steht, wachsen und etwas da-
zulernen. Die Fehler, die man heute macht, können später vielleicht zu einer Lösung führen. Es wäre töricht zu glauben, daß

man in allen Fällen nur durch genügend langes Nachdenken zur richtigen Entscheidung kommen könnte. Das Leben ist voller Überraschungen. Man muß seine Fragen stellen und abwarten, wie man die Sache einige Tage später sieht.

———◄o►———

*Es wäre töricht zu glauben, daß man die Zukunft immer genau vorhersehen könnte.*

———◄o►———

Wenn man allerdings absolut nicht weiß, was man tun soll, ist es am besten, nichts zu tun. Währenddessen sollte man alle seine Gefühle verarbeiten. Löst man die Anspannung auf, die mit der schwierigen Entscheidung verbunden ist, dann zeigt sich auch die Antwort. Zu wissen, was man tun muß, bedeutet nicht, daß man schon den Ausgang kennt. Manche Menschen begehen den Fehler zu warten, bis sie absolute Gewißheit haben. Dadurch hemmen sie sich jedoch sehr stark. Eine Entscheidung zu fällen heißt zu wissen, daß diese Entscheidung die beste ist, zu der man sich derzeit in der Lage fühlt, und daß man bereit ist, die Konsequenzen zu tragen.

———◄o►———

*Zu wissen, was man tun muß, bedeutet nicht, daß man schon den Ausgang kennt.*

———◄o►———

Ich wäge meine Entscheidungen sehr sorgfältig ab, wenn es darum geht, mich zu etwas zu verpflichten. Ich versuche möglichst immer sicherzustellen, daß ich es auch erfüllen kann. Dies verleiht meinem Wort Gewicht. Hierin liegt einer der Gründe, warum meine Bücher so vielen Menschen helfen konnten. Jedes Wort in meinen Büchern beruht auf meiner persönlichen Erfahrung. Die darin beschriebenen Erkenntnisse haben sich für mich bewährt und bewähren sich weiterhin.

Zu Gandhi kam einmal eine Frau mit der Bitte, er möge ihrem kleinen Sohn sagen, daß er nicht soviel Zucker naschen solle. Sie glaubte, daß der Zucker nicht gut für ihn sei und für seine Hyperaktivität verantwortlich sei. Gandhi antwortete ihr, daß er sich hierauf drei Monate vorbereiten müsse.

Nach drei Monaten kam die Frau mit ihrem Sohn zurück. Gandhi ermahnte diesen dann in ganz einfachen Worten, daß der Genuß von zuviel Zucker nicht gut für seine Gesundheit sei und daß er stärker und gesünder sein könne, wenn er darauf verzichte. Der Knabe erklärte sich dazu bereit.

Als die Frau später mit Gandhi allein war, fragte sie ihn, warum er für eine so einfache Antwort drei Monate gebraucht habe. Er erklärte ihr, daß er, um seinem Vorschlag Gewicht zu verleihen, sich erst selbst davon überzeugen mußte. Er verzichtete also drei Monate lang auf Zucker und konnte so dem Knaben die Kraft und das Vertrauen vermitteln, daß auch ihm dies gelingen könne.

Wenn man nach seinen eigenen Worten lebt, haben diese Worte mehr Gewicht. Hält man seine Versprechungen immer ein, dann gewinnt man einfach dadurch, daß man sein Wort gibt, schon die Kraft, dies auch einhalten zu können. Wenn bei mir ein Termin näherrückt, kommen auch die Klarheit und die Kraft, diesen Termin einzuhalten.

――◄○►――

*Wenn man nach seinen eigenen Worten lebt, haben diese Worte mehr Gewicht.*

――◄○►――

Es ist allerdings besser, etwas zu versprechen und es vielleicht nicht einhalten zu können, als nie etwas zu versprechen. Manche Menschen können keine Entscheidungen treffen, weil sie befürchten, jemanden zu enttäuschen. Dies kann auf die frühe Erfahrung zurückgehen, daß man zum Beispiel seine Eltern nie zufriedenstellen konnte, oder man befürchtet, einen Fehler zu machen und eine einmal erworbene Wertschätzung wieder zu verlieren. Die Seele wächst aber nur, wenn man sich nach Kräften bemüht, ein Versprechen zu halten. Manchmal gelingt es eben nicht, ein angestrebtes Ziel zu erreichen. Aber es ist immer gut, sein Bestes zu geben und es wenigstens zu versuchen. Man bekommt immer eine zweite Chance.

————◄○►————

*Es ist besser, etwas zu versprechen und es vielleicht nicht einhalten zu können, als nie etwas zu versprechen.*

————◄○►————

Fällt man eine Entscheidung, die sich als falsch herausstellt, kann man immer noch seine Gefühle verarbeiten und zu seinem Selbst zurückfinden. Bleibt man hingegen unentschlossen, verliert man die Verbindung zu seinem wahren Selbst. Man gewinnt nicht nur keine Kraft, sondern man schwächt sich vielmehr.

Kann man ein Versprechen nicht halten, nimmt man es am besten zurück, solange man noch versucht, es zu halten. Es ist besser, rasch klare Verhältnisse zu schaffen, als zu lange zu zögern. Solange man ein Ziel verfolgt, das man für richtig hält, ist man zumindest mit seinem inneren Selbst verbunden, das stark, beharrlich, entschlossen und zielstrebig ist.


## 7. Zaudern loslassen

Man gerät in eine zaudernde Haltung, wenn man die Verbindung zu seiner inneren Fähigkeit verloren hat, etwas durchzuführen, wozu man sich einmal entschlossen hat. Man fängt erst an, wenn es sich nicht mehr umgehen läßt. Man schiebt die Aufgabe vor sich her, weil man glaubt, noch nicht genügend vorbereitet zu sein. Durch eine zögernde Haltung schadet man aber seiner Fähigkeit, die Herausforderungen des Lebens zu bestehen. Zögern beruht immer auf mangelndem Mut.

———◅◦▻———

*Man schiebt die Aufgabe vor sich her, weil man glaubt,*
*noch nicht genügend vorbereitet zu sein.*

———◅◦▻———

Mut ist eine Fähigkeit, die man trainieren kann und muß. Er kann nur wachsen, wenn man sich einer Herausforderung stellt. Wenn man sein Bestes gibt, wird man immer die Erfahrung machen, daß die Engel Gottes helfen. Es ist unumstößlich: Hilf dir selbst, so hilft dir Gott. Wenn man sich nicht bewegt, kann die Energie, die man für die Durchführung seiner Aufgabe braucht, nicht zu fließen beginnen. Man kann seine innere Kraft nicht erkennen, wenn man sie nicht in Anspruch nimmt. Mut wächst dadurch, daß man Risiken eingeht. Schiebt man sein Handeln hinaus, unterdrückt man nicht nur seine inneren Fähigkeiten und Gaben, sondern man muß auch leiden.

———◅◦▻———

*Erst wenn man seinen Willen in Handeln umsetzt,*
*beginnen Kraft- und Energieströme zu fließen.*

———◅◦▻———

Viele Menschen leiden aufgrund ihrer mangelnden Liebe und mangelnden Entschlußfähigkeit. Wer nicht entschlossen das tut, was ihm das eigene Herz sagt, der fügt sich selbst ständig Verletzungen zu. Der Schmerz des Scheiterns, den man zu vermeiden versucht, ist immer geringer als der Schmerz darüber, daß man sich selbst nicht treu war. Man zaudert, wenn man über irgend etwas verunsichert ist. Man sieht sich oft außerstande, etwas zu tun, was man versprochen hat. Um diese Blockierung zu überwinden, muß man sich klarmachen, daß die Antwort darin liegt, daß man seine Empfindungen ändert.

251

Wendet man sich nach innen und erkundet man seine Gefühle, dann kann man die negativen Emotionen abbauen und spüren, was man möchte. Fühlt man seine innere Leidenschaft, hört das Zaudern auf. Läßt man seiner Leidenschaft freien Lauf, gelingt ein Durchbruch. Einen Satz sollte man sich fest einprägen: »Denke nicht, tu es einfach, und tu es jetzt.« Dies sagt man zu sich selbst, und dann gibt man sich einen Ruck.

—◄o►—

*Einen Satz sollte man sich fest einprägen: »Denke nicht, tu es einfach, und tu es jetzt.«*

—◄o►—

Mir persönlich half es auch häufig, meine Absichten zu klären. Statt sich anzustrengen, visualisiert man einfach nach jeder Meditation, daß man tut, was man tun möchte. Man stellt sich vor, daß man das schöne Gefühl der Erleichterung und Erfüllung hat. Dadurch erlebt man die erstaunliche Wirkung einer Klärung und Konzentration auf seine Absichten. Innerhalb weniger Tage wird man feststellen, daß man genau dies tut, was man tun wollte.

Manche Menschen zögern auch, etwas zu tun, was für sie wichtig ist, weil sie sich nicht bereit fühlen. Sie glauben, daß sie doch sonst frei von Ängstlichkeit und Unsicherheit sein müßten. Aber dies ist nicht richtig. Man kann noch so sehr bereit sein: Man wird immer Befürchtungen haben. Diese Befürchtungen verschwinden erst, wenn man anfängt. Wenn man darauf wartet, bis diese verschwinden, dann fängt man niemals an.

## 8. Perfektionismus loslassen

Kann man in seinem Inneren nicht akzeptieren, daß das Leben nicht vollkommen ist und niemals vollkommen sein kann, dann verfällt man einem Perfektionismus. Dies führt dazu, daß man von sich selbst und anderen zuviel verlangt. Alles muß perfekt sein – aber es ist niemals perfekt. Erwartet man Perfektion, dann wird man niemals zufrieden oder glücklich sein. Man verlangt zuviel und läßt in seinem Leben keinen Raum mehr für Großzügigkeit. Alles wird gemessen und verglichen. Wenn nichts gut genug ist, kann man nicht mit offenem Herzen Liebe geben und empfangen.

———◄○►———

*Wenn alles perfekt sein muß, kann man nicht in Gelassenheit genießen, was man hat und was man ist.*

———◄○►———

Das Bedürfnis nach Vollkommenheit ist ein falsches Bedürfnis. Es fängt in der Kindheit an, wenn man versucht, für seine Eltern vollkommen zu sein. Man glaubt, daß man vollkommen sein muß, um seine Eltern glücklich zu machen. Natürlich wird jedes Kind mit dem gesunden Wunsch geboren, seinen Eltern Freude zu machen. Gelingt das den Kindern nicht, entwickeln sie das Bedürfnis nach Vollkommenheit. Kinder sind glücklich, wenn Eltern über sie glücklich sind, und sie sind traurig, wenn sie ihre Eltern enttäuscht haben. Um ihnen eine Freude zu sein, versuchen sie, sich bis zur Selbstverleugnung zu ändern. Je mehr man aber um seiner Eltern willen sein wahres Selbst aufgibt, desto mehr glaubt man, vollkommen sein zu müssen.

———◄○►———

*Gelingt es Kindern nicht, ihren Eltern eine Freude zu sein, verwandelt sich dieses Bedürfnis in das Bedürfnis nach Vollkommenheit.*

———◄○►———

Kinder rasten oft im unpassendsten Augenblick aus. Dies hat zur Folge, daß sie von den Eltern nicht die Bestätigung bekommen, daß ihre Gefühle in Ordnung sind. Ein Kind braucht aber die Freiheit, die verschiedenen Ebenen von Emotionen zu durchleben, um so allmählich zu lernen, mit ihnen umzugehen. Akzeptieren Eltern eine bestimmte Emotion nicht, dann fühlt sich das Kind böse, weil es diese Emotion hat. Um von den Eltern wieder akzeptiert zu werden, versucht es daher, seine Gefühle zu unterdrücken.

———◄○►———

*Kinder brauchen die Bestätigung, daß ihre negativen Emotionen in Ordnung sind.*

———◄○►———

Kinder müssen viele Fehler machen, um dadurch Erfahrungen zu sammeln, aber oft wird ihnen der Eindruck vermittelt, daß es schlecht ist, etwas falsch zu machen. Haben sie aber das Gefühl, keine Fehler machen zu dürfen, dann sind sie schon auf dem Weg zum Perfektionismus.

Ist man in irgendeiner Richtung besonders begabt, kann dies ebenfalls zum Perfektionismus führen. Aufgrund seiner Begabung erfährt man immer besondere Aufmerksamkeit. Man gewöhnt sich an die Bewunderung, aber dadurch nimmt die Bereitschaft ab, auch einmal Dinge zu riskieren, in denen man nicht so gut ist. Ein begabtes Kind ist daran gewöhnt, daß es seinen Eltern eine Freude ist. Es scheut also das Risiko, seine Eltern zu enttäuschen, indem es sich an Dingen versucht, in denen es nicht so gut ist. Aber wenn man nie um etwas ringt und dabei Fehler macht, dann kann man auch nicht die wichtige Erfahrung machen, zu scheitern und dennoch geliebt zu werden.

———◄○►———

*Kinder müssen die Erfahrung des Scheiterns machen, weil sie nur so erfahren können, daß es in Ordnung ist, auch einmal Fehler zu machen.*

———◄○►———

Gelingt es nicht, seinen Eltern eine Freude zu sein, resultiert daraus ein dauerhaftes Gefühl der Unzulänglichkeit. Perfektionisten gehören vielleicht auf ihrem Gebiet zu den Allerbesten, aber sich selbst sind sie selten gut genug. Statt sich über ihr Können zu freuen, sind sie selten mit ihrer Leistung zufrieden.

*Perfektionisten gehören vielleicht auf ihrem Gebiet zu den Allerbesten, aber sie sind sich selbst selten gut genug.*

Um das innere Gefühl der Unzulänglichkeit wahrzunehmen, das viele der oberflächlichen Empfindungen und Wünsche bestimmt, kann man einmal seine eigene Stimme im Gespräch aufzeichnen. Den meisten Menschen ist ihre eigene Stimme sehr unangenehm. Oft wollen sie nicht glauben, daß sich ihre Stimme tatsächlich so anhört.

Dies ist deshalb eine so eindrückliche Erfahrung, weil man im Inneren massive Abwehrmechanismen entwickelt hat, mit denen man Unzulänglichkeitserfahrungen in der Kindheit kompensiert. Man hat sich ein Selbstbild aufgebaut, mit dem man sich gegen Negativität wehrt, die einem auf verschiedenen Entwicklungsstufen entgegengeschlagen hat.

Wenn man seine Stimme hört, die so ganz anders klingt als erwartet, kommen alte Ängste zum Vorschein, daß man nicht gut genug ist und daß man abgelehnt werden könnte. Man empfindet es als peinlich und hat Mühe, sich selbst zu akzeptieren, auch wenn andere sagen, daß man eine sehr angenehme Stimme hat.

———◄○►———

*Wenn man seine eigene Stimme hört, die so ganz*
*anders klingt als erwartet, kommen alte Ängste zum*
*Vorschein, daß man nicht gut genug ist.*

———◄○►———

Meist ist ein Mangel an Vitamin G1 die Ursache für ein Streben nach Perfektion. Zur Heilung muß man also seinen spirituellen Liebesspeicher auffüllen. Empfindet man sein Leben
als unvollkommen, weil die spirituelle Verbindung fehlt, dann
sucht man diese Vollkommenheit in der äußeren Welt.

Die äußere Welt wird niemals vollkommen sein, aber wenn
man seine Verbindung mit Gott oder einem höheren Wesen
fühlt, wird dies das Bedürfnis nach Vollkommenheit befriedigen. Dann weicht das Gefühl, daß man mehr sein, tun oder
haben müsse, um Befriedigung zu finden. Liebt man, was man
hat, dann kann man auch ein gesundes Verlangen nach mehr
empfinden, ohne gleich nach Perfektion zu streben.

———◄○►———

*Es ist gesund, mehr zu wollen, nicht aber,*
*Vollkommenheit zu erwarten.*

———◄○►———

Dieser Wunsch nach Perfektion ist nur dann ungesund, wenn
man versucht, in der äußeren Welt vollkommen zu sein. Sucht
man Perfektion im Inneren, dann versucht man damit, mehr
von seinem Potential zu entdecken, und dies ist gesund. Natürlich ist nichts jemals vollkommen, aber man kann Vollkommenheit erahnen, indem man das, was man hat, verbessert.
Wenn man den Blick nach innen richtet und sich dadurch
stärkt, spürt man, daß das eigene Leben zwar nicht perfekt ist,
sich aber perfekt entfaltet.

# 9. Groll loslassen

Man empfindet Groll, wenn man die Verbindung zu seiner Fähigkeit verliert, Liebe und Unterstützung zu geben. Meist entsteht Groll aus dem Gefühl, daß man viel gegeben hat und nicht zurückbekommen hat, was man verdient gehabt hätte. Man hält seine Liebe zurück, weil etwas Unerfreuliches geschehen ist. Verschließt man aber sein Herz in dieser Weise, verliert man dadurch die Fähigkeit, Erwünschtes zu erzeugen, und man trennt sich von seinen Empfindungen der Liebe und Großzügigkeit.

----◄○►----

*Wo Groll ist, gibt es keine Freiheit mehr, Liebe zu geben.*

----◄○►----

Ist man nicht mehr bereit, seine Liebe zu geben, dann verschließt man sein Herz davor, mehr Liebe zu bekommen. Manchmal ist der Groll so groß, daß man sich insgeheim nichts mehr geben lassen will. Die versteckte Botschaft an die Welt lautet: »Ihr kommt zu spät. Jetzt kann mich nichts mehr glücklich machen.«

Denkt man mit Groll an das, was man nicht bekommen hat, verpaßt man Gelegenheiten, zu geben und zu empfangen. Weigert man sich zu verzeihen, lebt man weiter in der Vergangenheit. Man unterbricht den natürlichen Strom des Gebens und Nehmens, wenn man seine Liebe an zu viele Bedingungen knüpft. Man möchte anderen weh tun, aber man tut sich nur selbst weh. Errichtet man eine Mauer des Grolls um sein Herz, kann man zwar seine Liebe für sich behalten, aber es kann auch keine Liebe mehr hereinkommen.

---◄○►---

*Denkt man mit Groll an das, was man nicht*
*bekommen hat, verpaßt man Gelegenheiten, zu geben*
*und zu empfangen.*

---◄○►---

Dieses Dilemma läßt sich nur beseitigen, indem man sich auf einen anderen Liebesspeicher konzentriert. Füllt man einen anderen Liebesspeicher auf, entdeckt man, daß man wieder Liebe geben und empfangen kann.

Roseanne empfand immer noch Groll gegenüber ihrem geschiedenen Mann. Sie hatte ihm die besten Jahre ihres Lebens gegeben, und er hatte sie wegen einer Jüngeren verlassen. Sie hatte während der ganzen Ehe unter einem Mangel an Liebe und Unterstützung gelitten, aber wenn sie daran dachte, daß er jetzt in einer neuen Ehe glücklich war, empfand sie Groll.

Um ihre Blockierungen zu heilen, nahm sie sich Zeit für sich selbst. Sie begann damit, ihre Liebesspeicher mit Vitamin S (Selbstliebe) zu füllen. Statt über ihren gegenwärtigen Empfindungen zu brüten, konzentrierte sie sich auf das, was sie tun wollte. Sie ging außerdem zu einer Unterstützungsgruppe für Alleinerziehende. Durch diesen bloßen Kontakt mit Gleichgesinnten füllte sie ihren Liebesspeicher für Vitamin G2 (Unterstützung durch Gleichgesinnte) wieder auf. Dann plante sie einen Urlaub mit einigen Freunden. Dies füllte ihren Liebesspeicher für Vitamin F (Familie, Freunde, Freude).

Sie unternahmen eine Kreuzfahrt. Eines Tages ging es ihr nicht besonders. Als ihre Freunde nach ihr sahen, sagte sie, daß alles in Ordnung sei und sie einfach Ruhe bräuchte. Als ihre Freunde wieder weggingen und sich amüsierten, fühlte sie sich plötzlich sehr allein gelassen und verletzt. Es ging ihr im Grunde besser, aber jetzt hatte sie einen Rückschlag.

Roseanne schrieb einen »Gefühlebrief« (siehe »Übungen

und Heilmethoden«). Dadurch entdeckte sie den Bezug zwischen ihrer Verletztheit und dem Gefühl des Alleingelassenseins und ihrer Beziehung zu ihrer Mutter. Sie war zu Hause die Älteste und mußte für ihre fünf jüngeren Geschwister sorgen. Im Grunde mußte sie auch für ihre Mutter sorgen. Diese litt an Asthma und lag die meiste Zeit krank im Bett, während der Vater arbeitete.

Ihre Eltern waren sehr liebevoll, aber es war ihnen einfach nicht möglich, Roseanne die Zeit, Aufmerksamkeit und Hilfe zu geben, die sie brauchte. Sie war noch zu jung für Elternpflichten, aber irgend jemand mußte ja die Arbeit tun. Sie fühlte sich für alle verantwortlich, und dies wurde auch dankbar anerkannt. Es gelang ihr, ihre Gefühle beiseite zu schieben und alle zu versorgen. Sie wurde stark, aber es war ihr nicht klar, was ihr entgangen war.

An jenem Tag fehlte ihr die Unterstützung ihrer Freunde. Doch jetzt konnte sie zum ersten Mal fühlen, was ihr als Kind gefehlt hatte. Ein Schwall von Emotionen kam an die Oberfläche.

Sie erkannte, daß sie eifersüchtig auf andere Kinder war, die Spaß haben durften. Sie war verletzt, daß niemand sich darum kümmerte, wie sie sich fühlte oder was sie brauchte. Ihre Mutter und ihre jüngeren Geschwister bekamen alle Aufmerksamkeit. Indem sie diese und andere Emotionen erkundete, füllte sie ihren Liebesspeicher für Vitamin E1 (Elternliebe). Sie hatte zwar immer gewußt, daß ihre Eltern sie liebten, aber mit Hilfe dieser Übung konnte sie sich vorstellen, daß ihre Mutter ihren Empfindungen mit Verständnis und Liebe zuhörte. Dies hatte ihr immer gefehlt. Sie stellte sich vor, daß ihre Mutter sie in den Arm nahm und ihr Unterstützung gab, und sie fühlte sich viel besser.

In dieser Weise führte Roseanne alle Schritte durch, um ihren Liebesspeicher aufzufüllen. Ihr aktueller Ärger schwand, und ihre Lebensumstände wurden sehr viel besser. Sie genoß das Leben, sie gewann neue Freunde, hatte Liebesbeziehungen und fand schließlich einen reizenden, sehr aufmerksamen Partner. Sie war nach wie vor nicht glücklich über die Scheidung, aber sie konnte jetzt dankbar sein für die Heilung, die sie empfing, und für das neue, schöne Leben, das sie sich selbst geschaffen hatte.

Um den Panzer zu durchbrechen, den Groll um das Herz legt, muß man einsehen, daß man sich das selbst antut. Natürlich kann es sein, daß die Welt ungerecht ist, aber dies wird dadurch nicht besser, daß man seine Liebe zurückhält. Es wird nur schlimmer, und zwar für einen selbst.

———◄○►———

*Die Liebe zurückzuhalten, macht nichts besser.*

———◄○►———

Wenn man feststellt, daß man seine Liebe zurückhält, muß man sich darüber klarwerden, daß man sich mit seinem Groll selbst ein Problem schafft. Man sendet nicht nur negative Energie aus, sondern zieht sie auch an.

Wenn man Groll empfindet, dann letztlich immer nur deshalb, weil man sich nicht bewußt ist, daß man selbst erzeugen kann, was man möchte. Nimmt man seine Fähigkeit wieder in Anspruch, sein Leben zu gestalten, dann fällt der Groll von einem ab. Groll ist nur eine andere Form von Vorwürfen und Kritik.

———◄○►———

*Wenn man Groll empfindet, dann letztlich immer nur deshalb, weil man sich nicht bewußt ist, daß man selbst erzeugen kann, was man möchte.*

———◄○►———

Groll ist ein deutliches Zeichen dafür, daß man zuviel in der falschen Richtung gegeben hat. Statt anderen dafür Vorwürfe zu machen, daß sie nichts zurückgeben, muß man sich Zeit

dafür nehmen, sich selbst zu lieben und seine übrigen Liebesspeicher aufzufüllen. Indem man seine Verantwortung dafür,
daß man zuviel gegeben hat, klar anerkennt, kann man das
Problem akzeptieren, ohne mit dem Finger auf jemanden zu
zeigen. Dies ist nicht nur eine wichtige Einsicht, weil man durch
sie in die richtige Richtung verwiesen wird, sondern auch deshalb, weil sie hilft, Schuldgefühle abzubauen.

━━━◄o►━━━

*Groll ist ein deutliches Zeichen dafür, daß man zuviel*
*in der falschen Richtung gegeben hat.*

━━━◄o►━━━

## 10. Selbstmitleid loslassen

Selbstmitleid entsteht, wenn man vergißt, daß man die angebo-
rene Fähigkeit hat, das Erreichte im eigenen Leben zu schätzen
und dafür dankbar zu sein. Denkt man immer nur daran, was
man nicht hat, erkennt man die vielen Möglichkeiten nicht
mehr, die sich einem bieten. Natürlich ist es wichtig, auch den
Schmerz über die eigenen Rückschläge und Niederlagen zu
fühlen, aber man darf deshalb nicht auf die innere Freude verzichten, die aus einer Haltung der Dankbarkeit entsteht.

━━━◄o►━━━

*Wenn man aus dem Selbstmitleid nicht mehr auftaucht,*
*verliert man den Kontakt zu seiner Fähigkeit, das*
*Erreichte zu schätzen.*

━━━◄o►━━━

Die Ursache für Selbstmitleid ist oft mangelnde Zuwendung.
Bekommt ein Kind keine Zuwendung, versucht es in jeglicher
Weise, Aufmerksamkeit zu bekommen. Jedes Kind braucht

mitfühlende Aufmerksamkeit, aber bei manchen Kindern ist dieses Bedürfnis so groß, daß die Eltern es nicht befriedigen können. Solche Kinder dramatisieren oft.

Eltern besonders sensibler Kinder machen häufig den Fehler, die negativen Empfindungen ihrer Kinder zu ignorieren und zu hoffen, daß diese von selbst verschwinden werden. Aber solche Gefühle verschwinden nicht, sondern verschärfen sich in vielen Fällen sogar. Die Kinder gewöhnen es sich an, ständig zu jammern, um Aufmerksamkeit zu bekommen.

————◄o►————

*Wenn Empfindungen ignoriert werden, entsteht die Tendenz, diese zu dramatisieren.*

————◄o►————

Wenn die Kinder nicht jammern würden, würden sie nicht beachtet werden. Für einen Erwachsenen kommt ein solches Verhalten natürlich nicht in Frage. Das Bedürfnis, gehört zu werden, darf man zwar nicht unterdrücken, aber man muß sich auch darum bemühen, selbst aufmerksam zu sein. Man muß sich Zeit dafür nehmen, seine Gefühle wahrzunehmen und seine Verletzungen zu erfahren. Statt sich davon abhängig zu machen, daß einem andere zuhören, muß man selbst mehr Verantwortung übernehmen. Man sollte erst seine negativen Gefühle aufschreiben, bevor man erwartet, daß andere diese anhören. Indem man sich bewußt bemüht, seinen eigenen Schmerz wahrzunehmen, überwindet man die Neigung, durch negatives Verhalten Aufmerksamkeit zu erregen.

Eine weitere nützliche Technik besteht darin, immer wieder einmal einen ganzen Tag nicht zu klagen und auch nicht mit den Klagen anderer Menschen mitzufühlen. Machen Sie sich einmal bewußt, wie schwierig es ist, nicht zu jammern und nichts Negatives über jemanden oder etwas zu sagen. Statt über Negatives zu sprechen, sollte man alles in ein Tagebuch schreiben. Dadurch schult man das Bewußtsein dafür, daß man

262

positive Aufmerksamkeit bekommen hat, und man lernt, selbst mit seinen inneren Empfindungen umzugehen.

◄○►

*Man sollte hin und wieder einen Tag lang nicht klagen.*

◄○►

Empfindsame Seelen spüren, daß in dieser Welt für sie mehr möglich sein müßte. Solange sie nicht wissen, wie sie das bekommen können, glauben sie, zu kurz zu kommen. Aber statt das Gefühl zu haben, ausgeschlossen zu sein, muß man einsehen, daß das, was man außerhalb von sich selbst sucht, nur im Inneren zu finden ist. Versucht man bewußt, zu bekommen, was man haben möchte, und seine spirituelle Verbundenheit zu fühlen, dann verschwindet auch das Gefühl, ausgeschlossen zu sein.

Die Quelle der Erfüllung ist im Inneren vorhanden. Sobald man Kontakt zu ihr hat, braucht man sich nicht in der äußeren Welt zu verlieren. Um sich von Selbstmitleid zu befreien, muß man sich immer wieder die grenzenlosen Möglichkeiten bewußt machen, die im Inneren liegen.

Eines der großen Probleme des Selbstmitleids liegt darin, daß man Möglichkeiten, mehr zu bekommen, nicht nur verpaßt, sondern sogar aktiv zurückweist. Man beharrt auf seinem Elend, als ob man es damit rechtfertigen kann. Man glaubt, daß man zu kurz gekommen ist, und nichts könne dies ausgleichen. Man tut sich selbst leid, aber man möchte gar nicht, daß sich dies ändert.

◄○►

*Man tut sich selbst leid, aber man möchte gar nicht,*
*daß sich dies ändert.*

◄○►

Man verzichtet auch auf die Möglichkeit, sich selbst zu helfen. Man glaubt zwar nicht, daß einem ein anderer helfen könnte, aber irgendwie erwartet man genau dies. Man hofft, daß ein anderer Mensch ausgleicht, was man selbst nicht hat, und einen glücklich macht. Sobald man wieder an sich selbst glaubt, hört dies auf. Man spürt die innere Kraft, sich selbst zu helfen; man erkennt, daß man immer schon diese Fähigkeit hatte und daß kein anderer dies tun kann.

Letztlich wird die Neigung zum Selbstmitleid aufgehoben, wenn man seinen Zorn über andere spüren kann, von denen man zurückgewiesen und ausgeschlossen wurde, und wenn man ihnen dann verzeiht. Um diesen Zorn fühlen zu können, muß man zunächst andere Emotionen wahrnehmen. Durch die Heilung seiner inneren Empfindungen findet man zurück zu seinem wahren Selbst und zu dem Vertrauen, daß man immer bekommen kann, was man braucht, und sich beschaffen kann, was man haben möchte.

## 11. Verwirrung loslassen

Verwirrung entsteht, wenn es einem nicht mehr gelingt, die Ereignisse des Lebens klar einzuordnen und sinnvoll zu deuten. Durch jede positive oder negative Erfahrung kann man etwas Nützliches lernen und seine inneren positiven Eigenschaften stärken.

Ist man verwirrt, glaubt man, daß irgendwie etwas Wichtiges fehlt. Statt einfach offen zu bleiben, meint man, daß man die Antwort jetzt gleich haben müsse. Man fühlt sich als Opfer der Umstände. So gerät man leicht in Panik und befürchtet das Schlimmste.

———◁◦▷———

*Wenn man nicht begreift, was vor sich geht, gerät man*
*leicht in Panik und befürchtet das Schlimmste.*

———◁◦▷———

Erwartet man sofort klare und endgültige Antworten, dann verliert man den Blick für das ganze Bild: Das Leben ist ein Entfaltungsprozeß, durch den man lernt, alles zu sein, was man sein kann. Eine solche Haltung verdeckt das innere Vertrauen, daß man schon das Richtige tun wird.

———◄○►———

*Um sich von Verwirrung zu befreien, muß man lernen, mit einer Frage zu leben, statt sofortige Antworten zu verlangen.*

———◄○►———

Das Leben wird immer und für alle Menschen Herausforderungen und Veränderungen bereithalten, die man zunächst kaum verstehen kann. Vor allem schlimme oder tragische Ereignisse sind schwer zu begreifen. Reagiert man mit Verwirrung, kann man dadurch das Gefühl vermeiden, für eine solche Sache irgendwie verantwortlich zu sein oder sie als eine Art Strafe zu empfinden.

Schmerzliche Ereignisse sind immer schwer zu akzeptieren, und man kann sich nicht vorstellen, daß sie letztlich doch etwas Gutes haben könnten. Ich erinnere mich daran, wie meine erste Ehe scheiterte. Ich war am Boden zerstört. Ich rief zu Gott: »Wie konntest du dies geschehen lassen? Dies wird für mich niemals irgendwie positiv sein!«

Ich wußte einfach nicht, daß ich durch die Scheidung von meiner ersten Frau wieder zu meiner Seelengefährtin Bonnie finden würde. Bonnie und ich hatten schon einmal vor Jahren eine Beziehung. Ich hatte sie geliebt, aber ich war noch nicht zur Ehe bereit. Wäre meine erste Ehe nicht gescheitert, hätte ich niemals zu ihr zurückfinden und ein so schönes Leben und eine so glückliche Familie haben können, wie wir es heute haben. Das Scheitern meiner ersten Ehe war ein schmerzliches Erlebnis, aber ich bin aus ganzem Herzen für das neue Leben dankbar, das ich dadurch bekam.

Und ich bin auch dankbar für das, was ich gelernt habe, als ich die Gründe für das Scheitern dieser Ehe analysierte. Ich fühlte mich damals als Opfer, aber in der Rückschau sehe ich all das Positive, das ich durch die Heilung von dieser Erfahrung gewann. Das Wichtigste war vielleicht, daß ich nach meinem Scheitern alles, was ich bisher über Beziehungen wußte, neu überdachte und meine Fehler zu erkennen begann. Ein Freund sagte einmal zu mir: »Du weißt sehr viel über Beziehungen, aber du hast noch nicht verstanden, daß Männer und Frauen unterschiedlich sind.«

Weil ich so am Boden zerstört war, war ich bereit, meine Fehler zu betrachten. Ich nahm mir diese Botschaft zu Herzen und entwickelte nach und nach all die Gedanken, die ich in »Männer sind anders. Frauen auch.« dargelegt habe. Dies schuf nicht nur die Grundlage für meinen beruflichen Erfolg, sondern lieferte mir auch die Erkenntnisse, die mir heute helfen, meine Ehe glücklich zu gestalten. All dies entstand durch das Ringen um die Heilung meines Herzens nach einem schmerzlichen Bruch.

———◦———

*Wenn man am Boden zerstört ist, ist man offener für Neues.*

———◦———

Wenn es heute Rückschläge gibt und ich nicht weiß, was ich tun soll, bin ich viel gelassener, weil ich die Gewißheit habe, daß etwas Gutes daraus entstehen wird. Dies ist immer so. Dies bedeutet aber nicht, daß ich mich zurücklehne und darauf warte. Im Gegenteil: Ich suche sehr aktiv nach Antworten.

Verwirrung entsteht oft dadurch, daß man unfähig ist, das Bevorstehende zu akzeptieren und darauf zu vertrauen, daß alles besser werden wird, auch wenn man noch nicht weiß, wie. Die Weisheit des Alters lehrt, daß immer alles gut ausgeht. Oft wird es noch viel besser, als man es sich jemals vorstellen konnte.

---◄○►---

*Wenn man verwirrt ist, sieht alles schlimmer und*
*bedrohlicher aus, als es in Wirklichkeit ist.*

---◄○►---

Um sich von Verwirrung zu befreien, sollte man einmal in Ruhe
darüber nachdenken, wie oft man glaubte, daß etwas wirklich
Schlimmes geschehen würde, was dann aber doch nicht eintrat.
Es wird sehr viel positive Energie vergeudet, wenn man sich verwirrt fühlt, statt darauf zu vertrauen, daß alles gutgehen wird.

### LEKTIONEN DES LEBENS

Rückschläge und unerwartete Hindernisse erweisen sich immer als Lektionen, die man in seinem Leben lernen muß. Selbst
wenn man alles richtig macht, bleiben die Herausforderungen
nicht aus. Wenn man einmal begonnen hat, an den Herausforderungen des Lebens zu wachsen, dann versteht man, wie man
durch sie zu dem geworden ist, der man jetzt ist.

Betrachten Sie doch einmal die Lektionen Ihres Lebens
unter dem Gesichtspunkt, daß Sie alle Ihre Ziele erreicht
haben. Empfinden Sie dann Dankbarkeit für die empfangene
Unterstützung, denken Sie in der Rückschau an alle Herausforderungen, durch die Sie wuchsen und stärker wurden. Dadurch befreien Sie sich von Verwirrung und werden eine große
Weisheit erfahren.

---◄○►---

*Man muß üben, für die Lektionen der Vergangenheit*
*dankbar zu sein.*

---◄○►---

Man kann es nicht verhindern, daß das Leben manchmal Unerfreuliches mit sich bringt, aber man kann lernen, wie man je-

den Rückschlag und jeden Ärger dazu nutzt, wieder zur Weisheit seines wahren Selbst zurückzufinden. An jeder negativen Erfahrung kann man wachsen. Jede Herausforderung kann helfen, die inneren Gaben und Fähigkeiten zu entdecken.

———◄○►———

*An jeder negativen Erfahrung kann man wachsen.*

———◄○►———

Wenn man ins Fitneßcenter geht, arbeitet man nicht mit Gewichten, die man mühelos heben kann. Die Muskeln müssen gefordert werden, wenn man Kraft aufbauen will. Man muß die Muskeln über ihre alltäglichen Grenzen hinaus belasten, damit sie sich nach einer entsprechenden Ruhezeit um so besser entwickeln können. Ebenso braucht man für seine persönliche Entwicklung Herausforderungen. Nutzt man seine Herausforderungen, um zur Weisheit seines wahren Selbst zurückzufinden, dann wächst dadurch die Fähigkeit, weiteren persönlichen Erfolg zu erreichen.

Selbst die Knochen müssen belastet werden, wenn sie stark bleiben sollen. Bei Astronauten, die sich längere Zeit in der Schwerelosigkeit aufhalten, werden die Knochen schwächer und würden innerhalb weniger Tage sogar brechen, wenn sie sie nicht ständig belasten würden. Ebenso braucht man Rückschläge im Leben, um stark zu werden, wobei man natürlich wissen muß, wie man mit ihnen umzugehen hat.

Ein Schmetterling kann seinen Kokon nur unter großer Kraftanstrengung verlassen. Wenn ein mitleidiger Beobachter den Kokon öffnen würde, um den Schmetterling zu befreien, würde dies den Tod des Schmetterlings bedeuten, weil er dann nicht fliegen kann. Der vermeintlich hilfreiche Beobachter weiß nicht, daß dieser Kampf des Schmetterlings notwendig ist, damit er seine Flügel kräftigen kann. Ohne diesen Kampf bleibt der Schmetterling schwach und muß sterben.

—◄○►—

*Wenn der Schmetterling nicht um seine Freiheit*
*kämpfen muß, kann er nicht fliegen.*

—◄○►—

Wir halten es oft für unsere Aufgabe, die äußere Welt zu ver-
ändern. Wir glauben, daß der Feind außerhalb von uns steht.
Aber der eigentliche Kampf findet im Inneren statt, wie jede
der zwölf Blockierungen zeigt. Durch die Überwindung dieser
Blockierungen findet man wieder zurück zu seinem wahren
Selbst. Sooft man einen solchen Kampf gewinnt, wächst die
Fähigkeit, Liebe, Freude, Kraft und Frieden zu erfahren.

—◄○►—

*Das Leben wird nie ohne Herausforderungen sein, aber*
*es wird immer besser gelingen, diese*
*Herausforderungen zu bestehen.*

—◄○►—

Diese wichtige Einsicht hilft, sich weniger auf das zu konzentrieren, was falsch ist, als auf das, was man lernen kann. Statt
in Panik zu geraten, wenn man verunsichert ist, kann man eine
Frage stellen und vertrauensvoll auf die Antwort warten.

## 12. Schuldgefühle loslassen

Man entwickelt Schuldgefühle, wenn man die Verbindung zu
seiner angeborenen Fähigkeit verloren hat, sich zu lieben und
sich seine Fehler zu verzeihen. Nach einem Fehler Scham zu
empfinden ist in Ordnung, aber es ist nicht in Ordnung, wenn
diese Empfindung bestehen bleibt, nachdem man seinen Fehler eingesehen und daraus gelernt hat. Durch solche anhalten-
den Schuldgefühle verliert man seinen natürlichen Zustand der

Unschuld. Man gelangt dann nicht mehr zu einem gesunden Gefühl für den eigenen Wert.

—◦—

*Durch anhaltende Schuldgefühle verliert man seinen natürlichen Zustand der Unschuld.*

—◦—

Statt zu wissen, was man will, und entsprechend zu handeln, tut man zuviel für andere. Man gibt zuviel nach, und man scheut sich, seine eigenen Wünsche und Bedürfnisse durchzusetzen. Man denkt zuviel darüber nach, was andere von einem halten. Aber es schadet der Selbstachtung, wenn man seine eigenen Bedürfnisse zurückstellt, um anderen entgegenzukommen.

Paula hatte alles: Ein Haus, ein Auto, eine gute Ausbildung, einen guten Ehemann, Kinder und eine phantastische Stelle. Im Inneren aber war sie nicht glücklich. Irgend etwas fehlte. Als sie einen Workshop für persönlichen Erfolg besuchte, erkannte sie ihre Blockierung: Sie hatte Schuldgefühle, weil sie nicht glücklich war, obwohl sie doch alles hatte.

Sie entdeckte, daß sie, um alles zu haben, darauf verzichtet hatte, sie selbst zu sein. Sie war ein anderer Mensch geworden. Sie war immer glücklich, andere glücklich machen zu können, aber sie hatte sich nie wirklich darum gekümmert, was sie selbst eigentlich wollte. Der Gedanke, anderen etwas auszuschlagen oder sie zu enttäuschen, war ihr unerträglich. Sie fragte sich ständig, was andere Menschen über sie dachten. Dies waren deutliche Symptome für massive Schuldgefühle. Erst als sie bewußt ihren Zorn über ihr Leben und ihre Schuldgefühle verarbeitete, begannen ihre Ängste zu verschwinden.

———◄○►———

*Schuldgefühle führen dazu, daß man anderen
gegenüber allzu nachgiebig und nett ist.*

———◄○►———

Larry war für einen Raubüberfall verurteilt worden und hatte
Schuldgefühle wegen seiner Tat. Er empfand Schuldgefühle,
weil er einem anderen Menschen wirklich etwas Böses zugefügt hat. In einem Workshop im Gefängnis konnte er erstmals
Reue empfinden und seine Seele von Schuldgefühlen reinigen.
Er war zwar eines Verbrechens schuldig, aber nachdem er be-
reut hatte, konnte er sich von seinem Schmerz befreien und
sich selbst wieder lieben.

Durch Schuldgefühle wird man daran gehindert, sich selbst
zu lieben. Entweder verleugnet man seine Gefühle, weil sie zu
schmerzlich sind, oder sie nagen Tag für Tag an einem. Zum
Glück gibt es auch hier eine Heilung. Larry lernte, den
Schmerz seiner Wertlosigkeit und seiner Selbstvorwürfe zu
fühlen, und verzieh sich schließlich selbst. Er gab sich eine neue
Chance, und er nutzte die Zeit seiner Haft, um sich auf ein besseres Leben vorzubereiten.

Ist man eines Verbrechens schuldig, dann ist der erste Schritt,
diese Schuld zu empfinden. Der nächste Schritt besteht darin,
sich selbst zu verzeihen und zu versuchen, seine Tat wiedergutzumachen. Die meisten Menschen mit Schuldgefühlen können diese nicht abschütteln. Aus diesem Grund begehen so
viele Straffällige nach Verbüßung ihrer Haft neue Verbrechen:
Sie haben nicht gelernt, ihre Schuldgefühle wahrzunehmen
und sich von ihnen zu befreien. Statt ihre Scham über den Fehler zu fühlen, unterdrücken sie alle ihre Gefühle und schneiden
sich von ihrem Gewissen ab, das den Unterschied zwischen Gut
und Böse, Recht und Unrecht kennt. Ohne Verbindung zu ihren
inneren Empfindungen rechtfertigen sie künftige Verbrechen
durch das Leid, das sie im Gefängnis ertragen mußten.

## DIE SCHWIERIGKEIT,
### SICH VON SCHULDGEFÜHLEN ZU LÖSEN

Schuldgefühle treten auf, wenn man ein Verbrechen begangen hat, oder auch schon dann, wenn man nur zuviel Verantwortungsbewußtsein empfindet. Manche Menschen haben ein Leben lang Schuldgefühle, weil sie einmal im Supermarkt einen Kaugummi gestohlen haben oder einmal jemanden grob beleidigt haben. Kleine Fehler können einen ein ganzes Leben lang verfolgen, wenn man nicht weiß, wie man sich von Schuldgefühlen befreit.

Die Neigung zu Schuldgefühlen ist besonders groß, wenn einem vor dem achtzehnten Lebensjahr etwas Negatives zustößt. Je jünger man ist, desto schneller ist man beschämt. Vor allem Kinder unter zehn fühlen sich schuldig für jegliches Unrecht, das ihnen zugefügt wird oder dessen Zeuge sie auch nur werden. Sie sind nicht verantwortlich dafür, aber sie fühlen sich trotzdem wertlos und schuldig. Eltern können Kinder von ihren Empfindungen der Wertlosigkeit heilen, indem sie die Verantwortung für das übernehmen, was den Kindern geschieht.

———◄○►———

*Kinder fühlen sich schuldig für jegliches Unrecht, das ihnen zugefügt wird oder dessen Zeuge sie auch nur werden.*

———◄○►———

Wenn Eltern streiten oder einfach nur enttäuscht oder unglücklich sind, nimmt ein sensibles Kind diese negativen Empfindungen in sich auf und fühlt sich dafür verantwortlich. Versäumen es die Eltern, sich zu beschaffen, was sie für ihr Glück brauchen, dann bürden sich Kinder diese Last auf.

Es gibt sogar Eltern, die diese Schuldgefühle bewußt verstärken. Das Kind soll unglücklich sein und die Verantwortung dafür übernehmen, wie sich die Eltern fühlen. So etwas ist für Erwachsene schon verwirrend genug, um so mehr für Kinder. Ein Kind muß mit einer gesunden Empfindung der Unschuld aufwachsen, und deshalb müssen Eltern die Verantwortung für ihre eigenen Empfindungen selbst übernehmen, statt den Kindern die Schuld zu geben.

Um sich von Schuldgefühlen zu befreien, muß man das Wesen der Unschuld verstanden haben: Unschuld bedeutet, daß man Liebe verdient. Alle Kinder sind unschuldig, auch wenn sie etwas falsch machen. Sie wissen es nicht besser. Vielleicht machen sie Ärger, aber kluge Eltern wissen, daß es eben Kinder sind und ihr Bestes tun.

———◄○►———

*Unschuld bedeutet, daß man Liebe verdient hat.*

———◄○►———

Auch wenn man älter wird, muß man sich bewußt machen, daß man immer noch Liebe verdient hat, auch wenn man etwas falsch macht. Sieht man einen Fehler ein, und bessert man sich, dann muß man nicht weiter Schuld- und Schamgefühle haben. Man durchlebt diese Empfindungen, aber dann muß man zu dem aufrichtigen Wunsch fortschreiten, aus seinem Fehler zu lernen.

Man muß verstehen, daß man zwar Fehler macht und die Schuld an solchen Fehlern trägt, daß man aber in seinem Innersten trotzdem unschuldig ist. Sich von Schuldgefühlen nicht lösen zu können heißt, daß man sich selbst nicht verzeihen kann. Befreit man sich von dem Gefühl der Beschämung, findet man zu der Unschuld wie auch der Verantwortung für seine Fehler zurück. Letztlich tut man doch immer, was man im gegebenen Augenblick für das Beste hält. Niemand überlegt ständig: »Wie kann ich jetzt einen Haufen dummer Fehler machen?«

*Letztlich tut man doch immer, was man im gegebenen*
*Augenblick für das Beste hält.*

Nachsicht gegenüber sich selbst ist die Einsicht, daß man in seinem tiefsten Inneren nach wie vor unschuldig ist und Liebe verdient hat. Unschuld ist ein Teil des wahren Wesens des Menschen. Der Zustand, in den man zurückkehrt, wenn man sich von Empfindungen der Beschämung befreit, ist Unschuld. Kann man sich selbst verzeihen, dann glaubt man auch wieder, etwas Gutes verdient zu haben.

Um Erfolg im Leben haben zu können, muß man ein Gefühl für seinen Wert haben. Ohne Selbstliebe wagt man nie, sich seine Träume zu erfüllen. Glaubt man, nichts wert zu sein, und spürt man dann seine wahren Wünsche, dann unterdrückt man sie, weil man meint, sie nicht verdient zu haben. Schuldgefühle resultieren aus zu wenig Selbstliebe: Man opfert sich für die Menschen, die man gerne hat, auf und denkt nicht genug an sich selbst.

## Seine Blockierungen loslassen

Die zwölf Blockierungen des persönlichen Erfolgs zu überwinden erlaubt es nicht nur, den äußeren Erfolg zu genießen, sondern hilft auch, die Verbindung zu seinem eigenen wahren Selbst herzustellen. Lernt man, in seinem Inneren Frieden, Liebe, Freude und Kraft zu erfahren, dann wird man erfolgreich anziehen, was man in seinem Leben möchte.

Die obigen Erkenntnisse sind vielleicht einfach zu verstehen, aber es ist nicht ganz so einfach, sie in die Praxis umzusetzen. Für den äußeren wie für den inneren Erfolg muß man Zeit und Energie aufwenden. Man muß ja nicht nur sein Denken ändern

274

und in sein Inneres blicken, sondern auch die verborgenen Emotionen hinter jeder dieser Blockierungen ausfindig machen und heilen.

Im nächsten Kapitel werden praktische und spirituelle Erkenntnisse, Methoden und Übungen vorgestellt, wie man zu seinem wahren Selbst zurückfindet und seine Blockierungen auflösen kann. Durch die verschiedenen Übungen und Meditationen bereitet man einen fruchtbaren Boden, auf dem man die Keime seiner wirklichen Wünsche säen kann. Lernt man, alle diese Blockierungen zu beseitigen, stellt sich unmittelbar die Erfahrung der eigenen inneren Fähigkeit ein, in seinem Leben anzuziehen und zu verwirklichen, was man haben möchte.

# Übungen und
# Heilmeditationen

Wenn man einmal zu der Einsicht gekommen ist, daß man selbst die Verantwortung für seine Blockierungen trägt, dann ist die Zeit gekommen, sich mit verschiedenen Praktiken und Meditationen zur Auflösung der zwölf Blockierungen zu befassen. Für jede Blockierung ist ein Verfahren angegeben, mit dem man die negativen Emotionen fühlen und loslassen kann, bis man die Verbindung zu seinem wahren Selbst wiederhergestellt hat. Außerdem sind spezielle Meditationsgebete angegeben, durch die wir in Kontakt mit der Gnade Gottes kommen können, die mithilft, die Blockierungen zu beseitigen.

## Der Eisbergeffekt

Blockierungen werden aufgelöst, indem man die zugrundeliegenden Emotionen aufspürt und fühlt. Man kann sich dies am Beispiel eines Eisbergs verdeutlichen: Nur zehn Prozent befinden sich über der Wasseroberfläche, neunzig Prozent darunter. Wenn man nur die Blockierung fühlt, bleibt man an der Oberfläche. Forscht man nach den Gefühlen und Wünschen unter der Oberfläche, hebt man die Blockierung auf. Ist man blockiert, ärgert man sich über viele Dinge zugleich, und die meisten der Gefühle sind verborgen.

*Ist man blockiert, ärgert man sich über viele Dinge*
*zugleich, und die meisten der Gefühle sind verborgen.*

Nehmen wir an, daß ich versehentlich mit jemandem zusammenpralle, und der Betreffende ist sehr wütend. Er glaubt vielleicht, daß er nur auf mich wütend ist, aber in Wirklichkeit ärgert er sich über viele andere Dinge. Wenn zu diesem Zeitpunkt in seinem Leben alles in bester Ordnung gewesen wäre, wäre er nicht so wütend gewesen. Sehen wir uns einmal die anderen Empfindungen an, die unter der Oberfläche seiner bewußten Wahrnehmung liegen könnten.

▷ Er ärgert sich über mein Versehen, aber auch darüber, daß er seine Stelle verloren hat.
▷ Unter seinem Zorn liegt Trauer darüber, daß er kein geregeltes Einkommen hat.
▷ Unter seiner Trauer liegt Furcht. Er fürchtet, daß er keine Stelle mehr bekommen wird, um seine Probleme zu lösen. Er fürchtet, daß seine Frau ihn nicht mehr lieben wird.
▷ Unter seiner Furcht liegt Bedauern. Er bedauert es, daß er den Weg zum Erfolg nicht findet.

Oberflächlich betrachtet, ist er wütend auf mich, weil ich ihn angerempelt habe, aber unter der Spitze des Eisbergs liegen viele weitere Empfindungen. Hat jemand aber einen guten Grund, wütend zu sein, wie z. B. der Verlust des Arbeitsplatzes, dann kann man dem Schmerz des Betreffenden viel mehr Verständnis entgegenbringen.

## Sich bewußt ärgern

Schafft man sich einen guten Grund, sich zu ärgern, dann gelangt man besser an die eigenen tieferen Ebenen und kann gegenüber sich selbst verständnisvoll und mitleidsvoll sein. Dies ist ein ganz einfacher Gedanke – aber darin liegt das grundsätzliche Verfahren, wie man alle Blockierungen auflösen kann.

———◄○►———

*Schafft man sich einen guten Grund, sich zu ärgern, dann gelangt man besser an die eigenen tieferen Ebenen und kann gegenüber sich selbst verständnisvoll und mitleidsvoll sein.*

———◄○►———

Hat man eine Blockierung festgestellt, sollte man also einen guten Grund erzeugen, zornig zu sein. Dazu versetzt man sich in die Vergangenheit zurück und spürt die Emotionen, die mit der Blockierung zusammenhängen. Muß man den Liebesspeicher für Vitamin E füllen, stellt man sich vor, daß man mit einem Elternteil kommuniziert. Muß man den Liebesspeicher für Vitamin F auffüllen, stellt man sich vor, daß man sich mit einem Familienangehörigen oder Freund austauscht. Man denkt daran, wie verletzlich man war und wie intensiv man fühlen konnte. Es ist immer einfacher, vergangene Gefühle zu verarbeiten. Auch wenn man mit seiner Vergangenheit im reinen ist, sollte man sich in die Zeit zurückversetzen, bevor man sich mit ihr versöhnt hatte.

———◄○►———

*Um die Blockierung zu verarbeiten, versetzt man sich in die Vergangenheit zurück.*

———◄○►———

Ist man blockiert, fühlt man seine Emotionen nicht richtig. Dies bedeutet, daß man keine Verbindung zu seinem emotionalen Anteil hat. Um diesen Teil aufzufinden, muß man wieder wie ein Kind werden. Man muß die Zartheit und Verletzlichkeit des Kindes fühlen. Stellt man sich vor, ein Kind zu sein, fällt es meist nicht schwer, einen guten Grund zu finden, zornig zu sein.

—◄○►—

*Um emotionale Blockierungen zu heilen, muß man wie ein Kind fühlen.*

—◄○►—

Kann man sich wirklich an kein geeignetes Ereignis erinnern, erfindet man einfach eine Geschichte. Aber die meisten Menschen können sich leicht an einige schmerzliche oder schwierige Augenblicke in der Kindheit erinnern. Ein einziges solches Ereignis genügt, um die Verbindung zu den schmerzlichen Gefühlen wiederherzustellen, die man als Kind hatte.

## Die Vergangenheit verarbeiten

Es ist nicht schwer, seine Vergangenheit zu verarbeiten. Mit ein wenig Übung kann man leicht seine innere Fähigkeit entdekken, alle Blockierungen aufzuheben. Am Anfang wird man sich erleichtert fühlen, aber manchmal auch etwas erschöpft, weil man einfach noch nicht so »fit« darin ist. Doch ein wenig erschöpft ist immer noch viel besser als blockiert. Nach einiger Zeit wird man sich nur noch gut fühlen. Mit den folgenden vier Schritten können Sie Blockierungen auflösen:

1. Sich die Blockierung bewußt machen und die entsprechenden negativen Gefühle mit der eigenen Vergangenheit verbinden.

2. Sich in die Vergangenheit zurückversetzen und in einem Gefühlebrief die vier Ebenen von Emotionen ausdrücken, die zu dieser Blockierung gehören. Am Ende des Briefs stellt man die Verbindung zu seinen Wünschen her und äußert diese.
3. Sich in die Vergangenheit zurückversetzen, einen Antwortbrief schreiben und alles aussprechen, was man als Antwort auf seinen Brief hören möchte.
4. Sich in die Vergangenheit zurückversetzen und sich vorstellen, daß man bekommt, was man möchte. Mit einem Verbundenheitsbrief die dadurch entstehenden positiven Gefühle zum Ausdruck bringen.

Lernt man, seine Vergangenheit zu verarbeiten und seine Blockierungen aufzulösen, dann wird man nicht mehr von der eigenen Biographie gehemmt. Vielmehr wird sie zu einer wichtigen Unterstützung, so daß man die gewünschte Zukunft erzeugen kann. Erkunden wir nun diese Schritte im einzelnen.

## Der Gefühlebrief

Der Gefühlebrief sieht für jede der zwölf Blockierungen etwas anders aus. Mit Hilfe der nachfolgenden Tabelle kann man feststellen, mit welchen Emotionen und in welcher Reihenfolge die Auflösung am besten möglich ist. Diese Tabelle hilft besonders am Anfang. Nach einiger Zeit wird man emotional so »fit« sein, daß man sie nicht mehr braucht.

| Blockierung | Allgemeines Gefühl | Heilende (negative) Emotion |
|---|---|---|
| Vorwürfe | betrogen | Zorn |
| Niedergeschlagenheit | im Stich gelassen | Trauer |
| Ängstlichkeit | unsicher | Furcht |
| Gleichgültigkeit | machtlos | Bedauern |
| Kritik | enttäuscht | Frustration |
| Entschlußlosigkeit | entmutigt | Enttäuschung |
| Zaudern | hilflos | Besorgnis |
| Perfektionismus | unzulänglich | Verlegenheit |
| Groll | zu kurz gekommen | Eifersucht |
| Selbstmitleid | ausgeschlossen | Verletztheit |
| Verwirrung | hoffnungslos | Panik |
| Schuldgefühle | wertlos | Scham |

Mit Hilfe dieser Tabelle kann man den entsprechenden Gefühlebrief schreiben, indem man zunächst die zur Blockierung gehörende Emotion und dann die drei in der Tabelle darauffolgenden Emotionen erkundet.

Um zum Beispiel die erste Blockierung (Vorwürfe) aufzulösen, erinnert man sich an ein Ereignis zurück, als man betrogen wurde, und erkundet dann die vier Emotionen Zorn, Trauer, Furcht und Bedauern. Oder um die zwölfte Blockierung (Schuldgefühle) aufzulösen, erinnert man sich an ein Ereignis zurück, als man das Gefühl der Wertlosigkeit hatte, und erkundet dann die vier Emotionen Scham, Zorn, Trauer und Furcht.

## Zwölf Schemata für Gefühlebriefe

Schreibt man einen Gefühlebrief, um eine Blockierung aufzuheben, muß man vier verschiedene aufeinanderfolgende Emotionen heranziehen, um eine vollständige Auflösung zu erzielen. Manchmal könnte es notwendig sein, aus der Tabelle

Gefühle gezielt auszuwählen, doch genügen in aller Regel die vorgeschlagenen Schemata, in denen die Schlüsselemotionen angegeben sind, die gefühlt werden müssen.

1. Vorwürfe: Sich an eine Zeit erinnern, als man sich betrogen fühlte, und dann Zorn, Trauer, Furcht und Bedauern erkunden.
2. Niedergeschlagenheit: Sich an eine Zeit erinnern, als man sich im Stich gelassen fühlte, und dann Trauer, Furcht, Bedauern und Frustration erkunden.
3. Ängstlichkeit: Sich an eine Zeit erinnern, als man sich unsicher fühlte, und dann Furcht, Bedauern, Frustration und Enttäuschung erkunden.
4. Gleichgültigkeit: Sich an eine Zeit erinnern, als man sich machtlos fühlte, und dann Bedauern, Frustration, Enttäuschung und Besorgnis erkunden.
5. Kritik: Sich an eine Zeit erinnern, als man sich enttäuscht fühlte, und dann Frustration, Enttäuschung, Besorgnis und Verlegenheit erkunden.
6. Entschlußlosigkeit: Sich an eine Zeit erinnern, als man sich entmutigt fühlte, und dann Enttäuschung, Besorgnis, Verlegenheit und Eifersucht erkunden.
7. Zaudern: Sich an eine Zeit erinnern, als man sich hilflos fühlte, und dann Besorgnis, Verlegenheit, Eifersucht und Verletztheit erkunden.
8. Perfektionismus: Sich an eine Zeit erinnern, als man sich unzulänglich fühlte, und dann Verlegenheit, Eifersucht, Verletztheit und Panik erkunden.
9. Groll: Sich an eine Zeit erinnern, als man sich zu kurz gekommen fühlte, und dann Eifersucht, Verletztheit, Panik und Scham erkunden.
10. Selbstmitleid: Sich an eine Zeit erinnern, als man sich ausgeschlossen fühlte, und dann Verletztheit, Panik, Scham und Zorn erkunden.
11. Verwirrung: Sich an eine Zeit erinnern, als man sich hoff-

nungslos fühlte, und dann Panik, Scham, Zorn und Trauer erkunden.

12. Schuldgefühle: Sich an eine Zeit erinnern, als man sich wertlos fühlte, und dann Scham, Zorn, Trauer und Furcht erkunden.

## Einen Gefühlebrief schreiben

Wenn man die vier passenden Emotionen ausgewählt hat, überlegt man, an wen man den Brief adressieren will. Grundsätzlich gilt, daß an die Eltern adressierte Gefühlebriefe die tiefsten Empfindungen auslösen. Auch wenn man einen Elternteil nicht kennt, hat man zu ihm eine tiefe Beziehung. Man kann den Gefühlebrief auch jemandem schreiben, über den man sich geärgert hat, oder an jemanden, mit dem man sich verbunden fühlt und dessen Unterstützung man gerne hätte.

Gut ist es, den Brief an einen Elternteil zu schreiben, der die eigenen Gefühle der Empörung bezüglich anderer Dinge teilt. Man kann einen Gefühlebrief auch dann an seine Eltern schreiben, wenn man ihnen keine Vorwürfe zu machen hat. Manche Menschen wollen ihren Eltern keine Vorwürfe machen, weil sie glauben, dann ihre Eltern nicht zu lieben. Aber dies ist ein klarer Hinweis auf unterdrückte Emotionen, die an die Oberfläche gebracht werden müssen. Wenn jemand keinen Zorn empfinden kann, hat er in seiner Jugend gelernt, daß Zorn etwas Schlechtes ist und daß die Eltern dies nicht verdient haben.

Zornig zu sein heißt nicht, den Eltern den Vorwurf zu machen, daß sie lieblos waren. Sie taten ihr Bestes, aber kein Mensch kann einem Kind alles geben, was es braucht. Zornig und empört zu sein gehört zum Prozeß des Erwachsenwerdens. Es ist überaus wichtig zu lernen, wie man mit Zorn umgeht, statt ihn mit angeblich guten Begründungen zu unterdrücken.

Manche Menschen schreiben keine Briefe, weil sie resigniert haben. Es interessiert sie nicht mehr. Sie glauben vielleicht, daß alles in Ordnung ist, oder es ist ihnen wirklich gleichgültig. In einem solchen Fall muß man sich daran erinnern, wie man sich fühlte, bevor man resignierte. Man kehrt in die Zeit zurück, in der man noch solche Empfindungen hatte, und erlebt diesen Augenblick wieder; dadurch bekommt man wieder die Möglichkeit, seine Gefühle aufzuschreiben.

Hat man sich dann entschieden, an wen man den Brief schreiben will, könnte ein Gefühlebrief etwa wie folgt aussehen:

**Vorlage für den Gefühlebrief**
*Liebe(r) ...,*
1. *Ich fühle mich im Stich gelassen, wenn ...*
2. *Ich bin wütend darüber, daß ...*
3. *Ich bin traurig darüber, daß ...*
4. *Ich befürchte, daß ...*
5. *Ich bedauere es, daß ...*
6. *Ich möchte ...*
*In Liebe*

Nach der Auswahl der entsprechenden Gefühle und Emotionen drückt man diese mit Hilfe der obigen Einleitungsphrasen aus. Am Ende des Briefs sagt man, was man haben möchte. Für jede der Ebenen sollte man sich mindestens zwei bis drei Minuten Zeit nehmen, d. h., der Brief sollte nach zehn bis fünfzehn Minuten fertig sein.

Der Gefühlebrief dient der eigenen Heilung, d. h. man braucht ihn an niemanden zu schicken. Hat man jedoch einen liebevollen Zuhörer gefunden, kann man mit diesem natürlich immer über seine Gefühle sprechen.

# Den Antwortbrief schreiben

Nachdem man seine Gefühle und Wünsche aufgeschrieben hat, überlegt man sich, welche Antwort man gerne hätte, und stellt sich vor, daß man diese bekommt. Wenn z. B. derjenige, dem man schreibt, einen in irgendeiner Weise verletzt hat, formuliert man eine Antwort, die einem das Gefühl gibt, daß man gehört und verstanden wird, so daß man verzeihen kann. Wenn man in irgendeiner Weise enttäuscht oder betrogen wurde, läßt man den Betreffenden etwas versprechen, wodurch man sich besser fühlt. Man denkt darüber nach, was der Betreffende tun könnte. Vielleicht braucht man vor allen Dingen Ermunterung oder die Gewißheit, daß man geliebt wird. Während man die Antwort aufschreibt, die man gerne hören möchte, stellt man sich vor, wie es wäre, diesen Brief zu bekommen, und läßt die entsprechenden Empfindungen an die Oberfläche kommen.

Selbst wenn der Betreffende niemals diese positiven Dinge sagen und sich in einer unterstützenden Weise verhalten würde, schreibt man einen solchen Brief trotzdem. Man sagt sich die Dinge, die man zu hören verdient hat, und man verschafft sich die positiven Gefühle, die einem verwehrt wurden. Auf diese Weise kommt man wieder in Verbindung zu jenem Teil seines wahren Selbst, von dem man getrennt war.

Die Phantasie hat eine große Macht. Oft stellt man sich in einer schwierigen Situation alles viel schlimmer vor, als es in Wirklichkeit ist. Man braucht sich nur einmal an entsprechende Situationen zurückzuerinnern. Erreicht man seine persönlichen Wunschziele nicht, dann ist man nicht ganz mit seinem wahren Selbst verbunden. Gibt man sich selbst die Antworten, die einem die Welt nicht gibt, dann entdeckt man seine innere Verbundenheit.

Das Schema des Antwortbriefs ist immer dasselbe. Es ist deshalb so nützlich, weil man oft, wenn die Gefühle zu intensiv sind, nicht zu erkennen vermag, was man wirklich braucht.

Die nachfolgenden Einleitungsphrasen führen zu den liebevollen Äußerungen hin, die man jetzt nötig hat. Man kann in seinem Antwortbrief nach Belieben zusätzliche Bemerkungen einfügen, durch die man sich besser fühlt.

**Vorlage für den Antwortbrief**
*Liebe(r) ...,*
1. *Ich entschuldige mich dafür, daß...*
2. *Bitte verzeih mir, daß...*
3. *Ich weiß...*
4. *Ich verspreche...*
5. *Ich liebe...; Du bist...; Du hast es verdient, daß...*
*In Liebe*

## Einen Verbundenheitsbrief schreiben

Nachdem man die gewünschte Antwort geschrieben hat, stellt man sich vor, wie man sich fühlen würde, wenn man diese Antwort erhielte, und schreibt seine Empfindungen auf. Es ist sehr wichtig, die so erzeugten positiven Empfindungen auszudrücken, weil man sich dadurch zentriert und Verbindung zu seinem wahren Selbst findet. Erzeugt man aus einer negativen Erfahrung positive Gefühle, baut man den inneren Widerstand ab, die eigene Vergangenheit zu betrachten.

Gelingt es, seine Vergangenheit zu heilen, aus ihr zu lernen und daran zu wachsen, wird man nicht mehr zu Situationen hingezogen, in denen sich die Vergangenheit wiederholt. Man kann alles bewirken, was man möchte. Verbindet man aktuelle negative Empfindungen mit seiner Vergangenheit und erzeugt so positive Empfindungen, kann man dadurch Blockierungen aufheben.

Die nachfolgenden Einleitungsphrasen helfen dabei, positive Empfindungen zu erzeugen, so daß man die Verbindung zu seinem wahren Selbst dauerhaft wiederherstellen kann.

**Vorlage für den Verbundenheitsbrief**
*Liebe(r) ...,*
1. *Durch deine Liebe fühle ich mich ...*
2. *Ich verstehe jetzt ...*
3. *Ich verzeihe ...*
4. *Ich bin glücklich darüber, daß ...*
5. *Ich liebe ...*
6. *Ich habe das Vertrauen, daß ...*
7. *Ich bin dankbar dafür, daß ...*
*In Liebe*

Nimmt man sich die Zeit dafür, seine positiven Gefühle auszudrücken, füllt man damit die Leere, die durch die negativen Empfindungen entstanden ist. Auch wenn man sich schon besserfühlt, nachdem man seine negativen Empfindungen aufgeschrieben hat, sollte man sich auch einige Minuten den positiven Empfindungen zuwenden und diese aufschreiben. Dadurch festigt man die Verbindung zu seinem wahren Selbst.

## Die vier Schritte gehen

Im folgenden können Sie die vier Schritte am Beispiel von Carls Briefen verfolgen. Carl konnte sich nicht von einer vorwurfsvollen Haltung befreien. Er gab immer seiner Arbeit die Schuld daran, daß er so unglücklich war. Er arbeitete lange, aber er verdiente nicht so viel, wie er wollte. Die Arbeit interessierte ihn nicht mehr. Er setzte sich hin und schrieb auf, was ihn ärgerte, aber dies brachte ihm keine Erleichterung. Dann beschloß er, seine Blockierung aufzulösen, indem er seine Vergangenheit verarbeitete.

Er war zornig darüber, daß seine Arbeit nicht so war, wie er es sich vorgestellt hatte. Er fühlte sich betrogen. Aber er hatte sich selbst für die Stelle entschieden, darum konnte er sich nicht wirklich darüber ärgern. Um an seine tieferen Emotionen zu gelangen, verknüpfte er seinen Zorn mit einem anderen Zeitpunkt, zu dem er sich betrogen fühlte.

Er erinnerte sich daran, wie ihm sein Vater einmal versprochen hatte, mit ihm angeln zu gehen. Carl war damals acht Jahre alt und wartete den ganzen Tag vergeblich auf seinen Vater. Als dieser schließlich nach Hause kam, entschuldigte er sich nicht, sondern machte Carl Vorwürfe, weil er die Zeit nicht genutzt hatte, um Hausaufgaben zu machen.

Um seine Vergangenheit zu verarbeiten, versetzte sich Carl in die Zeit zurück, als sein Vater sein Wort nicht gehalten und ihm Vorwürfe gemacht hatte. Dann gab er den vier Emotionen Ausdruck, die zu Vorwürfen gehören. Nachfolgend sein Gefühlebrief.

### CARLS GEFÜHLEBRIEF

*Lieber Papa,*

1. *Treuebruch: Ich fühle mich im Stich gelassen, wenn Du Deine Versprechungen nicht hältst und Dir keine Zeit für mich nimmst.*

2. *Zorn: Ich bin zornig darüber, daß Du mich kritisierst. Ich bin zornig darüber, daß Du gemein und selbstsüchtig bist. Ich bin zornig darüber, daß Du nur an Dich denkst und überhaupt nicht an mich. Du hast versprochen, mich zum Angeln mitzunehmen, und es nicht getan. Ich bin zornig darüber, daß Du Dein Versprechen nicht gehalten hast.*

3. *Trauer: Ich bin traurig darüber, daß Du mich nicht abgeholt hast. Ich bin traurig darüber, daß Dir andere Dinge wichtiger waren. Ich bin traurig darüber, daß wir am Samstag nichts miteinander unternommen haben. Ich bin traurig darüber, daß Du soviel arbeitest. Ich bin traurig darüber, daß Du Dir nicht mehr Zeit für mich nimmst. Ich bin traurig darüber, daß Du Dich nicht mal entschuldigt hast. Ich bin traurig darüber, daß ich den ganzen Tag allein sein mußte. Ich bin traurig darüber, daß es für mich kein schöner Tag war.*

4. *Furcht: Ich befürchte, daß ich Dir nicht vertrauen kann. Ich befürchte, daß Du meine Empfindungen nicht verstehen wirst. Ich befürchte, daß Du mich anschreien wirst. Ich befürchte, daß ich zuviel verlange. Ich befürchte, daß ich keine schöne Kindheit haben werde. Ich befürchte, daß alle anderen Spaß haben, nur ich nicht. Ich befürchte, daß ich Dir nicht wichtig bin. Ich befürchte, daß Du mich nicht magst und daß ich nicht gut genug bin.*

5. *Bedauern: Ich bedauere es, daß wir nicht angeln gegangen sind. Ich bedauere es, daß ich meine Hausaufgaben nicht gemacht habe. Ich bedauere es, daß ich meine Zeit vergeudet habe, indem ich den ganzen Tag auf Dich gewartet habe. Ich bedauere es, daß wir einander nicht näher sind. Ich bedauere es, daß wir nicht etwas Schönes miteinander unternehmen. Ich bedauere es, daß Du soviel arbeitest und die meiste Zeit nicht zu Hause bist. Ich bedauere es, daß ich keine besseren Noten habe. Ich bedauere es, daß ich nicht so gut bin wie meine Brüder.*

6. *Wünsche: Ich liebe Dich, und ich möchte öfter mit Dir zusammensein. Ich möchte, daß Du meine Gefühle verstehst. Ich möchte Spaß haben. Ich möchte es genießen, groß zu werden. Ich möchte nicht herumsitzen und auf Dich warten. Ich möchte, daß Du mich anrufst und mir sagst, was los ist. Ich möchte mich als ein wichtiger Teil Deines Lebens fühlen. Ich möchte, daß Du stolz auf mich bist. Ich möchte mich wohl fühlen und glücklich sein. Ich möchte mich frei und unschuldig fühlen und nicht immer vor Deinem Tadel Angst haben müssen. Ich möchte, daß Du Zeit für mich hast. Ich liebe Dich und vermisse Dich.*

Danach ging Carl zum zweiten Schritt über und stellte sich vor, daß er bekam, was er wollte. Er schreibt die Antwort, die er von seinem Vater gerne bekommen hätte.

Indem Carl die Wunschantwort schreibt, gibt er sich letztlich selbst, was er nicht bekam. Vor allem aber erzeugt er positive

Gefühle, die den Ausgleich zu den oben ausgedrückten negativen Gefühlen bilden. Nachfolgend sein Antwortbrief.

## CARLS ANTWORTBRIEF

*Lieber Carl,*

1. *Entschuldigung: Ich entschuldige mich dafür, daß ich zu spät kam. Es tut mir sehr leid, daß wir nicht angeln gehen konnten. Ich bedauere es, daß ich Dich wieder enttäuscht habe. Es war ein Fehler, daß ich Dich nicht angerufen habe.*
2. *Bitte um Verzeihung: Bitte verzeih mir, daß ich nicht für Dich da bin. Bitte verzeih mir, daß ich Dich nicht zum Angeln mitgenommen habe und daß wir auch nichts anderes Schönes miteinander unternommen haben. Bitte verzeih mir, daß ich Dich vernachlässigt habe.*
3. *Verständnis: Ich verstehe es, daß Du Dich über mich ärgerst. Du hast das Recht, auf mich wütend zu sein. Ich verstehe es, daß Du Angst hast, mit mir zu reden. Ich war so kritisch. Ich verstehe es, daß Du so traurig bist. Es ist Deine Kindheit, und Du mußt das Gefühl haben, daß Du etwas verpaßt. Es ist mir klar, daß ich versprochen habe, mit Dir angeln zu gehen, und ich habe Dich versetzt. Es tut mir sehr leid, und ich möchte es wiedergutmachen.*
4. *Versprechungen: Ich möchte, daß Du glücklich bist und daß Du Spaß hast. Ich möchte Dich zum Angeln mitnehmen. Ich verspreche es Dir. Am Samstag gehen wir miteinander angeln und machen uns einen schönen Tag.*
5. *Liebe: Ich möchte, daß Du weißt, daß ich Dich liebe. Jetzt wird alles anders werden. Du bedeutest mir sehr viel. Ich liebe Dich sehr.*

*Alles Liebe, Papa.*

Der dritte Schritt der Verarbeitung besteht darin, daß man aufschreibt und zum Ausdruck bringt, wie man sich fühlt, wenn man das Gewünschte bekommen hat.

## CARLS VERBUNDENHEITSBRIEF

*Lieber Papa,*

1. *Deine Liebe gibt mir das Gefühl, daß es mir jetzt besser- geht. Ich fühle mich gut. Du machst mir Hoffnung, daß ich glücklich sein kann, daß wir zusammensein werden und einen schönen Tag miteinander haben werden.*
2. *Ich verstehe jetzt, daß Du mich liebst. Ich verstehe, daß Du einen Fehler gemacht hast, nicht ich. Ich bin kein schlech- ter Mensch. Ich weiß, daß Du mich liebst, und ich liebe Dich auch.*
3. *Ich verzeihe Dir. Ich verzeihe es Dir, daß Du nicht für mich da warst. Ich verzeihe es Dir, daß Du rücksichtslos und vor- wurfsvoll warst. Ich verzeihe Dir, daß Du mich hast warten lassen.*
4. *Ich bin glücklich darüber, daß Du Dich um mich kümmerst. Ich bin glücklich darüber, daß ich mit Dir reden kann. Ich bin glücklich darüber, daß wir zusammen sind und mitein- ander Spaß haben. Ich bin glücklich darüber, daß ich Dir vertrauen und mich auf Dich verlassen kann. Ich bin glück- lich darüber, daß Du mich liebst und mir zugehört hast.*
5. *Ich liebe es, angeln zu gehen. Ich liebe es, ich selbst sein zu dürfen. Ich finde es schön, daß wir einander nahe sind. Ich freue mich darauf, daß wir mehr miteinander unternehmen werden.*
6. *Ich habe das Vertrauen, daß ich ein glückliches Leben haben kann. Ich habe das Vertrauen, daß Du mich liebst und daß ich Dir wichtig bin. Ich habe das Vertrauen, daß ich Dich glücklich machen kann. Ich habe das Vertrauen, daß ich gut genug bin.*
7. *Ich bin dankbar für Deine Liebe. Ich bin dankbar dafür, daß Du mehr Zeit mit mir verbringen willst. Ich bin dank- bar für die netten Lehrer, die ich in der Schule habe. Ich bin dankbar für mein schönes Zimmer. Ich bin Gott dafür dankbar, daß er mir so großartige Eltern gegeben hat.*

Nach diesem Verbundenheitsbrief fühlte Carl sich soviel besser, daß er noch mehr tun wollte. Jetzt stellte er sich vor, daß er mit seinem Vater zum Angeln ging, und erzeugte so weitere positive Empfindungen der Unterstützung.

EIN WEITERER VERBUNDENHEITSBRIEF

1. *Ich genieße es außerordentlich, mit meinem Papa beim Angeln zu sein. Ich habe gerade einen Fisch gefangen, und Papa ist sehr stolz auf mich. Ich fühle mich glücklich und zufrieden. Es macht soviel Spaß miteinander. Ich bin so froh, daß ich meinen Vater habe. Er liebt mich so sehr, und ich liebe ihn. Wir haben es großartig miteinander.*
2. *Ich weiß jetzt, wie wunderbar es ist, mit meinem Papa angeln zu gehen.*
3. *Ich verzeihe es meinem Papa, daß er es so oft nicht geschafft hat.*
4. *Ich bin glücklich darüber, daß er mit mir hierhergefahren ist. Ich bin glücklich, daß es wirklich ein schöner Tag ist. Ich bin glücklich, daß wir einfach so zusammensein können. Ich bin glücklich, daß ich heute nichts falsch machen kann. Ich bin sehr glücklich, daß ich einen Fisch gefangen habe. Ich bin glücklich, daß wir es schön miteinander haben.*
5. *Ich liebe es, bei meinem Papa zu sein und mit ihm etwas zu tun. Ich genieße es, mit ihm hier zu sein. Ich liebe es, im Boot zu sitzen. Ich genieße es, daß es mir immer besser geht. Ich liebe es, mit dem Auto herumzufahren. Ich genieße es, neue Orte zu sehen und etwas Neues zu unternehmen. Ich liebe es, ein Abenteuer zu erleben.*
6. *Ich habe das Vertrauen, daß ich ich selber sein und mein Leben genießen kann. Ich brauche nicht vollkommen zu sein. Ich kann mich entspannen, und alles geht gut. Ich vertraue meinem Vater. Er liebt mich wirklich, und er ist für mich da. Ich kann das Vertrauen haben, daß er mich versteht und daß ich ihm wichtig bin.*

*7. Ich bin so dankbar für diesen Angelausflug. Wir haben es so schön miteinander. Ich bin dankbar dafür, daß ich einen Fisch gefangen habe. Ich bin dankbar für das großartige Wetter. Ich bin dankbar dafür, daß sich mein Vater Zeit für mich genommen hat. Ich weiß, daß er viel zu tun hat. Ich bin dankbar dafür, daß ich nicht allein in der Welt bin und daß er mich liebt. Ich bin dankbar dafür, daß wir miteinander Spaß haben konnten.*

Mit dieser Haltung der Dankbarkeit kehrte Carl wieder in die Gegenwart zurück, und er fühlte sich sehr viel besser. Obwohl er nichts Großartiges getan hatte, war er jetzt mit seiner Arbeit wieder zufriedener. Außerdem nahm er sich jetzt etwas mehr Zeit für sich selbst und für seine Kinder.

## Gefühle mit Hilfe der Eltern heilen

Manchmal schreibt man einen Brief an seine Eltern, weil man sich über seinen Vater oder seine Mutter ärgert. Manchmal schreibt man den Brief nur, weil man Unterstützung braucht, während man in Wirklichkeit über etwas anderes verärgert oder enttäuscht ist. Nachfolgend ein Beispiel.

Lucy ärgerte sich darüber, daß sie in einem Eislaufwettbewerb nicht gewonnen hatte. Sie war im Finale gestürzt. Monatelang war sie deprimiert. Um sich von dieser Depression zu befreien, stellte sie zunächst eine Verbindung zu ihrer Vergangenheit her. Sie erinnerte sich daran, wie sie einmal in der Schule nicht zu einer Geburtstagsparty eingeladen wurde. Dies hatte sie sehr verletzt. Nachfolgend eine verkürzte Version ihres Gefühlebriefs:

*Liebe Mama,*
*1. Ich fühle mich im Stich gelassen, weil die Kinder in der Schule mich nicht mögen.*

2. *Ich bin so traurig darüber, daß ich nicht zur Party eingeladen wurde. Niemand mag mich. Ich weiß nicht, was mit mir nicht in Ordnung ist. Ich tue mein Bestes, aber ich werde trotzdem immer abgelehnt.*

3. *Ich fürchte, daß ich nie akzeptiert werde. Niemand liebt mich. Ich kann nichts recht machen. Als ich neulich in der Schule eine Frage beantwortete, wurde ich von allen ausgelacht. Wenn ich in der Mittagspause auf Mitschüler zugehe, laufen sie einfach weg.*

4. *Ich bedauere es, daß ich nicht zur Party gehen durfte. Ich bedauere es, daß ich keine Freunde finde. Ich bedauere es, daß ich nicht eines der beliebten Mädchen bin. Ich bedauere es, daß ich nicht weiß, was ich tun soll.*

5. *Es frustriert mich, daß ich nicht eingeladen bin. Ich bin frustriert darüber, daß sich niemand für mich interessiert. Ich bin frustriert darüber, daß die Kinder in meiner Schule so gemein sind. Ich bin frustriert darüber, daß ich so wie sie sein muß, damit ich akzeptiert werde.*

6. *Ich möchte ich selbst sein und viele Freunde haben. Ich möchte Spaß haben. Ich möchte am Morgen aufwachen und mich auf die Schule freuen. Ich möchte zu Partys eingeladen werden. Ich möchte in der Schule gut sein. Ich möchte, daß andere mit mir befreundet sein wollen.*

*In Liebe, Lucy*

In den Antwortbrief schrieb Lucy die Antworten, die sie von ihren Freunden hören wollte.

*Liebe Lucy,*

1. *Ich entschuldige mich dafür, daß ich gemein zu Dir war. Ich bedauere es, daß ich Dich nicht zu meiner Party eingeladen habe. Ich war gemein. Ich habe alle eingeladen außer Dir.*

2. *Bitte verzeih mir, daß ich Dich ausgeschlossen habe. Bitte verzeih mir, daß ich Witze über Dich gemacht und Dich zurückgesetzt habe. Es tut mir leid.*

3. *Ich sehe ein, daß ich Dich verletzt habe. Ich sehe ein, daß Du eine solche Behandlung nicht verdient hast. Ich sehe ein, daß Du von mir enttäuscht bist.*
4. *Ich werde Dir in Zukunft mehr Achtung entgegenbringen. Ich werde nicht mehr gemein sein und versuchen, künftig nett zu sein.*
5. *Ich möchte gerne Deine Freundin sein. Ich glaube, daß Du wirklich ein großartiger Mensch bist und man mit Dir viel Spaß haben kann. Ich möchte, daß Du zu mir kommst und wir miteinander Hausaufgaben machen.*

Zum Abschluß der Übung stellte sich Lucy vor, daß sie diesen Antwortbrief erhalten hatte und welche positiven Empfindungen er in ihr ausgelöst hatte. Diese formulierte sie in einem Verbundenheitsbrief.

1. *Deine Freundschaft tut mir so gut. Ich möchte auch zur Gruppe gehören, aber ich möchte auch ich selbst bleiben. Du bist nett.*
2. *Ich weiß jetzt, daß ich gemocht werde und daß ich nicht aufhören muß, ich selbst zu sein, um von anderen geliebt zu werden.*
3. *Ich verzeihe es Dir, daß Du mich nicht zu deiner Party eingeladen hast.*
4. *Ich bin glücklich darüber, daß wir miteinander soviel Spaß haben. Ich bin glücklich darüber, daß ich in der Schule beliebt bin. Ich bin glücklich darüber, daß ich so viele Freunde habe.*
5. *Ich liebe mein Leben. Ich liebe meine Freunde. Ich gehe gerne zur Schule und genieße es, am Wochenende Spaß zu haben.*
6. *Ich fühle mich so dankbar dafür, daß ich so viele Freunde habe und daß die Schule soviel Spaß macht. Ich bin dankbar dafür, daß meine Freunde bei mir sein wollen und mich vermissen, wenn ich nicht da bin.*

## Einen Gefühlebrief an Gott schreiben

Wenn ich eine Blockierung wie Vorwürfe, Ärger oder eine verurteilende Haltung zu spüren beginne, schreibe ich oft meine
Gefühle in einem Brief an Gott auf. In diesem Fall brauche ich
die Verknüpfung mit meiner Vergangenheit nicht. Wenn ich mit
Gott spreche, fühle ich mich immer besonders klein und verletzlich, wie ein Kind. Gebete sind letztlich immer ein Mittel,
Gott seine Gefühle mitzuteilen und seine Wünsche und Bedürfnisse auszudrücken.

Mit Hilfe eines Gefühlebriefs, eines Antwortbriefs und eines
Verbundenheitsbriefs kann man seine Beziehung zu Gott ver-
tiefen und seinen Liebesspeicher G1 auffüllen. Manche Menschen glauben an Gott, fühlen sich aber von ihm im Stich gelassen. In einem solchen Fall ist es auch in Ordnung, Gott
Vorwürfe zu machen. Wenn irgend jemand Vorwürfe anhören
kann, ohne sich verletzt zu fühlen, dann Gott. Verzeiht man
Gott, füllt man dadurch seinen Liebesspeicher G1 auf.

## Schwer zugängliche Emotionen aufdecken

Bei der Auflösung von Blockierungen muß man die negativen
Emotionen erkunden, die der Blockierung zugrunde liegen
(siehe »Die Gefühle-Tabelle« Seite 281). Dazu erinnert man
sich an ein Ereignis zurück, als man unter dem »allgemeinen
Gefühl« litt, das der Blockierung zugrunde liegt, und kommt so
zu der negativen Emotion. Danach erkundet man die negativen
heilenden Emotionen der drei folgenden Ebenen. Ist man auf
einer dieser folgenden Ebenen ebenfalls blockiert, muß man
auch hier die »allgemeine Empfindung« noch einmal fühlen,
um an die reine negative Emotion gelangen und sie auflösen zu
können.

Nehmen wir an, daß man Perfektionismus auflöst, und man

erinnert sich an eine Zeit, als man sich unzulänglich fühlte. Um das Gefühl der Unzulänglichkeit zu verarbeiten, fühlt man Verlegenheit und äußert diese. Die nächsttiefere Ebene ist Eifersucht. Möglicherweise ist man auch hier blockiert und unfähig, Eifersucht zu fühlen. Dann sollte man sich der »allgemeinen Empfindung« zuwenden und zuerst darüber nachdenken, weshalb man das Gefühl hat, zu kurz gekommen zu sein; dann kann man die Eifersucht spüren.

Einer der Hauptgründe dafür, warum man blockiert bleibt, liegt darin, daß man jahrelang bestimmte Emotionen unterdrückte. Manchmal erlaubt man es sich nicht, eine bestimmte Emotion zu fühlen; diese muß man dann aufspüren und loslassen. Jemand hat vielleicht keine Probleme mit Ärger, erlaubt sich aber keine Traurigkeit. Ein Mann fühlt vielleicht ohne weiteres Bedauern, aber keine Eifersucht. Eine Frau fühlt sich vielleicht ängstlich, kann aber keinen Zorn empfinden. Um eine Blockierung aufzulösen, muß man es sich erlauben, alle zwölf der reinen negativen Emotionen zu fühlen. Denn alle zwölf negativen Emotionen sind heilsam und natürlich. Sie zeigen lediglich, daß man sich von seiner Mitte entfernt. Es sind wichtige Signale, die dabei helfen, das Gleichgewicht wiederzufinden. Fühlt man reine Emotionen, findet man wieder zurück zu sich selbst; fühlt man Blockierungen, trennt man sich von seinem wahren Selbst.

## SARAH ENTDECKT IHRE EIFERSUCHT

Betrachten wir wiederum ein Beispiel. Sarah war Perfektionistin. Sie erinnerte sich daran, wie sie einmal von ihrem Vater kritisiert wurde. Er erwartete von ihr, daß sie perfekt singen sollte, aber sie konnte seinen Ansprüchen nie gerecht werden. Sie war eine großartige Sängerin, aber in ihrem Innersten fühlte sie sich nie gut genug.

Um ihre Blockierung zu verarbeiten, versetzte sie sich zuerst in eine Situation in der Vergangenheit, als sie sich unzulänglich fühlte, und schrieb dann ihre Empfindung der Verlegenheit auf. Sie hatte einmal in einer Aufführung falsch gesungen. Sie schrieb ihrem Vater einen Brief, in dem sie mit der Beschreibung ihrer Verlegenheit begann. Die nächste Emotion war Eifersucht. Sie glaubte, nie eifersüchtig gewesen zu sein. Um die Eifersucht zu spüren, mußte sie sich mit dem Gefühl beschäftigen, zu kurz gekommen zu sein, das zur Eifersucht gehört. Als sie diese Empfindungen betrachtete, entdeckte sie ihre unterdrückte Eifersucht.

Sarah glaubte, daß andere Kinder geliebt wurden, während ihr Vater von ihr übermäßig viel verlangte. Andere Kinder spielten draußen und vergnügten sich, während sie immer im Haus war und übte oder sich um ihre jüngeren Geschwister kümmerte. Jetzt fühlte sie ihre Eifersucht. Als sie es sich erlaubte, Eifersucht zu fühlen, konnte sie auch die beiden nächsten Emotionen leicht aufdecken. Meist ist es so, daß man gerade diejenige Emotion am schwierigsten findet, die für die Auflösung einer Blockierung am wichtigsten ist.

## Gefühle mit der Vergangenheit verbinden

Seine Gefühle mit der Vergangenheit zu verbinden ist nicht nur dann wichtig, wenn man eine schlimme Kindheit hatte. Bei jedem Menschen gab es irgendwelche Probleme, und manche hatten nur etwas mehr Unterstützung dabei, diese Probleme zu bewältigen. Jede der zwölf Blockierungen ist mit verschiedenen schmerzlichen Ereignissen verbunden. An jedem dieser Ereignisse könnten die Eltern oder andere Menschen beteiligt gewesen sein. Wenn es schwierig ist, gegenwärtige Gefühle mit vergangenen Gefühlen zu verknüpfen, kann man die nachfolgenden Fragen heranziehen. Sie weisen in die Richtung von Ereignissen, die häufig negative Gefühle hervorrufen.

**Betrogen**

Mit Hilfe der nachfolgenden Ratschläge kann man gegenwärtige Empfindungen, daß das Vertrauen mißbraucht wurde, mit der Vergangenheit verbinden.

Erinnern Sie sich daran,
▷ wie Sie sich einmal in irgendeiner Weise verraten fühlten.
▷ Wie jemand Sie schlecht behandelte.
▷ Wie jemand Sie belog.
▷ Wie jemand Sie enttäuschte.
▷ Wie Ihnen jemand Widerstand entgegensetzte.
▷ Wie Sie jemand hereinlegte.
▷ Wie Sie jemand anpöbelte.
▷ Wie jemand Ihnen eine Niederlage bereitete.
▷ Wie Sie jemand ausschloß.
▷ Wie Sie jemand zurückwies.
▷ Wie Sie jemand falsch verstand.
▷ Wie Sie jemand kritisierte.
▷ Wie jemand ein Versprechen nicht einhielt.
▷ Wie jemand über Sie redete.

**Im Stich gelassen**

Mit Hilfe der nachfolgenden Ratschläge kann man gegenwärtige Empfindungen, daß man im Stich gelassen wurde, mit der Vergangenheit verbinden.

Erinnern Sie sich daran,
▷ wie Sie sich einmal in irgendeiner Weise im Stich gelassen fühlten.
▷ Wie Sie einmal unglücklich waren.
▷ Wie Sie einmal jemand allein ließ.
▷ Wie Sie sich einmal in einer verzweifelten Situation befanden.
▷ Wie Sie einmal nicht abgeholt wurden.
▷ Wie Sie niemand vermißte.

▷ Wie Sie einmal jemand vergaß.
▷ Wie jemand zu spät kam.
▷ Wie jemand wegging.
▷ Wie jemand anderes die ganze Aufmerksamkeit bekam.
▷ Wie Sie weniger beliebt waren.
▷ Wie Sie jemand enttäuschte.
▷ Wie Sie ein Scheitern oder eine Niederlage erlebten.

**Unsicher**
Mit Hilfe der nachfolgenden Ratschläge kann man gegenwärtige Empfindungen der Unsicherheit mit seiner Vergangenheit verbinden.

Erinnern Sie sich daran,
▷ wie Sie sich einmal in irgendeiner Weise unsicher fühlten.
▷ Wie Sie einmal nicht wußten, was Sie sagen sollten.
▷ Wie Sie einmal nicht wußten, was geschehen würde.
▷ Wie Sie einmal lange warten mußten.
▷ Wie Sie einmal zurückgehalten wurden.
▷ Wie Sie sich in einer verzweifelten Situation befanden.
▷ Wie Sie einmal nicht wußten, wie spät es ist.
▷ Wie Sie einmal nicht nach Hause kommen konnten.
▷ Wie Sie einmal nichts zu essen oder zu trinken bekamen.
▷ Wie Sie einmal den Weg nicht finden konnten.
▷ Wie Sie vor einer Gefahr flohen.
▷ Wie Sie Hilfe brauchten.
▷ Wie Sie einmal nicht wußten, was Sie falsch gemacht hatten.
▷ Wie Sie einmal nicht wußten, wie Sie sich schützen sollten.
▷ Wie Sie einmal nicht wußten, wie Sie ein Problem lösen sollten.

**Machtlos**
Mit Hilfe der nachfolgenden Ratschläge kann man gegenwärtige Empfindungen der Machtlosigkeit mit seiner Vergangenheit verbinden.

Erinnern Sie sich daran,

▷ wie Sie sich einmal in irgendeiner Weise machtlos fühlten.
▷ Wie Sie einmal nicht bekommen konnten, was Sie brauchten.
▷ Wie Sie jemanden nicht zufriedenstellen konnten.
▷ Wie Sie etwas nicht in Ordnung bringen konnten.
▷ Wie Sie einen Fehler begingen.
▷ Wie Sie einen Fehler nicht ungeschehen machen konnten.
▷ Wie Sie einmal etwas nicht besser machen konnten.
▷ Wie Sie die eigenen Erwartungen nicht erfüllen konnten.
▷ Wie Sie einmal nicht an einen bestimmten Ort gelangen konnten
▷ Wie Sie einmal etwas Bestimmtes nicht tun konnten.
▷ Wie Sie von anderen nicht akzeptiert wurden.

**Enttäuscht**
Mit Hilfe der nachfolgenden Ratschläge kann man gegenwärtige Empfindungen der Enttäuschung mit seiner Vergangenheit verbinden.

Erinnern Sie sich daran,

▷ wie Sie einmal in irgendeiner Weise enttäuscht waren.
▷ Wie Sie einmal nicht bekommen konnten, was Sie wollten.
▷ Wie Sie einmal etwas anderes bekamen als das, was Sie wollten.
▷ Wie andere Ihre Erwartungen nicht erfüllten.
▷ Wie Sie einmal etwas Bestimmtes nicht gewannen.
▷ Wie Sie erfolglos blieben.
▷ Wie jemand Sie im Stich ließ.
▷ Wie Sie nicht rasch genug Fortschritte machten.
▷ Wie Sie einmal auf jemanden warten mußten.
▷ Wie Sie jemanden nicht leiden konnten.
▷ Wie Sie einmal in einer unerfreulichen Situation waren.
▷ Wie Sie einmal eine schlechte Nachricht bekamen.

**Entmutigt**
Mit Hilfe der nachfolgenden Ratschläge kann man gegenwärtige Empfindungen der Entmutigung mit seiner Vergangenheit verbinden.

Erinnern Sie sich daran,
▷ wie Sie sich einmal in irgendeiner Weise mutlos fühlten.
▷ Wie Sie einmal enttäuscht waren.
▷ Wie Sie einmal nicht zu hören bekamen, was Sie gerne gehört hätten.
▷ Wie Sie einmal etwas nicht tun konnten, was Sie gerne getan hätten.
▷ Wie Sie einmal etwas tun wollten, wozu Sie dann aber keine Gelegenheit mehr hatten.
▷ Wie Sie einmal nicht so gut waren, wie Sie glaubten.
▷ Wie Sie einmal schlechter waren als andere.
▷ Wie Sie weniger hatten als andere.
▷ Wie Sie weniger bekamen als andere.
▷ Wie Sie einmal eine Entscheidung fällten, die sich als falsch herausstellte.
▷ Wie Sie jemand zurückhielt.
▷ Wie Sie einmal festsaßen.
▷ Wie Sie andere enttäuschten.
▷ Wie Sie einmal in Schwierigkeiten gerieten.

**Hilflos**
Mit Hilfe der nachfolgenden Ratschläge kann man gegenwärtige Empfindungen der Hilflosigkeit mit der Vergangenheit verbinden.

Erinnern Sie sich daran,
▷ wie Sie einmal sich in irgendeiner Weise hilflos fühlten.
▷ Wie Sie klein waren und Hilfe brauchten.
▷ Wie Sie einmal in einer verzweifelten Situation waren und um Hilfe baten.

▷ Wie Sie einmal nicht wußten, wie Sie nach Hause kommen sollten.
▷ Wie Sie einmal neu waren und nicht wußten, wie alles ging.
▷ Wie Ihnen etwas nicht gelang.
▷ Wie Sie die Erwartungen nicht erfüllen konnten.
▷ Wie Sie sich unter Druck gesetzt fühlten.
▷ Wie Sie zu spät kamen.
▷ Wie Sie einmal bis zur letzten Minute warteten.
▷ Wie Sie einmal am Ende doch noch Hilfe bekamen.
▷ Wie Sie einmal schließlich doch noch ein Ziel erreichten.
▷ Wie Sie sich einmal zu befreien versuchten.
▷ Wie Sie in irgendeiner Weise physisch behindert wurden.
▷ Wie Sie nicht wußten, wem Sie vertrauen konnten.

**Unzulänglich**
Mit Hilfe der nachfolgenden Ratschläge kann man gegenwärtige Empfindungen der Unzulänglichkeit mit seiner Vergangenheit verbinden.

Erinnern Sie sich daran,
▷ wie Sie einmal sich in irgendeiner Weise unzulänglich fühlten.
▷ Wie Sie Ihre Eltern oder einen geliebten Menschen enttäuschten.
▷ Wie Sie ausgelacht wurden.
▷ Wie Sie einmal etwas Verkehrtes sagten.
▷ Wie Sie in Schwierigkeiten gerieten.
▷ Wie ein anderer Mensch in Schwierigkeiten geriet und es Ihnen peinlich war.
▷ Wie Sie jemanden nicht davon abhalten konnten, das Falsche zu tun.
▷ Wie Sie einmal Zeuge von Gewalt oder Mißbrauch wurden.
▷ Wie Sie mehr hatten als andere.
▷ Wie einmal der Reißverschluß offen war.
▷ Wie Sie sich einmal öffentlich bloßstellten.

▷ Wie Sie einmal irgendwo waren und niemanden kannten.
▷ Wie Sie einmal nicht mitgenommen wurden.
▷ Wie Sie abgewiesen wurden.
▷ Wie Sie versagten.

**Zu kurz gekommen**
Mit Hilfe der nachfolgenden Ratschläge kann man gegenwärtige Empfindungen des Zukurzgekommenseins mit der Vergangenheit verbinden.

Erinnern Sie sich daran,
▷ wie Sie einmal irgend etwas entbehren mußten.
▷ Wie Sie weniger hatten als andere.
▷ Wie Sie einmal nicht bekamen, was Sie wollten.
▷ Wie einmal ein anderer bekam, was Sie wollten.
▷ Wie einmal die Geschwister mehr bekamen als Sie.
▷ Wie Sie übergangen wurden.
▷ Wie Sie vernachlässigt wurden.
▷ Wie man Ihnen einmal nicht verzieh.
▷ Wie Sie bestraft wurden.
▷ Wie Sie einmal nicht vom Fleck kamen.
▷ Wie einmal das Leben ungerecht war.
▷ Wie Sie einmal etwas Nettes taten und dafür schlecht behandelt wurden.
▷ Wie Ihnen einmal etwas genommen wurde.
▷ Wie man Ihnen einmal Ihren Anteil verweigerte.
▷ Wie andere mehr hatten als Sie.
▷ Wie andere sich durch Betrug einen Vorteil verschafften.
▷ Wie Ihnen jemand etwas vor der Nase wegschnappte.
▷ Wie Sie einmal schuldlos in Schwierigkeiten gerieten.

**Ausgeschlossen**
Mit Hilfe der nachfolgenden Ratschläge kann man gegenwärtige Empfindungen des Ausgeschlossenseins mit seiner Vergangenheit verknüpfen.

Erinnern Sie sich daran,

▷ wie Sie sich einmal in irgendeiner Weise ausgeschlossen
   fühlten.
▷ Wie Sie einmal zurückgesetzt wurden.
▷ Wie Sie zurückgewiesen wurden.
▷ Wie Sie nicht vom Fleck kamen.
▷ Wie Sie einmal nicht mitmachen durften.
▷ Wie Sie nicht eingeladen wurden.
▷ Wie Sie ausgelacht wurden.
▷ Wie Sie schlecht behandelt wurden.
▷ Wie Sie einmal zu kurz kamen.
▷ Wie Sie einmal irgendwo zu spät kamen.
▷ Wie sich einmal andere amüsierten, Sie aber nicht.
▷ Wie Sie einmal falsch verstanden wurden.
▷ Wie Sie ignoriert wurden.
▷ Wie man Sie einmal nicht hereinließ.
▷ Wie Sie einmal nicht passend gekleidet waren.
▷ Wie man Sie wegen Ihrer Hautfarbe, Ihrer Körpergröße,
   Ihres Geschlechts oder Ihrer Angehörigen benachteiligte.
▷ Wie Sie einmal eine schlechte Prüfung schrieben.
▷ Wie andere auf Sie eifersüchtig waren.

**Hoffnungslos**
Mit Hilfe der nachfolgenden Ratschläge kann man gegenwärtige Empfindungen der Hoffnungslosigkeit mit seiner Vergangenheit verbinden.

Erinnern Sie sich daran,

▷ wie Sie sich einmal in irgendeiner Weise hoffnungslos fühlten.
▷ Wie Sie nicht wußten, was Sie tun sollten.
▷ Wie Sie einmal zu spät kamen.
▷ Wie jemand, den Sie brauchten, wegging oder starb.
▷ Wie Sie einmal etwas Bestimmtes nicht tun konnten.
▷ Wie Sie einmal etwas Bestimmtes nicht richtig machten.

305

▷ Wie Sie nicht so gut waren wie andere.
▷ Wie Sie sich einmal nicht entschließen konnten.
▷ Wie Sie einmal nicht genügend Informationen hatten.
▷ Wie Sie einmal nicht genügend Unterstützung hatten.
▷ Wie Sie einmal widersprüchliche Reaktionen bekamen.
▷ Wie Sie nicht verstanden, warum Sie bestraft wurden.
▷ Wie Sie nicht verstanden, warum Ihnen jemand weh tat.
▷ Wie Sie nicht wußten, wie Sie eine schwierige Situation meistern sollten.
▷ Wie Sie einmal verfolgt wurden.

**Wertlos**
Mit Hilfe der nachfolgenden Ratschläge kann man gegenwärtige Empfindungen der Wertlosigkeit mit seiner Vergangenheit verbinden.

Erinnern Sie sich daran,
▷ wie Sie sich einmal in irgendeiner Weise wertlos fühlten.
▷ Wie Sie sich einmal danebenbenahmen.
▷ Wie Sie einmal nicht hilfsbereit waren.
▷ Wie Sie einmal nicht derjenige waren, für den man Sie hielt.
▷ Wie Sie in irgendeiner Weise die Erwartungen an Sie nicht erfüllten.
▷ Wie Sie einmal jemanden im Stich ließen.
▷ Wie Sie einmal physisch nicht groß genug oder zu groß waren.
▷ Wie Sie eine Unvollkommenheit Ihres Körpers entdeckten.
▷ Wie einmal etwas geschah, das ein Geheimnis bleiben sollte.
▷ Wie Sie einmal über etwas Bestimmtes nicht sprechen konnten.
▷ Wie Sie einmal Ihrer Mutter etwas nicht sagen konnten.
▷ Wie Sie einmal Ihrem Vater etwas nicht sagen konnten.
▷ Wie Sie einmal etwas nicht verhindern konnten.
▷ Wie Sie einmal Erwartungen nicht erfüllen konnten.

- ▷ Wie Sie einmal nicht die Wahrheit sagen konnten.
- ▷ Wie Sie fehl am Platze waren.
- ▷ Wie Sie einen Fehler begingen.
- ▷ Wie Sie jemanden irritierten.
- ▷ Wie Sie mehr hatten als andere.
- ▷ Wie Sie einmal jemanden warten ließen.
- ▷ Wie Sie einmal das Gefühl hatten, nicht in eine Gesellschaft zu passen.

Diese Vorschläge sind sehr hilfreich, wenn man eine Blockierung verarbeiten möchte und sich nicht daran erinnern kann, wann man einmal ähnliche Empfindungen hatte. Man kann diese Ratschläge auch dazu benutzen, um mit ihrer Hilfe nach und nach versteckte Blockierungen aufzuspüren.

Kann man sich an kein Ereignis in seiner Vergangenheit erinnern und ist man trotzdem blockiert, dann kommt man mit dieser Methode nicht so weit. Dann liefert oft ein Workshop die richtige Stimulation. In anderen Fällen könnte eine persönliche Therapie hilfreich sein. Manchmal verschwinden die Blockierungen auch ohne einen Blick in die Vergangenheit. Und manchmal läßt sich eine Blockierung am besten mit einer der folgenden zwölf Heilmeditation aufheben.

## Zwölf Heilmeditationen

Die nachfolgenden Heilmeditationen sind sehr effektiv, wenn man sich nicht von einer Blockierung lösen kann oder an einer chronischen Krankheit leidet. Eine solche Krankheit kann die körperliche Reaktion auf unterdrückte Gefühle sein. Manche Menschen sprechen auf eine Heilbehandlung an, andere nicht, je nachdem, welcher Art die Blockierung ist. Am besten führt man die nachfolgenden Heilmeditationen zweimal täglich mindestens fünfzehn Minuten durch. Sie öffnen das Herz für den göttlichen Segen.

### Heilmeditation für Vorwürfe

»O Gott, barmherziger Vater, dein Herz ist voller Güte. Deine Liebe ist grenzenlos und immer gegenwärtig. Ich brauche deine Hilfe. Ich fühle mich so betrogen. Mein Herz ist verschlossen. Ich kann nicht verzeihen. Hilf mir, wieder zu lieben. Heile mein Herz.«

### Heilmeditation für Niedergeschlagenheit

»O nährende Mutter, mein Herz ist für dich geöffnet. Bitte komm in mein Herz. Ich fühle mich so im Stich gelassen. Mache mich glücklich. O Mutter, mein Herz ist für dich geöffnet.«

### Heilmeditation für Ängstlichkeit

»O strahlender und herrlicher Gott, o göttliches Licht, ich fühle mich so verunsichert. Ich bin in der Finsternis verloren. Ich bin blind. Ich kann meinen Weg nicht sehen. Sende dein Licht in mein Herz. Vertreibe die Finsternis. Gib mir Frieden.«

### Heilmeditation für Gleichgültigkeit

»O himmlischer Vater, die ganze Schöpfung ist in deinen Händen. Ich fühle mich so machtlos. Ich bin so müde. Ich brauche deine Hilfe. Bitte komm in mein Herz. Erfülle mich. Nimm meinen Schmerz weg.«

### Heilmeditation für Kritik

»O heilige Mutter, die ganze Schöpfung ist dein Garten. Ich bin eine Biene, die von den Blüten angelockt wird. Lasse mich den süßen Honig deiner Liebe kosten. Ich bin so unzufrieden. Nähre meine Seele mit Frieden und Güte.«

### Heilmeditation für Entschlußlosigkeit

»O Heiliger Geist, mein Leben ist in deinen Händen. Ich fühle mich so mutlos. Ich habe mich verirrt. Führe mich auf den rechten Pfad. Ich bin dein Kind. Lasse mich nicht los. Halte meine Hand. Zeige mir den rechten Weg.«

### Heilmeditation für Zaudern

»O Gott, o göttliche Energie, Quelle aller Schöpfung, unendliche Macht, die alles Leben erhält, bitte hilf mir. Ich fühle mich so hilflos. Nimm meine Bürde von mir. Trage meine Last. Vergiß mich nicht.«

### Heilmeditation für Perfektionismus

»O heilige Mutter, dein Herz ist immer voll. Ich dürste nach deiner göttlichen Milch. Ich sehne mich nach dem Trost deiner Liebe und der Güte deiner Berührung. Bitte hilf mir. Ich fühle mich so unzulänglich. Lindere meinen Schmerz.«

### Heilmeditation für Groll

»O Gott, o heiliger Vater, ich danke dir für deine allgegenwärtige Güte und Großzügigkeit. Erhöre das Verlangen meines Herzens. Ich fühle mich so mittellos. Nimm alle Hindernisse weg. Nimm meine Ängste von mir. Gib mir Vertrauen.«

### Heilmeditation für Selbstmitleid

»O Gott, o göttlicher Geist, Mutter und Vater aller Schöpfung, mein Herz schmerzt. Ich fühle mich allein gelassen. Ich bin einsam. Vergiß mich nicht, hilf mir. Heile mich.«

### Heilmeditation für Verwirrung

»O himmlischer Vater, durch deinen Segen kam ich auf die Welt. Bitte sieh mich an. Vergiß mich nicht. Ich fühle mich so hoffnungslos. Bitte komm zu mir. Ich brauche dringend deine Hilfe. Mein Herz ist offen für dich.«

### Heilmeditation für Schuldgefühle

»O göttliche Mutter, deine Liebe ist grenzenlos. Deine Schöpfung ist so überaus schön. Bitte hilf mir. Ich bin in einer Wüste. Ich kann deine Schönheit nicht sehen. Mein Leben ist leer. Erfülle mich mit deiner Liebe.«

# Zwölf Meditationen für mehr Erfolg

Die folgenden Meditationen sind für die Menschen bestimmt, die sich gesund und glücklich fühlen, aber mehr äußeren Erfolg haben wollen. Die zwölf Heilmeditationen beseitigen die Blockierungen im eigenen Herzen, damit man die Dinge anzieht, die man braucht. Die Erfolgsmeditationen helfen, den Geist für das eigene unbegrenzte Potential zu öffnen.

### Erfolgsmeditation gegen Vorwürfe
»O Gott, ich fühle mich so betrogen. Schenke mir Liebe. Hilf mir zu verzeihen. Nimm diese vorwurfsvolle Haltung von mir. Nimm meinen Zorn von mir. Hilf mir, mit meinem Leben und anderen Menschen zufrieden zu sein.«

### Erfolgsmeditation gegen Niedergeschlagenheit
»O Gott, ich fühle mich im Stich gelassen. Schenke mir Freude. Nimm diese Depression von mir. Nimm meine Traurigkeit weg. Hilf mir, mit dem glücklich zu sein, was ich habe.«

### Erfolgsmeditation gegen Ängstlichkeit
»O Gott, ich fühle mich so verunsichert. Schenke mir Vertrauen. Nimm diese Unsicherheit von mir. Nimm meine Zweifel von mir. Hilf mir, begeistert zu sein. Hilf mir zu glauben.«

### Erfolgsmeditation gegen Gleichgültigkeit
»O Gott, ich fühle mich so machtlos. Schenke mir Mitgefühl. Mein Herz ist verschlossen. Nimm die Gleichgültigkeit von mir. Nimm meinen Kummer von mir. Erhebe meinen Geist. Hilf mir, Freude zu fühlen. Gib mir Zielstrebigkeit.«

### Erfolgsmeditation gegen Kritik
»O Gott, ich fühle mich so unzufrieden. Schenke mir Geduld. Hilf mir, zu liebevollem Wohlwollen zu gelangen. Nimm diese

Kritiksucht von mir. Nimm meine Frustration von mir. Hilf mir, mit dem zufrieden zu sein, was ich habe.«

### Erfolgsmeditation gegen Entschlußlosigkeit

»O Gott, ich fühle mich so mutlos. Gib mir Beharrlichkeit. Hilf mir, daß ich weiß, was ich zu tun habe. Nimm diese Entschlußlosigkeit von mir. Nimm meine Enttäuschung von mir. Hilf mir, mich mutig zu fühlen.«

### Erfolgsmeditation gegen Zaudern

»O Gott, ich fühle mich so hilflos. Gib mir Mut. Hilf mir, stark zu sein. Nimm dieses Zaudern von mir. Nimm meine Besorgnis von mir. Gib mir die Gewißheit, daß ich tun kann, was ich tun muß.«

### Erfolgsmeditation gegen Perfektionismus

»O Gott, ich fühle mich so unzulänglich. Gib mir Bescheidenheit. Hilf mir, mich so zu lieben, wie ich bin. Nimm dieses Bedürfnis nach Vollkommenheit von mir. Nimm meine Verlegenheit von mir. Hilf mir, mit mir selbst zufrieden zu sein.«

### Erfolgsmeditation gegen Groll

»O Gott, ich fühle mich so mittellos. Gib mir Überfluß. Hilf mir, meine großzügige Natur zu fühlen. Nimm diesen Groll von mir. Nimm meine Eifersucht von mir. Hilf mir, mit dem zufrieden zu sein, was ich habe. Gib mir das Vertrauen, daß ich bekommen kann, was ich haben möchte.«

### Erfolgsmeditation gegen Selbstmitleid

»O Gott, ich fühle mich so allein gelassen. Gib mir Dankbarkeit. Hilf mir, mein Herz zu öffnen, damit ich deine vielen Gaben schätzen und empfangen kann. Nimm dieses Selbstmitleid von mir. Nimm meine Verletztheit von mir. Hilf mir, dankbar für alles zu sein, was ich habe, und für die vielen Gelegenheiten, noch mehr zu bekommen.

### Erfolgsmeditation gegen Verwirrung

»O Gott, ich fühle mich so hoffnungslos. Gib mir Weisheit. Gib mir einen klaren Blick. Zeige mir den Weg. Nimm diese Verwirrung von mir. Nimm meine Panik von mir. Hilf mir, Selbstvertrauen zu haben.«

### Erfolgsmeditation gegen Schuldgefühle

»O Gott, ich fühle mich so unwürdig. Hilf mir, mein Herz zu öffnen, damit ich deinen Segen empfangen kann. Gib mir die Freiheit, meinen Wert zu fühlen. Nimm dieses Schuldgefühl von mir, und stelle meine Unschuld wieder her. Nimm meine Scham von mir. Hilf mir, mich über mich selbst und andere zu freuen.«

## Persönlicher Erfolg in sechs Wochen

Will man eine Blockierung durch eine der vierundzwanzig speziellen Meditationen aufheben, sollte man hierfür mindestens sechs Wochen einplanen. Zuerst sollte man sich einige Tage lang das Gebet einprägen. Für die eigentliche Meditation setzt man sich bequem hin, hebt die gespreizten Hände auf Schulterhöhe und wiederholt den Text zehnmal laut und anschließend fünfzehn Minuten lang still. Danach nimmt man sich einige Minuten Zeit, um seine Bedürfnisse zu spüren. Stellen Sie sich vor, daß Sie bekommen, was Sie möchten. Erkunden Sie die positiven Gefühle, die sich einstellen, wenn man bekommt, was man braucht und haben möchte. In der Regel dauert es sechs Wochen, bis man Verhaltens- und Denkmuster geändert hat. Führt man die obigen Meditationen über den genannten Zeitraum durch, wird der Erfolg nicht ausbleiben.

Erzeugt man jeden Tag diese positiven Gefühle, erlebt man tägliche Fortschritte in seinem inneren und äußeren Leben. Manchmal tritt über Nacht eine große Verbesserung ein. Im Laufe der Zeit wird die Meditation ein fester Teil des Tagesablaufs sein, so selbstverständlich wie Zähneputzen. Man findet in seinem Inneren Unterstützung, und man befreit sich allmählich vom Griff lebenslanger Gewohnheiten.

Wenn man eine Blockierung beseitigt hat, taucht oft die nächste auf. Lassen Sie sich dadurch nicht beunruhigen, Sie haben jetzt in sich schon die Kraft erfahren, sich Ihre Wünsche zu erfüllen. Führen Sie nicht nur die Übungen für den persönlichen Erfolg durch, um Ihre Absichten in die richtige Richtung zu lenken, sondern lesen Sie auch immer wieder die Vorschläge und Erkenntnisse durch, die in diese Richtung führen.

# Nachwort

Die Grundsätze, wie man persönlichen Erfolg erreicht, sind einfach zu verstehen und können sofort in die Praxis umgesetzt werden. Es sind neue Ideen, auch wenn sie letztlich eine Zusammenfassung jahrhundertealter Gedanken in einer neuen Anordnung sind. Der große Unterschied besteht darin, daß sie heute jeder verstehen und anwenden kann.

Jeder hat das Potential, sein Schicksal selbst zu bestimmen, aber man muß dieses Potential entdecken. Man braucht heute niemanden mehr, von dem man sich leiten lassen muß. Man kann diese Weisheit jetzt in sich selbst finden. Treten Sie wieder in Verbindung mit Ihrem wahren Selbst. Lassen Sie sich dabei helfen, Ihre innere Kraft in Anspruch zu nehmen. Mit Hilfe dieses Buchs können Sie lernen, alles zu sein, was Sie sind, und alle Ihre wahren Wünsche zu erfüllen. In Ihnen steckt die Kraft, alles anzuziehen und zu erzeugen, was Sie haben möchten.

Wenn man einen Schlag auf den Arm bekommt, hat man vielleicht eine Prellung, aber man hat trotzdem die Fähigkeit, sich zu heilen und sich zu überlegen, wie man sich in Zukunft schützen kann. Erkennt man an, daß man unter einer der zwölf Blockierungen leidet, dann erkennt man damit zugleich seine Eigenverantwortung dafür an, wie man sich fühlt. Man fordert seine Macht zurück.

Aus einer solchen positiven und kraftvollen Haltung sagt man:

»Jetzt in diesem Augenblick bin ich dafür verantwortlich, wie ich mich fühle; deshalb können äußere Umstände mich nicht daran hindern, meine positiven Gefühle zu erfahren.«

»Wenn ich jetzt in diesem Augenblick die Verbindung zu meinem wahren Selbst verloren habe, habe ich auch die Macht, diese Verbindung wiederherzustellen.«

Indem man die Verantwortung für seine Blockierungen übernimmt, macht man den Weg frei, um die Verbindung zu seinem wahren Selbst wiederherzustellen.

Mit all diesen Prozessen, Praktiken und speziellen Meditationen sind Sie jetzt für Ihre Reise in dieser Welt gut gerüstet. Sie verfügen über die notwendigen Werkzeuge und Erkenntnisse, alle Hindernisse auf dem Weg zum persönlichen Erfolg zu beseitigen. Jedes einzelne dieser Werkzeuge hat mir und Tausenden anderer Menschen bei ihrer Reise geholfen. Ich hoffe, daß Sie diese Erkenntnisse ebensosehr schätzen und nutzen können wie ich. Ich hoffe, daß Sie Ihnen die Tür zu Erfolgen öffnen, die Sie niemals für möglich gehalten hätten.

Ich wünsche Ihnen, daß Ihre Liebe und Ihr Erfolg wachsen mögen. Sie haben es verdient, wie alle anderen Menschen auch. Sie können Ihre Träume verwirklichen. Sie haben alles, was man dazu braucht. Wenn Sie die zwölf Blockierungen aufheben, sind Sie schon auf dem richtigen Weg.

Wir leben heute in einer ganz besonderen Zeit. Wir haben ganz andere Möglichkeiten als jede Generation vor uns. Nutzen Sie Ihre Möglichkeiten und machen Sie jeden Tag einen weiteren Schritt in Richtung Ihrer Ziele. Denken Sie immer daran, daß Sie nicht allein sind und daß Sie in dieser Welt gebraucht werden. Sie werden geliebt, und Sie sind wichtig. Gott segne Sie.

# Danksagung

Ich danke meiner Frau Bonnie und unseren drei Töchtern Shannon, Juliet und Lauren für ihre beständige Liebe und Unterstützung.

Ich danke Oprah Winfrey und all den großartigen Mitarbeitern von Harpo Studios für die Teilnahme an einem Workshop für persönlichen Erfolg und ihre Einladung, diesen auch im Fernsehen vorzustellen. Diese Erfahrung half mir, viele der in diesem Buch geäußerten Gedanken noch klarer zu fassen. Ich danke Diane Reverand bei HarperCollins für ihr großartiges Feedback und ihre Hilfestellung. Weiterhin danke ich Laura Leonard, meiner Traum-Presseagentin, und Carl Raymond, Janet Dery, Anne Gaudinier und den anderen unglaublichen Mitarbeitern bei HarperCollins.

Ich danke meiner Agentin Patti Breitman dafür, daß sie an meine Botschaft glaubte und vor neun Jahren den Wert von »Männer sind anders. Frauen auch.« erkannte. Ich danke meiner internationalen Agentin Linda Michaels, die dafür sorgte, daß meine Bücher in über vierzig Sprachen veröffentlicht wurden.

Ich danke meinen Mitarbeitern Helen Drake, Bart und Merril Berens, Ian und Ellie Coren, Bob Beaudry, Martin und Josie Brown, Pollyanna Jacobs, Sandra Weinstein, Michael Najarian, Donna Doiron, Jim Puzan und Rhonda Coallier für ihre beständige Unterstützung und ihren großen Einsatz.

Ich danke all meinen Freunden und Angehörigen für ihre Unterstützung und ihre hilfreichen Vorschläge: meinem Bruder Robert Gray, meiner Schwester Virginia Gray, Clifford Mc-

316

Guire, Jim Kennedy, Alan Garber, Renee Swisco, Robert und Karen Josephson und Rami El Bratwari.

Ich danke den Hunderten von Mitarbeitern, die in der ganzen Welt Mars-Venus-Workshops abhalten, und den Tausenden von Singles und Paaren, die in den letzten fünfzehn Jahren an solchen Workshops teilgenommen haben. Weiterhin danke ich den Mars-Venus-Beratern, die diese Grundsätze täglich in ihrer Beratungspraxis anwenden.

Ich danke meiner Mutter und meinem Vater, Virginia und David Gray, für all ihre Liebe und Unterstützung, mit der sie mich auf meinem Weg zum persönlichen Erfolg leiteten. Ein Dankeschön auch an Lucile Brixey, die mich wie eine zweite Mutter führte und liebte.

Ich danke Maharishi Mahesh Yogi, der neun Jahre lang wie ein zweiter Vater für mich war; er war mein erstes Rollenmodell und mein Mentor, der mich zu innerem und äußerem Erfolg geleitete. Viele meiner heutigen Vorstellungen über die Meditation verdanke ich seiner Unterweisung vor achtundzwanzig Jahren.

Ich danke meinem lieben Freund Kaleshwar, der mich bei der Abfassung verschiedener Teile dieses Buchs unmittelbar unterstützte. Ich hätte es ohne seine Hilfe nicht schreiben können.

Ich danke Gott für die unglaubliche Energie, Klarheit und Unterstützung, die mir bei der Veröffentlichung dieses Buches zuteil wurden.

JOHN GRAY

# Hinweis

John Gray ist im Internet unter http://www.marsvenus.com zu erreichen. Dort können Sie unter anderem Fragen stellen, sich mit anderen Mars-Männern und Venus-Frauen austauschen und Bücher, Kassetten und Videos bestellen, die es in den USA zu John Grays Seminaren und Büchern gibt.

Wer mehr erfahren möchte über den Autor John Gray und seine Seminare in deutscher Sprache, kann sich an die untenstehende Kontaktadresse wenden.

Seit 1996 gibt es das von Dr. John Gray gegründete Mars Venus Institute, Mill Valley, Kalifornien. Mehr als 600 speziell ausgebildete und persönlich autorisierte Trainer, die Facilitators, bieten in den USA und weltweit Workshops zu den Themen an, die in diesem Buch behandelt wurden.

Diese interaktiven Seminare sind vom Autor persönlich entwickelt worden und vermitteln den Teilnehmern ein tieferes Verhältnis für positive Kommunikation zwischen Männern und Frauen sowie praktische Tipps auf dem Weg zu einem erfüllten und erfolgreichen Leben.

Für den deutschsprachigen Raum gibt es seit 1999 das Mars Venus Institut (Deutschland). Fordern Sie kostenfrei aktuelle Informationen über das Angebot an Seminaren und Workshops an oder informieren Sie sich auf unserer web site im Internet

MARS VENUS
I N S T I T U T

**Hans-Joachim von Malsen**
Postfach 1525 · D-82178 Puchheim

Service-Telefon: 01805/225568
Telefax: 089/8902 7039

http://www.MarsVenusDeutschland.com
e-mail: service@marsvenus.de